新编公共管理学系列教材

An Introduction to Social Governance (2nd Edition)

社会治理概论

（第二版）

雷晓康　马子博 ◎主　编

北京大学出版社
PEKING UNIVERSITY PRESS

图书在版编目(CIP)数据

社会治理概论/雷晓康,马子博主编. -- 2版. -- 北京：北京大学出版社,2025.7. -- (新编公共管理学系列教材). -- ISBN 978-7-301-36474-1

Ⅰ. D63

中国国家版本馆CIP数据核字第2025FK0999号

书　　　名	社会治理概论(第二版) SHEHUI ZHILI GAILUN(DI-ER BAN)
著作责任者	雷晓康　马子博　主编
责 任 编 辑	梁　路
标 准 书 号	ISBN 978-7-301-36474-1
出 版 发 行	北京大学出版社
地　　　址	北京市海淀区成府路205号　100871
网　　　址	http://www.pup.cn
新 浪 微 博	@北京大学出版社　　@未名社科-北大图书
微信公众号	北京大学出版社　北大出版社社科图书
电 子 邮 箱	编辑部 ss@pup.cn　　总编室 zpup@pup.cn
电　　　话	邮购部 010-62752015　　发行部 010-62750672 编辑部 010-62765016
印 　刷　 者	北京鑫海金澳胶印有限公司
经 　销　 者	新华书店
	730毫米×980毫米　16开本　20.25印张　352千字 2021年11月第1版 2025年7月第2版　　2025年7月第1次印刷
定　　　价	65.00元

未经许可，不得以任何方式复制或抄袭本书之部分或全部内容。
版权所有，侵权必究
举报电话：010-62752024　电子邮箱：fd@pup.cn
图书如有印装质量问题，请与出版部联系，电话：010-62756370

第二版前言

"治理"是一个跨越学科边界的宏大命题,既承载着人类对秩序与发展的永恒追求,亦映射着不同文明对公共事务的认知演进。从公司治理的微观机制到国家治理的顶层设计,从网络治理的技术理性到元治理的价值重构,多元理论范式在解构与重建中形成独特的学术光谱。进入 21 世纪第三个十年,全球治理格局经历深刻变革:数字技术重构权力运行逻辑,气候变化加剧文明存续危机,风险社会挑战传统治理范式。当治理理论遭遇实践复杂性的空前挑战,当西方治理话语遭遇非西方文明的自觉觉醒,我们亟须在理论自觉与文化主体性中构建更具本土解释力的治理知识体系——这正是本书修订再版的深层使命。

本书聚焦"社会治理",以政府、市场、社会的三维互动为研究界域,将治理理论置于中国式现代化场景中进行淬炼。相较于初版,本次修订凸显四大创新维度:其一,在理论基础篇新增了"元治理""自主治理"等根植于西方前沿理论谱系中的中西治理理论对话;其二,在社会治理内容篇新增了"公共安全与危机治理""生态环境治理""新质生产力与科技创新治理"等顺应时代需求的章节,直面气候灾难、科技革命等 21 世纪治理新挑战;其三,在社会治理工具篇专设"党的全面领导与元治理"工具框架,系统阐释中国共产党作为最高政治领导力量在社会治理中的价值引领、制度供给与资源配置功能;其四,同样在社会治理工具篇创新性构建"大数据和人工智能"方法论体系,探索算法治理的伦理边界与数字化转型的实践路径。这些内容革新不仅体现了治理研究的范式突破,更深度契合党的二十大报告中完善社会治理体系、健全共建共治共享的社会治理制度的战略部署。

新版遵循"理论重构—内容场域—过程工具"的逻辑脉络，形成三篇十三章的体系化架构：第一篇为理论基础（一至三章），在保留治理概念谱系与中国特色社会主义治理体系演进脉络的基础上，新增"党建引领"等中国特色社会治理的工具与方法，深刻论证党委领导、政府负责、社会协同、公众参与在中国特色社会治理体系中的互动关系，进一步凸显十九届六中全会"两个确立"对治理现代化的决定性意义。第二篇为社会治理内容（四至八章），突破传统治理客体边界，将公共危机治理、生态环境治理纳入研究视野，前者聚焦风险社会中"平战转换"机制设计，后者揭示生态文明建设中的多元共治模式。同时，本篇特别增设"新质生产力与科技创新治理"一章，从数字经济治理、人工智能伦理、创新生态系统等维度诠释高质量发展阶段的治理新命题。此外，为了更好回应社会治理的时代更迭，本篇删除了"贫困治理"与"社会规制"等内容。第三篇为社会治理工具（九至十三章），在保留协商民主、制度建构等内容的同时，创造性提出"数据要素作为资源、作为工具、作为思维的复合化嵌入治理"模式；同时，结合"东数西算""城市大脑"等现实案例，解析政务区块链、算法问责、数字包容等技术治理的"中国方案"，体现"十四五"规划中"加快数字化发展 建设数字中国"的战略导向。

本书始终坚守本土化创新与主体性建构的学术立场：在理论层面，以"党的领导—人民中心—法治保障—科技赋能"四维框架重构治理理论内核，摆脱西方"国家—社会"二元对立的理论窠臼；在实践层面，深入剖析"枫桥经验"、数字化转型、全过程人民民主、制度化实践、"双碳目标"协同治理等鲜活样本，彰显中国治理智慧对世界文明的重要贡献。本书特别注重将习近平新时代中国特色社会主义思想贯穿治理研究全过程，在"高质量发展与高水平安全良性互动"等重大现实议题中验证理论解释力。

本次修订的深层价值在于：通过治理理论的中国化表达与治理实践的学理化提炼，构建起贯通历史逻辑、理论逻辑、实践逻辑的知识体系。书中既有对西方治理理论的批判性扬弃（如揭示多中心治理在重大危机应对中的失灵风险），亦有对中国治理模式独特优势的系统化总结（如阐释新型举国体制在科技攻关中的资源配置效能）。这种理论自觉，正是对党的二十大报告"把马克思主义基本原理同中国具体实际相结合、同中华优秀传统文化相结合"要求的学术回应。

本书虽经反复打磨，仍有诸多有待完善之处。诚盼学界同人、实务工作者、公共管理相关专业学习者不吝指正，共同参与这场关乎人类文明未来的治理知识革命。让我们携手在历史的长周期与文明的大尺度中，探寻社会治理的"道"与"术"、"变"与"常"。

雷晓康　马子博

2025 年 4 月

第一版前言

"治理"是一个涉及范围十分广泛的学术和实践概念。从治理的对象来看，小到公司治理，中至政府治理，大到国家治理都在治理话语体系当中；从治理的理论流派来看，从网络治理到整体性治理，从自主治理到多中心治理，从协同治理到全球治理，从善治到元治理，相互竞争的治理理论在不断的理论建构和现实叙事中各持己见。进入21世纪，治理理念流行开来，时髦的治理貌似成为一种理论空洞。那么，面对庞杂的治理理论和实践，我们是否可以清晰地描绘出治理的界域，明确治理的概念，明晰治理的特征，并界定治理的内容和手段呢？——这正是本书所要回答和解决的问题。

本书聚焦"社会治理"，将治理理论以及治理的主体、客体与介体要素放置于"社会"场域中加以审视。具体而言，剔除政府内部管理、企业治理之后的政府、社会、市场交叉互动管理行为便是本书所言社会治理之界域。由此看出，本书所谓社会治理的对象并非广义的无所不包的"大社会"，也非剔除掉政府和市场的"狭义社会"。本书认为，社会治理呈现出以下特征：

- 社会治理聚焦政府、社会与市场互动行为与互动关系的研究；
- 社会治理源于多元主体构成的社会交互网络；
- 政府在社会治理过程中发挥着元治理作用；
- 社会治理是社会网络内各主体资源顺利交换以达成共同体目标的过程；
- 网络内资源的交换需要以正式制度和非正式制度为基础。

沿循着"理论构建—实践叙事—理论解释"的逻辑路径，本书分为三编共十三章。第一编为理论基础，包括第一、二、三章，主要介绍了社会治理的概念特征、边界要素、理论渊源以及中国特色社会主义治理体系的发展历程与主体特征。第二编是社会治理内容，包括第四到九章，系统阐释了社会治理的内容与客体，分别是公共安全治理、社区治理、贫困治理、社会组织治理、社会规制以及虚拟社会治理。第三编是治理过程，包括第十到十三章，全面概括了社会治理的手段与工具，分别是作为社会治理机制的公共参与和协商合作、作为社会治理手段的正式制度与非正式制度、作为治理行动的资源依赖与交换、作为新型治理工具的互联网与大数据。审视全书逻辑，我们发现社会治理正是在相互竞争与相互补充的多源流理论指导下，运用多元化工具，实现社会整体之良治。

本书对社会治理的界定是基于中国的历史传承与时代背景。党的十八届三中全会明确指出："全面深化改革的总目标是完善和发展中国特色社会主义制度，推进国家治理体系和治理能力现代化。"由此看出，中国治理的理论与实践叙事与西方的治理存在着很大程度上的差别。中国的治理并非西方原始意义上的市场化的治理、新自由主义的治理、多元化的治理以及无政府的治理，而是强调政府制定规则、执行规则以及提供公共服务的能力。基于此，全书对社会治理的阐释植根于中国情境与中国政策叙事，但也不拒斥西方治理的主流理论，而是意图在中国社会治理之"道"中融入西方社会治理之"术"。

本书的特色与创新表现为以下几点：一是社会治理的理论对话与实践叙事深度融合，最大程度避免了理论与现实"两张皮"现象，进而做到一眼看课本，一眼盯实践。二是以中国的社会治理实践来检验西方舶来的治理理论的适用性和局限性，并意图构建具有中国特色的社会治理理论体系。三是紧扣时代发展与时代特色，运用最新的价值意涵、工具方法，并以国际化视角和本土化思维全面审视我国社会治理现状，同时发现问题，给出可能的解决路径与策略。

本书虽力求系统全面、严谨客观地描绘社会治理之完整形态，然则囿于作者智识和经验，书中难免存有错讹之处，敬请广大读者批评指正！

雷晓康　马子博

2021 年 4 月

目 录

第一篇 理论基础

第一章 社会治理的内涵与要素 / 3
　第一节 社会治理的历史沿革 / 3
　第二节 社会治理的内涵与特征 / 12
　第三节 社会治理的要素 / 16

第二章 社会治理的理论基础 / 28
　第一节 网络治理理论 / 28
　第二节 自主治理理论 / 33
　第三节 协同治理理论 / 36
　第四节 元治理与中国特色社会治理理论叙事 / 39

第三章 中国特色社会治理体系 / 46
　第一节 中国特色社会治理体系概述 / 46
　第二节 中国特色社会治理体系的主体与互动关系 / 50
　第三节 中国特色社会治理体系的内容 / 54
　第四节 构建中国特色社会治理体系的工具与方法 / 61

第二篇 社会治理内容

第四章 社区治理 / 71
　第一节 社区治理的概念与理论基础 / 72

第二节　社区治理的主体、客体与内容　/ 83

　　第三节　社区治理的模式　/ 86

　　第四节　中国社区治理的历史沿革与发展趋势　/ 90

第五章　社会组织治理　/ 96

　　第一节　社会组织的内涵与特征　/ 96

　　第二节　社会组织治理的主体、客体和内容　/ 106

　　第三节　社会组织治理的机制与方法　/ 111

　　第四节　中国社会组织治理的历史沿革与发展趋势　/ 119

第六章　公共安全与危机治理　/ 128

　　第一节　公共安全与危机治理的概念与理论基础　/ 128

　　第二节　公共安全与危机治理的主体与客体　/ 133

　　第三节　公共安全与危机治理的机制与方法　/ 138

　　第四节　公共安全与危机治理的历史沿革与发展趋势　/ 141

第七章　生态环境治理　/ 151

　　第一节　生态环境治理的内涵与理论基础　/ 151

　　第二节　生态环境治理的主体、对象与内容　/ 156

　　第三节　生态环境治理的机制与方法　/ 164

　　第四节　中国生态环境治理的历史沿革与发展趋势　/ 169

第八章　新质生产力与科技创新治理　/ 178

　　第一节　新质生产力与科技创新治理概述　/ 178

　　第二节　科技创新治理体系的基本框架　/ 185

　　第三节　科技创新治理的机制　/ 191

　　第四节　中国近现代科技创新治理的历史沿革与发展趋势　/ 196

第三篇　社会治理工具

第九章　党的全面领导与元治理　/ 205

　　第一节　党的全面领导与元治理概述　/ 205

第二节　党的全面领导在社会治理中的运行机制　／213

第三节　党的全面领导与元治理的实践运用与发展趋势　／215

第十章　公共参与和协商合作　／224

第一节　社会治理公共参与和协商合作的关系、内涵与功能　／224

第二节　社会治理公共参与和协商合作的运行机制　／229

第三节　公共参与和协商合作的实践运用与发展趋势　／234

第十一章　正式制度与非正式制度　／245

第一节　制度经济学　／246

第二节　正式制度　／249

第三节　非正式制度　／256

第十二章　资源依赖与交换　／262

第一节　资源依赖与交换的内涵、关系与功能　／262

第二节　资源依赖与交换关系的运行模式　／269

第三节　新时代资源依赖与交换关系的优化路径与发展趋势　／276

第十三章　大数据和人工智能　／286

第一节　互联网与社会治理创新　／286

第二节　大数据与社会治理创新　／293

第三节　人工智能与社会治理创新　／301

后　记　／311

第一篇

理论基础

第一章　社会治理的内涵与要素

■ 内容提要

本章围绕社会治理的内涵与要素展开论述。社会治理的历史沿革部分,讨论了社会治理在西方国家与中国的发展历程。在东西方不同语境下,对社会治理的内涵与要义进行分析,从社会治理的主体要素、客体要素与工具要素三个层面展开,以加深对社会治理这一概念的理解和掌握。

第一节　社会治理的历史沿革

党的二十届三中全会强调,"坚持以人民为中心,尊重人民主体地位和首创精神,人民有所呼、改革有所应,做到改革为了人民、改革依靠人民、改革成果由人民共享",这为中国特色的社会治理指明了价值旨归。中国社会治理的发展亦是沿循着不断增进人民福祉、实现人民根本利益这一进路不断向前。

一、社会治理的西方叙事

社会治理是西方国家为解决当今时代所面临的严重的政府危机而兴起的一种公共行政改革思潮。它探寻建立和发展新的公共责任机制,由政府与市场、市民社会协同管理公共事务,以调节各种利益矛盾,化解社会危机,提高社会管理的效率与质量。纵观西方国家对于治理的实践探索,社会治理主要包括国家管治、公司治理、新自由主义的治理、全球化治理、网络治理以及数字治理。

（一）国家管治

1929—1933年经济危机爆发后，西方经济一片萧条，资本主义世界强烈震动，之前被各国奉为圭臬的马歇尔经济学逐渐丧失其主流地位，凯恩斯主义在这样的时代背景下应运而生，开始登上西方经济学的舞台。凯恩斯主义以有效需求为核心，以政府干预经济运行为前提，主张通过经济政策刺激投资，增加有效需求，实现充分就业，缓解经济危机。在该理论思想的指导下，国家管治的治理模式逐渐兴起。

所谓"作为管治的治理"，是指一种"国家中心观"或"中心权力观"下的秩序观念和实践，在一定意义上是统治的延续和新形式。① 国家管治实质上是以政府为中心的治理，政府控制着权力资源、经济资源和社会资源的分配。在这种模式下，治理的主体只能是单一的政府，而其他组织仅是在辅助和参与的意义上通过公共权力和政府发生关系。"治理的规则完全由政府单方面制定，而且政府的治权几乎是不受约束或无所不能的。"② 在国家管治的治理模式下，权力是确定秩序的唯一重要力量，而只有政府才能是这种唯一力量的合法拥有者，因此管治治理的重点是国家建设。其方式包括"政权下乡"式的国家一体化建设、"引入参与机制"式的国家能力建设等。

（二）公司治理

公司治理研究缘起于股份公司的普及与危机。古典企业实行所有权与经营权合一，以出资人为中心形成集权型的企业治理关系，同利润最大化目标在逻辑上保持一致。然而，随着现代公司在人类经济生活中扮演着越来越重要的角色，两权分离衍生出的企业治理危机从可能逐渐变为现实。在股权高度分散化的公司中，管理者的地位和影响力首屈一指，资本家将失去对公司的实际控制权。在20世纪近一个世纪的发展实践中，公司治理危机若隐若现，公司治理失败的案例层出不穷。在这一背景下，人们不得不开始考虑在公司中如何控制"控制者"这一核心问题，于是以"权力分立、相互制衡"为基本理念的制度设计——公司治理应运而生。1976年，迈克尔·詹森（Michael C. Jensen）和威

---

① 刘辉.管治、无政府与合作:治理理论的三种图式[J].上海行政学院学报,2012(3):52-58.
② 吴理财.乡镇改革与后税费时代乡村治理体制的构建[J].中共福建省委党校学报,2017(1):30-34.

廉·麦克林(William H. Meckling)在《企业理论:管理行为、代理成本与所有权结构》("Theory of the Firm: Managerial Behavior, Agency Cost and Ownership Structure")一文中,正式将企业代理成本问题抽象至理论高度,在逻辑上为公司治理的诞生铺平了道路。此后,公司治理先是围绕处理股东与经理人之间的关系展开理论探讨,后来又扩展至大股东与小股东的利益冲突问题,最终经企业利益相关者平等协商,形成了相互制衡的权利结构与机制,实现共同利益最大化的分析架构。①

(三)新自由主义的治理

20世纪70年代初期爆发的两次石油危机造成了英美等主要国家的经济衰退,导致整个世界陷入了"滞胀"的困境。经济领域的危机也逐渐蔓延至政治领域。新自由主义者对福利国家和政府干预提出了尖锐的批评,其内容可以分为以下三个方面:首先,有效的政府干预依赖有关社会问题因果关系的确切知识。对于导致社会问题的原因以及某项干预政策可能产生的结果,政府都难以掌握准确的因果关系。其次,政策的出台和实际执行之间存在差距。政策的执行需要多个行为体的互动协作,在执行过程中,每个行为体都有自己的利益考量,这可能使政策执行的结果与初衷大相径庭。最后,现代化过程使得社会分化成许多专业的、高度自治的亚体系,而各个亚体系之间彼此关联、相互依赖。这种关联网络非常复杂,对人类的认知能力构成了巨大的挑战,任何一项政策干预都可能牵一发而动全身,其直接和间接的效应都是难以预料的。国家干预和福利制度面临的这些危机,使得西方国家开始探寻新的社会治理模式。新自由主义的治理理论认为:和传统的社会管理相比,治理模式应更加强调"私有化"与"自由市场",并让"国家缩水"。政府对企业和社会组织的管理更侧重间接指导、多层级治理、市场在公共服务中所起的作用以及创建政策网络。②

(四)全球化治理

随着全球化、信息化和现代化席卷世界,资本在全球各个角落自由流动,社会转型速度不断加快,国际政治体系进入自第二次世界大战以来最不稳定的时

---

① 杨松武.西方治理理论的"中国困境"解读[J].地方财政研究,2016(10):19-24.
② 曾庆捷."治理"概念的兴起及其在中国公共管理中的应用[J].复旦学报(社会科学版),2017(3):164-171.

期,世界金融危机、全球环境问题、恐怖主义等重大国际问题考验着国际社会、各个区域性跨国组织和民族国家。为应对上述挑战,全球化治理开始兴起。

在概念界定层面,目前学术界尚未形成统一认知,但一般认为,全球化治理是指多样化、多层次的治理主体为了实现共同利益目标,在遵循具有约束力的国际规则的前提下,通过参与、谈判和协商的方式共同解决全球性冲突、处理全球性事务的过程。全球化治理的关键要素构成包括全球治理的价值、全球治理的规制、全球治理的主体或基本单元、全球治理的对象或客体以及全球治理的结果五个方面。[①] 在国际治理失灵的背景下,全球化治理旨在以共同价值追求为动力引导,促进民族国家、政府间组织、非政府组织、私人部门、区域性组织等多种行为主体之间的合作和广泛参与,以主体多元化、管理民主化、规则机制化和层次多样化的治理方式[②],避免跨国政策问题治理的碎片化、低效率,维持稳定的国际政治经济秩序。

(五)网络治理

网络治理缘起于20世纪90年代,是西方政府为适应网络化社会发展而做出的变革。一方面,信息时代的到来使现代社会的生产、生活方式均以网络化形式组织起来,各利益相关的行动者作为网络结构中地位平等的"节点",基于共同的目标和兴趣而聚集,以平等、开放、分权为特征的网络社会(虚拟社会)由此崛起。另一方面,政府失灵也促使政府开始反思传统的依靠命令与控制程序、自上而下单向传递运行的官僚制度已无法适应日益复杂化的社会问题,加之以消费者为中心的服务理念和公民意识的觉醒正逐渐改变着政府和公民的角色定位,促使多元主体协同互动的治理格局逐渐成为政府改革的必然趋势,网络治理因而形成。

具体而言,网络治理是指治理对象之间通过合作性协调进而实现组织目标的过程[③],其特征包括以下几个方面。

治理主体由单中心转向多中心。社会交往和社会联系的日益密切使得社

---

① 俞可平.全球治理引论[J].马克思主义与现实,2002(1):20-32.
② 范逢春.全球治理、国家治理与地方治理:三重视野的互动、耦合与前瞻[J].上海行政学院学报,2014(4):55-63.
③ 李维安,周建.网络治理:内涵、结构、机制与价值创造[J].天津社会科学,2005(5):59-63.

会问题呈现出跨边界、跨领域的特点,传统上依靠政府单一主体的管治模式已无法应对现有的社会问题,需将公共部门、准公共部门、市场和社会均纳入网络治理主体范畴。

主体关系由等级关系转向平等关系。伴随着治理主体的多元化,以往的中心—边缘结构逐渐被实力均衡的主体所替代,在面对涉及自身利益的公共事务时,作为网络社会中不同"节点"的多元中心,都有传输资源、表达意见、贡献力量的义务以及共享信息、实现共同目标、接受互助等权力。①

互动机制由单向依赖转向相互依赖。在科层结构转向网络结构的过程中,各组织成员之间既相互独立又相互依存,以信任为基础进行资源交换,并通过整合和协调获得组织中的个体所不具备的优势。

(六) 数字治理

数字治理(Digital Governance)的理念最早由美国南加州大学传播学院的曼纽尔·卡斯特(Manuel Castells)于1996年出版的《网络社会的崛起》(*The Rise of the Network Society*)一书中提出,2006年帕特里克·邓利维(Patrick Dunleavy)在《数字时代治理:IT企业、国家和数字政府》(*Digital Era Governance: IT Corporations, the State, and E-Government*)一书中系统地阐述了数字治理理论,奠定了其理论主要倡导者的地位。数字治理是治理理论与互联网数字技术结合催生的新的公共管理理论准范式,主要是指在政府与市民社会、政府与以企业为代表的经济社会的互动以及政府内部的运行中运用信息技术,简化公共事务的处理程序,并提高民主化程度的治理模式。邓利维认为,"数字时代的治理的核心在于强调服务的重新整合,整体的、协同的决策方式,以及电子行政运作广泛的数字化","数字时代的到来使得信息技术成为重要的治理工具,数据库和信息系统的应用打破了公私部门之间以及私人部门之间的纵向和横向的信息壁垒,促进了治理主体之间信息和知识的共享"。②数字治理为社会治理提供了数字化的治理工具。

---

① 宋迎法,张群.网络治理探究:溯源与展望[J].云南行政学院学报,2018(1):163-171.
② 韩兆柱,翟文康.西方公共治理前沿理论述评[J].甘肃行政学院学报,2016(4):23-39,126-127.

二、社会治理的中国叙事

中华民族在漫长而多彩的历史中,基于实践积累了丰富的治国理政经验,并逐渐形成了具有中国特色的社会治理智慧。概括来看,中国的社会治理形态变革经历了从"社会统治"到"社会控制"再到"社会管理",最后迈向"治理体系和治理能力现代化"的伟大变革历程。

（一）社会统治

"治理"一词,我国古已有之。"治"即有效的管理、治理,与国家政治社会事务的管理、整治密切相关;"理"本义为玉石内部的纹路,后随着先秦政治家、思想家的阐述引申为遵循规则、规律、道德、秩序行事之义。[1] 中国古代历史中虽未明确提出"社会治理"这一概念,发展出西方意义上的"治理理论",但各朝各代的君主帝王、思想家、政治家等基于当时的统治背景,都提出了对于社会治理的设想,形成了比较独特的管理思想和管理模式。

从夏朝至民国4000多年的发展历程中,社会治理形态具体体现为社会统治,其表现模式可划分为三个阶段:一是从夏朝至秦朝以前以宗法制度为核心的诸侯分封模式,二是从秦朝至清朝中期以君权为核心的中央集权管理模式,三是从清朝中期至近代传统中央集权管理模式和受西方文明影响的转型探索模式的融合模式。[2]

在奴隶制和封建制的社会形态下,社会统治表现出以下几个方面的特征。

在目的层面,古代中国倾向于通过政治上、经济上以及文化思想上的强制性手段维护统治者的权威,以实现对于等级秩序这一核心价值的追求。无论是儒家所强调的"君君、臣臣、父父、子子"的政治等级,还是法家提倡的以"法"作为维持等级秩序的一种手段,均是对秩序价值要求的印证。

在主体层面,社会统治呈现出封建王朝的各级国家政权机构与乡绅的二元主体特征,即在县级以上的政权单位,代表皇权的各级政权机构及其官僚是社

---

[1] 卜宪群.中国古代"治理"探义[J].政治学研究,2018(3):81—86.
[2] 贺永顺.社会管理探讨:均衡利益与制衡权力[M].南京:南京大学出版社,2013:110.

会统治主体,而在广大农村地区则由乡绅行使社会管理的权力。①

在客体层面,社会统治指向的对象主要是相对于统治阶级而言的广大农民群众。

在方法层面,除个别朝代之外,中国古代的绝大多数朝代都采用"礼法合治""德主刑辅"的管理方法②,一方面依托政权机构采取暴力机器维系专制统治,另一方面则利用各种社会教化和宗族伦理规范约束人们的思想与行为。

(二) 社会控制

社会控制是社会秩序的维护者运用强制性手段对社会进行控制、支配和管理,以维护社会的稳定和发展。随着1949年新中国的成立,我国社会建设事业不断建立和完善,社会治理的模式也由社会统治转变为社会控制。1949—1992年间,社会治理经历了社会控制的形成巩固阶段(1949—1978)和松动与解体阶段(1978—1992)。

1. 社会控制的形成巩固阶段(1949—1978)

从1949年新中国成立至1978年改革开放之前,为集中力量加快推进国家建设,我国实行了高度集中的政治体制和计划经济体制,以高度有序的单一化社会控制模式进行社会事务的管理。

在城市,新中国的管理可以分为对两类人的管理:单位人和非单位人(社会人),并在此基础上大体形成了"街居制—单位制"的社会治理模式。一方面,以"单位制"整合各类党政、企事业单位的管理体制,将国家与社会资源集中到具有高度行政化色彩的城市单位进行统一分配,从而实现对城市居民的有效管理。另一方面,通过组建"街居制",建立基层群众自治组织——城市居民委员会,对家庭妇女、摊贩、商人、自由职业者等社会人进行社会控制和管理。③

在农村,国家主要通过"议行合一、政社合一"的人民公社体制实现对农村

---

① 白祖纲,刘思阳.中国社会管理的历史、现实与未来[J].河北师范大学学报(哲学社会科学版),2013(6):122-126.
② 刘艳秋.中国古代社会的社会治理:价值与方法[J].法制博览,2019(10):11-13.
③ 何元增,杨立华.社会治理的范式变迁轨迹[J].重庆社会科学,2015(6):18-26.

居民的有效控制。① 在这一时期,人民公社兼具生产组织、基层政权机关、农村文化生活单位三重属性,通过对生产、生活资料的掌握和控制以约束个人行为,限制社员的流动。此外,城乡分治户籍制度的提出和建立也是这一时期实现社会控制的有效途径,《关于进一步精减职工和减少城镇人口的决定》《关于处理户口迁移的规定》等一系列政策文件的出台,在制度设计层面严格控制了农村居民向城市的社会流动,进一步加强了国家对社会的控制。

2. 社会控制的松动与解体阶段(1978—1992)

从1978年至1992年,是社会控制的松动与解体阶段。改革开放后,国家的工作重心转移到社会主义经济建设上来,传统的计划经济体制开始松动,社会主义市场经济体制进入了探索期。改革开放也导致城乡原有的组织管理体系发生变动。在城市,《城市居民委员会组织条例》《中华人民共和国城市居民委员会组织法》等法律文件的颁布,推动城镇社会管理体制由原来的"单位制为主,街居制为辅"逐步演变为"单位制+街居制",居委会作为居民自治组织的积极性被进一步调动,基层自我教育、自我服务、自我管理的能力不断提升。在农村,人民公社体制被废止,农村开始探索实行村民自治制度,城乡分割的户籍制度也开始松动,城乡之间人口流动速度加快,为加快城市建设提供了保障。

(三) 社会管理

社会主义市场经济体制的确立为我国经济的迅速发展提供了制度空间,而经济基础的变化也必然带来政治领域和社会领域的变革。从1992年到2011年近二十年间,中国的治理进入了社会管理的新阶段。

1992年,随着邓小平南方谈话和党的十四大的召开,我国市场化导向的经济体制改革步伐明显加快,私营经济获得较快发展,社会活力得到进一步激发。在城市,单位体制解体,社区建设步伐加快,"单位人"开始向"社会人"转变。在农村,村民自治制度在实践中不断完善,逐步走向规范化的管理轨道。同时,政府对民间组织的态度也发生转变,1998年修订颁布的《社会团体登记管理条例》和《民办非企业单位登记管理暂行条例》,标志着对民间组织的管理从原来的"抑制、清理和禁止"转向"监督、审查和指导",这就在一定程度上加快了民

---

① 谢志岿.论人民公社体制的组织意义[J].学术界,1999(6):26-31.

间组织的发展进程,使得民间组织在社会发展中的作用得到加强。而所有这些变化,都意味着原有的政社不分的社会控制模式将不再适应社会的实际需求,政府必须把社会从政治与经济中分离出来,当作一个专门的领域进行管理。2004年,党的十六届四中全会明确提出了构建社会主义和谐社会的目标,并提出建立健全"党委领导、政府负责、社会协同、公众参与"的社会管理格局。2010年,党的十七届五中全会通过的《中共中央关于制定国民经济和社会发展第十二个五年规划的建议》进一步提出要加强社会管理能力建设,创新社会管理体制,为此阶段社会管理的实践指明了方向。

总的来看,这一阶段的社会管理存在一个突出特征,即非常注重维护社会安定,强调对社会安全的关注,社会治理改革的主要任务是应对和消解经济市场化带来的各种消极、负面后果,包括各类群体性事件、群体(越级)上访等,其目标在于对多样化社会行为的整合,并强调强制性手段的运用。

(四) 治理体系和治理能力现代化

国家治理体系和治理能力是中国特色社会主义制度及其执行能力的集中体现。推进国家治理体系和治理能力现代化作为进一步全面深化改革的总目标,对于以中国式现代化全面推进强国建设、民族复兴伟业具有重大而深远的意义。社会治理是国家治理的重要构成部分,其治理体系和治理能力的现代化也日益受到重视。

不同于计划管理模式和社会管理模式,社会治理体系和治理能力现代化的核心是以人为本,维护最广大人民的根本利益,强调政府、社会与公民组织等多元治理主体的平等对话与合作以及市民社会的自我组织与自我管理,其发展与演进是一个随着时代不断演变而呈现螺旋式上升的治理运动过程。在中国特色社会治理的背景下,社会治理现代化是指用中国的话语来解释中国的社会问题,实现与当今中国社会的发展现状和目标要求相适应、为国家改革发展与治理能力现代化提供支撑的社会治理现代化,其最终目的在于为党和国家事业发展、人民幸福安康、社会和谐稳定、国家长治久安提供一套更完备、更稳定、更管用的制度体系。

具体来看,社会治理现代化包括两个方面的内容:一是社会治理体系的现代化,即健全社会工作体制机制,加强党建引领基层治理,健全党组织领导的自治、法治、德治相结合的城乡基层治理体系,完善共建共治共享的社会治理制度,要着力推动包括民生保障体系、科学决策体系、利益冲突防范体系、诚信建设体系、社会心理服务体系、矛盾化解体系、公共服务体系、社会治安防控体系、网络监管体系、应急处置体系等在内的社会治理体系框架建设和完善,实现社会治理的民主化、法治化、科学化、规范化、高效化和普惠化。二是社会治理能力的现代化,即根据中国特色社会主义社会治理体系的要求,建设一支忠诚于党和人民、热爱社会治理事业、具有专业知识和技术的社会治理人才队伍;利用先进的智能技术建立一个现代化的社会治理网络平台;提高社会治理体系的运行效率,包括预判能力、反应能力、协调能力、动员能力等方面的建设[①],从而保障社会治理制度的高效运行,助力社会治理水平的提高和社会治理目标的实现。

第二节 社会治理的内涵与特征

在"社会治理"成为重要的政治命题之前,"治理"以及"社会治理"作为社会科学术语,自20世纪80年代以来就被作为观察社会转型与秩序构建的概念。"治理"理论及"社会治理"的兴起有其特殊的时代背景和社会背景,因此,在东西方不同语境下的社会治理,其内涵和要义也有所区别。

一、社会治理的西方意涵

1989年,世界银行在《撒哈拉以南的非洲:从危机到可持续增长》("Sub-Sahara Africa: From Crisis to Sustainable Growth")报告中首次使用了"治理危机"一词,用以解释非洲发展问题的实质。此后,"治理"这一概念便被广泛地应用于政治及行政研究当中。全球治理委员会在《我们的全球伙伴关系》研究报告中对"治理"做出的权威定义是"各种公共的、私人的机构和个人管理其共同事务的诸多方式的总和"[②],即通过多方面的参与和沟通,实现管理效率和质量的

---

① 吴帆.社会治理现代化与社会治理共同体建设[J].社会治理,2019(11):19-21.
② The Commission on Global Governance. Our Global Neighbourhood[C]. Oxford: Oxford University Press, 1995: 4.

提升。在西方语境下,治理包含多中心、网络治理以及谈判、协商与合作等要素,在社会管理上体现为减少政府直接监管、多层级治理、由社会组织或私营企业承担公共服务、创建不同利益相关者的政策网络等特征。① 在学者的广泛关注下,治理理论于20世纪90年代正式形成,并随着研究的深入被逐渐引入经济学、社会学、国际关系学等各个学科。随后,"社会治理""地方治理""全球治理"等一系列术语也相继出现。

在长期的社会治理实践中,西方发达国家构建了一套较为成熟的社会治理体系,积累了可供借鉴的丰富经验。② 一是多元参与、合作协同的治理理念。在理论和实践层面,这一理念突破了政府单一主体格局,突出参与式治理,强调协作式治理,主张政府、市场、社会之间不是相互对立的关系,而是平等的伙伴关系。二是注重民生、标本兼治的治理原则。西方发达国家注重民生建设,不断提高民生保障水平,增加社会成员的福利待遇,使社会整体福利水平显著提升,逐步向普惠型模式转变。三是依法治理、刚柔并济的治理手段。强调依法进行社会治理,加强法律体系和法律监督机制建设,强调培养公民的法律意识,树立法律思维;同时也注重宗教、道德等软性约束力量的作用,塑造国民的共同价值观念。四是预防为先、动态治理的治理机制。注重重大社会风险的事先评估,特别是对一些重大决策可能带来的风险进行系统、深入的评估,以便最大限度地规避可能的风险;注重运用信息化手段,建立健全社会监测体系,构建危机预警系统,开展基础信息采集工作,进行适时动态跟踪、舆情监控,为社会治理提供信息支撑。

虽然中国有丰富的社会治理经验,但"社会治理"一词在西方话语中并没有完全对应的概念,其社会治理的实践主要是基于对治理理论的运用。因此,本书将重点考察在中国政治话语体系和语境下"社会治理"的内涵。

二、社会治理的中国意涵

20世纪90年代,治理理论逐渐被引入中国。当时正值国内经济和政治体制改革,社会矛盾凸显,国内学者多寄希望于将治理理论与当时的社会现实相

---

① 张来明.中国社会治理体制历史沿革与发展展望[J].社会治理,2018(9):5-17.
② 奚百汇.新时代中国社会治理面临的挑战与对策研究[D].上海:上海师范大学,2018:10.

结合来解决当时的社会问题。我国的社会治理研究是在吸收西方国家先进思想的基础上进行的,但是我国现在的社会治理实践既区别于西方国家的社会治理,也与传统的社会管理不同,中国推进社会治理现代化的行动方案也是在马克思辩证唯物主义和历史唯物主义科学思想的指引下作出的选择,通过对西方治理经验和当代治理问题进行反思与批判,探索符合中国国情和时代需要的中国式社会治理现代化新道路。

郑杭生认为社会治理是"在社会领域不断建立和完善各种能够合理配置社会资源和社会机会的社会机构和社会机制,并相应地形成各种良性调节社会关系的社会组织和社会力量"[①]。陆学艺指出社会治理包括社会安全阀构建、社会动员机制、利益协调机制以及民众参与机制。[②] 这种社会治理的界定强调社会制度在社会治理中的本体地位,指出社会治理的实质在于相关制度的构建、实施与运行,认为制度的作用客体是社会资源和社会机会,建立合理的社会资源配置机制和公平的社会机会供给机制是社会治理的基本任务。同时,制度导向的社会治理认为形成良好的社会关系网络是社会治理的本质目标,而这种关系网络的建立有赖于广泛的社会力量的支持。

实体导向的社会治理凸显出公共服务供给和民生改善的社会治理本体地位,认为社会治理的内容包含以教育、文化、就业、公共设施、社会治安为主的社会公共服务事业,以社会保险、社会救助、社会福利、慈善事业为主的社会保障体系,以社会团体、民办非企业单位、基金会为主的社会组织。实体导向的社会治理以改善民生、提高人民生活水平为终极目标,在结果层面揭示了社会治理的目标与任务,体现了一种"促进人的全面发展"的人文关怀,具有较强的现实操作性,亦符合我国的现实国情。

通过对已有研究的梳理可以看出,在社会治理这一概念上,我国学者虽尚未形成统一的认识,但大都认为其内涵具备以下要点:第一,社会治理强调主体多元,即在面对公共事务时,需要社会组织、企业、公民等发挥自身作用,形成良好的社会运转体系;第二,社会治理注重协同合作,即多元主体合作的社会治理体制需要依赖各主体相互之间持续的顺畅沟通和协商,这种方式能够有效促进

---

① 郑杭生.社会建设和社会管理研究与中国社会学使命[J].社会学研究,2011(4):12-21.
② 陆学艺.关于社会建设的理论和实践[J].北京工业大学学报(社会科学版),2009(1):1-9.

多元主体的稳定;第三,社会治理打造双向互动机制,即变传统社会管理中的单向输出为双向互动,将自上而下的引导和监管与自下而上的反馈紧密结合,从而完善社会治理现代化体系。

社会治理在不同的时期被赋予了不同的时代使命,社会治理有广义与狭义之分,有制度导向和实体导向之别,亦有功能指向和手段指向之异。本书聚焦于对社会治理的探讨,所谓之"社会治理"集中于狭义层面,并综合了制度导向的工具理性和实体导向的结果理性,即社会治理是指植根于特殊的社会结构和文化土壤,实行政府主导、社会协同参与,构建、实施、运行的一套合理的社会资源配置制度。在这套制度的规范和指导下,多元主体整合社会行为,协调社会关系,促进社会共识,发展社会公共服务事业,完善社会保障体系,维护社会安全稳定,激发社会组织活力,从而保障社会的长治久安和繁荣昌盛。

三、社会治理的特征

对社会治理的特征的理解需植根于特殊的社会土壤。总体而言,社会治理的特征主要体现在以下几个方面。

(一) 社会治理的区域主义导向

社会治理的区域主义导向是指社会治理实践立足于解决区域问题,并与当地的经济发展、文化土壤以及区域优势相适配,主要体现出以下特征:一是社会治理价值立意的交叉性。社会治理必须将正式的权威社会治理价值与本土非正式治理价值相融合。二是社会治理制度的互为促进性。社会治理的制度规范须与当地的公序良俗相一致,两者相互促进,共同发挥整合社会秩序的功能。三是社会网络节点的复杂性。

(二) 社会治理主体的多元化

社会治理是党委领导、政府负责、社会协同与公众参与的治理方式。具体而言,社会治理的主体包括党组织、政府、企业、社会组织以及公民个体。不同的社会治理主体基于信任、协商和合作的行为建立起一个立体式的社会治理网络。处于特定网络节点的社会治理主体基于信任、协商与合作的理念,建立起社会治理体系,共同致力于社会治理目标的实现。

（三）制度导向的工具理性和实体导向的结果理性

社会治理的手段是正式制度与非正式制度的构建与实施，目标是促进民生改善与社会的繁荣稳定。资源配置须在制度框架内进行，制度安排为资源配置提供了既定的运行轨迹，这体现了社会治理的工具理性；社会治理的成效要以公共服务的供给效率、社会保障体系的完备、社会治安的稳定以及社会组织的活力为判断依据，这体现了社会治理的结果理性。社会治理目标的实现有赖于社会制度的完善，两者相辅相成，互为促进，互为制约。

（四）社会资源合理配置的本体地位

事实上，社会治理的过程就是物质资源、人力资源、权力资源、制度资源以及时空资源的分配过程，资源配置处于社会治理的本体地位。因此，社会治理的本质在于构建和实施公平合理的社会资源配置制度。首先，社会资源配置制度是不同的利益主体协商合作、互动博弈的产物。其次，社会资源的配置对象包括社会物质资源、社会人际资源以及社会权力资源。最后，社会资源合理配置的目的是实现人的全面发展。社会资源的合理配置将满足社会个体不同层次的社会需求，从而实现化解社会矛盾、防范社会危机、促进人的全面发展的社会治理本质目标。

第三节　社会治理的要素

厘清社会治理的要素是构建社会治理体系、健全社会治理机制、形成完善的社会治理格局的基本要求。本书将社会治理的要素划分为主体要素、客体要素与工具要素三个层面。

一、主体要素

社会治理的主体要素回答了"由谁来治理"的问题。现代社会治理所涉及的内容极其宽泛，一切与公共事务相关的政治活动、管理活动、公共服务与公共物品供给，都可以纳入其中，这就决定了传统的由政府进行管理的模式已无法适应现代管理的需求。现代社会治理的主体应具有多元性的特征。

(一)政府:掌舵者、服务者与对话促进者

政府处于社会治理网络的核心位置。这里所说的政府是广义层面的政府,包括党团机构、权力机关、行政部门以及司法部门。当下,政府简政放权、职能转变已成为社会发展的必然趋势。在新的时代背景下,政府应扮演好以下角色:一是掌舵者。政府应把握好社会前进的方向,明确社会治理的总方略、总布局、总任务,为社会治理战略目标的实现提供制度保障。二是服务者。政府应积极回应社会公众的需求,不断优化工作机制,提升公共服务供给效率,为公众提供足量、优质的公共服务。三是对话促进者。政府应加强与公众、社会组织以及企业的协商对话,并且为其他社会主体间的协商互动创造良好的制度环境,通过沟通、协商、对话的方式配置社会资源、平衡社会利益、解决社会矛盾。

(二)社会组织:公共服务供给者、政策制定参与者与社会资本培育者

社会组织具备的非营利性、志愿性、自主性的特质使其在社会治理中有着与生俱来的优势。在社会治理的进程中,社会组织应承担起以下三项职能:一是公共服务的供给者。社会组织可通过签约外包、服务购买等方式在公共服务供给领域和政府展开合作,或自主地进行公共服务供给,从而减轻政府压力,满足社会成员的多元化公共服务需求。二是政策制定的参与者。社会组织可被视为特定群体的利益聚合体,它可以借助集团的力量,向政府表达利益诉求,施加压力,影响政府的政策制定。三是社会资本的培育者。社会组织将具有共同利益或兴趣爱好的社会个体聚集起来,形成了特定的交互网络。在这个网络中,人们遵循集体规则,建立起合作信任关系,从而提升了整个社会的组织化和熟识化程度。

(三)企业:社会物质资本的转化者和社会责任的承担者

在"国家—市场—社会"的三元格局下,企业也成为社会治理的重要主体。具体而言,企业在社会治理中应承担如下角色:一是社会物质资本的转化者。企业应将各种生产要素聚合起来,积累资本,不断扩大再生产,为社会创造价值,为公众提供赖以生存的物质基础。二是社会责任的承担者。一方面,企业应该为自身的生产经营行为负责,努力将生产经营给社会带来的负外部效应降到最低。另一方面,企业也应以合乎道德的行动回报社会,以增进社会福利,推

进企业社会责任步入制度化、标准化的新阶段。

（四）社会公众：诉求表达者、自我管理者与社会监督者

人的全面发展是社会治理的出发点和落脚点，随着公民主体意识的觉醒，社会公众在社会治理中扮演着越来越重要的角色。一是诉求表达者。公民应强化表达自我利益诉求的内生合法性，通过行政、司法、传媒等途径理性有序地表达自身的利益诉求。二是自我管理者。自治制度和基层自治制度为公民自治提供了试验场。在自治制度的保障下，群众深入挖掘开发区域优势资源，发展和传承优良文化，不断提升自我管理、自我服务、自我教育、自我组织能力。三是社会监督者。政务公开和现代互联网技术的迅猛发展为公民监督政府、企业以及社会组织提供了途径。社会公众要积极行使社会监督权，通过舆论表达、行政和司法途径来揭发损害公共利益、违背社会道德的公共行为。当然，被监督方也要乐于接受公众的监督，降低公众获取信息的机会成本，积极回应公众的质疑。

二、客体要素

社会治理的客体要素系统地回答了"治理什么"的问题。社会治理客体不同必然导致社会治理目标、手段的不同，也必然导致社会治理效果的不同。总的来说，社会治理客体就是因社会发展而产生的各种社会问题。具体而言，包括以下内容。

（一）公共安全治理

风险是现代社会的重要组成部分，随着全球风险社会的加速发展，新兴风险、巨灾、跨界危机不断涌现并多重叠加，增加了突发事件的不确定性，社会公共安全问题日益凸显。为了有效满足社会对安全稳定发展环境的要求，政府的一项重要责任就是把公共安全作为一种公共物品向社会公众提供，公共安全治理也就成为社会治理的重要客体之一。

公共安全治理是指政府、社会组织、企业和公民个人发挥各自优势共同预防和处置不同类型的风险事件，以创造生产或生活所必需的稳定安全环境和良好秩序的过程，包括生产安全治理、公共危机治理、社会治安治理等内容要素。巩固包括食品安全、工程安全、交通安全和社会治安等在内的维护社会公众安

全生产、生活的公共安全体系,健全包括社会矛盾化解调处机制、网络舆情和社会心态监测系统在内的社会风险预警和应对体系是公共安全治理的关键所在。

（二）社区治理

社区治理是社会整体治理的微观表达。在社会不断转型以及全面深化改革时期,社区作为一种直接、高效、便捷、低成本的社会调控单元,是社会治理的基础环节。通过社区治理,构建基层社会多元协同、精确高效、常态持久、共创共享的治理格局,已成为提升社会治理效能、有力推进社会治理精细化的现实路径。

社区治理是指社区范围内的多个政府、非政府组织机构,依据正式的法律、法规以及非正式社区规范,通过协商谈判、协调互动、协同行动等方式对涉及社区共同利益的公共事务进行有效治理,进而增进社区成员社会福利,推动社区发展进步的过程。社区治理旨在利用治理单元规模和范围相对较小的优势进行整合与调控,充分发挥其在实现社会治理现代化中的作用。

（三）社会组织治理

社会组织是人们为了有效达到特定目标、有计划地建立起来的一种制度化的共同活动群体。社会组织是国家治理体系和治理能力现代化建设的有机组成部分,在提供公共服务、反映利益诉求、扩大公众参与、增强社会活力、促进社会发展等方面发挥着积极作用,是社会治理的重要主体和依托[①],也是社会治理的主要客体之一。

社会组织治理是指通过既定规则和流程,对包括社会团体、基金会、民办非企业单位等在内的社会组织进行培育、管理和监督,以规范社会组织行为、促进社会组织发展的过程。社会组织治理由两部分内容构成:一是社会组织的外部治理,即对与社会组织发展相关的外部环境,包括法律体系、行政管理体制、经济环境等内容的治理;二是社会组织的内部治理,即对包括内部控制、监督评估机制、道德约束等在内的影响社会组织功能发挥的内部环境进行规范和控制。

---

① 李立国.改革社会组织管理制度 激发和释放社会发展活力[J].求是,2014(10):48-50.

（四）社会管制与监督

社会管制与监督是社会治理的重要内容。垄断、信息不对称、外部性等导致的市场失灵催生了社会公众对于管制与监督的需求，要求政府部门通过各种正式或非正式程序，制定并实施规则，以维护社会秩序、促进社会稳定发展。在现代市场经济社会中，各权威主体对市场的干预和对社会的管制与监督无处不在。在行政或政治控制中，政府以管制型政府为主，而社会管制的本质就是公共权威机构通过行使公共强制力实现社会公共利益最大化的公共行动过程[1]，其目的在于提高资源配置效率，增进社会公众的福利。

在社会治理语境下讨论的社会管制与监督，则是指政府基于维持经济、政治、社会秩序而运用公共权力对我国社会中的个人、群体、组织以及广大公众进行的控制和干预，其类型包括对市场的监管、对市民社会的监督和培育以及对政府行为的监督。

（五）价值分配与道德治理

社会治理的关键目标在于协调各方主体利益关系，化解社会矛盾和冲突，维护良性社会秩序。在实现这一目标的过程中，价值分配与道德治理作为一种非强制的柔性约束，始终渗透于社会治理实践，逐渐内化为社会治理体系中不可或缺的构成因素，并对社会治理产生着长久的影响。[2] 在社会道德领域中诚信缺失、见利忘义、损人利己、造假欺诈、以权谋私等问题频发的情况下，价值分配与道德治理已成为社会治理指向的客体要素之一。

价值分配与道德治理是指对以国家和社会所预期的价值形态和行为表征为代表的稀缺价值资源的凝结、分配和内化的过程。价值分配与道德治理立足于人的道德良知与行为自觉，依靠一定的价值判断和随之产生的强大内驱力和约束力，有效引导和规范人们的外在行为，使之自觉追求社会治理的实践目标。通过对价值分配与道德治理的关注，社会治理旨在构建社会运行规则，推动社

---

[1] 宋学增,蓝志勇.社会管制的全民共建共享机制:一个分析框架[J].经济社会体制比较,2016(2):133-142.

[2] 刘永青.略论社会治理中的道德支撑[J].理论导刊,2017(4):45-47.

会秩序形成,促进社会力量整合,并逐渐引导社会思想的统一。①

(六) 虚拟社会治理

虚拟社会是指现实社会的主体(个人或组织)基于互联网技术平台,借助网络新媒体工具而形成的以信息传递、共享、交流为主要活动的网络虚拟空间。②信息技术的快速发展,尤其是网络自媒体时代的到来促进了虚拟社会的繁荣,加深了虚拟社会与现实社会的联系,使得虚拟社会与现实社会中的政治安全、经济安全、社会安全、文化安全、心理安全等交织,形成诸多复杂矛盾,致使虚拟社会治理的难度进一步加大。

虚拟社会治理主要是指在网络空间中按照现实社会的需求采取必要的措施,对网络技术、网络组织、网络行为以及网络社会的正负外部性进行培育、监督和纠偏的过程。虚拟社会所具有的极强的跨时空性、信息传播蔓延的极速性、各类文化与行为主体的多元化发展、去中心化去权威化等特征使得虚拟社会治理必须跳出现实社会管理模式的窠臼,寻求构建多元主体合作共治的虚拟社会治理模式。③

三、工具要素

社会治理的工具要素主要回答了"凭借或依靠什么进行社会治理"的问题。作为社会治理赖以开展和推进的手段,社会治理工具建立了社会治理主体与客体之间的联系,也对社会治理效果的呈现具有重要作用。总的来说,社会治理工具要素包括以下内容。

(一) 网络与自组织

网络与自组织是社会治理工具要素的重要组成部分。

社会问题的复杂性使得其解决之道可能涉及多个社会子系统,网络治理便由此而产生。一般而言,网络治理是指一种由独立的但自主的行为者构成的相对稳定的合作关系,它所涉及的各个行为者相对平等,在受规制和约束的框架

---

① 张溢木.道德治理:调节社会关系的三个视角[J].江西师范大学学报(哲学社会科学版),2016(4):46-49.

② 冉连.虚拟社会治理创新:内涵、挑战与实现路径[J].情报杂志,2017(2):48-52.

③ 同上.

内通过谈判和协商的方式进行自我规制性的互动。这里的"网络"囊括了社会中各个子系统的诸多行为者,例如政治子系统中的各级政府,社会子系统中的非营利组织、职业团体、公民以及经济子系统中的公司。这些行为者拥有不同的资源、信息、偏好,代表了不同子系统的运行准则,他们基于相互信任而贡献自己所拥有的资源、分享权力、共同承担相应的责任,以促进社会公共目标的实现。①

社会自组织是完善社会治理体制的重要工具。"自组织"是一种系统存在着的事物,与正式组织相对,它的形成和发展并未受到外部法律制度的强制形塑,而是基于群体共同的价值、目标和利益,依赖内部形成的拥有共识的非正式制度。在此基础上,社会自组织是基于社会系统内部因素间协同、协调功能而自发形成的组织化、秩序化的治理系统的过程。② 社会自组织要求公众自我组织且以组织化方式参与治理,通过其成员的实际参与以及同政府的互动与合作,更好地表达所属群体的利益诉求,有效解决公共问题,降低社会治理成本。

(二) 公共参与与协商合作

随着人类社会现代化进程的加快,社会利益主体日益分化,社会治理的难度与复杂性日益加剧,超出了单一主体的能力范畴,公共参与和协商合作成为寻求共识的有效路径。

社会治理中的公共参与,是指公民、社会组织等公共参与主体,通过各种有效途径,参与到与其自身利益密切相关的社会治理活动中,充分表达意见、形成合意,进而影响社会治理活动的过程。社会治理公共参与的内容要素包括以下几个方面。

公共参与的环境要素,即对公共参与形成制约的各种条件的总和,包括政治环境、经济环境、社会环境和文化环境。

公共参与的主体要素,即除政府外能够引起和推动社会治理改变的部分,主要包括组织主体和个体主体两类。

公共参与的客体要素,即公共参与主体试图影响和推动的活动,主要包括

---

① 张继亮.协商式治理:网络治理与协商民主的深层整合[J].理论探索,2016(5):83-88.
② 徐永平.中国社会自组织功能构建与社会治理成本化解初探[J].云南行政学院学报,2013(5):83-85.

社会治理的各类决策活动。

公共参与的方式要素,即公共参与主体对特定对象施加影响的方式方法,包含以信访、听证、政府调研、重大决策公示和专家咨询为主要构成的政府性参与方式和以公共舆论为主要构成的非政府性参与方式。

公共参与的实现也离不开协商合作。协商合作是指政府与社会通过在策略、技术、关系、模式、价值等方面的协调、配合与互补,最终实现可操作性社会治理的过程,其本质是社会治理参与主体之间形成的一种社会伙伴关系。协商合作的社会治理方式承认社会主体的多元化、社会利益的多元化、社会文化的多元化,要求在尊重各主体平等、自由的基础上开展对话和协商,从而整合民意、协调利益关系、缓解社会矛盾和冲突。

(三)正式制度与非正式制度

制度作为一种行为主体间的规则,在社会治理和社会发展中扮演着重要的角色。制度有正式制度与非正式制度之分。所谓正式制度,是人们为了特定的目的有意识地建立起来并被正式确认的各种约束的总称,它是以权力机构为后盾来实施的成文规范,包括法律、法规、政策、规章和契约等;而非正式制度则是人们在长期的共同生活或社会交往过程中形成的约定俗成的且被一致认同并共同遵守的行为准则,包括意识形态、价值信念、文化传统、风俗习惯和伦理道德。①

处于外层的正式制度与处于内层的非正式制度是一对相应的概念,共同对人们的行为起到规范与约束作用②,并且深刻影响着社会治理的实效。正式制度下的社会治理,明确界定了各治理主体的职责权限,使得各个治理主体在履行治理职责时必须遵循法律规制,在社会治理活动的事前布防、事中处置、事后处理的各阶段,都能保证主体行为的合法化与合理化。非正式制度下的社会治理,在社会的核心价值观指导下,发挥其社会制约及整合的功能,使社会关系趋于和谐、社会行为趋向有序、社会问题得到解决、社会矛盾得以缓和、社会公正逐渐

---

① 章荣君.乡村治理中正式制度与非正式制度的关系解析[J].行政论坛,2015(3):21-24.
② 刘振,徐立娟.基层社会治理实践中制度选择的"恰适性"逻辑[J].深圳大学学报(人文社会科学版),2017(5):111-117.

实现、社会风险得到有效控制、社会稳定持续保持,社会治理最终实现"善治"。①

（四）资源依赖与交换

资源的稀缺性是人类社会生活的基本特征。其中,资源的绝对稀缺性是人类社会解决自身难题所面临的主要约束,而资源的相对稀缺性则意指各种不同的资源总是不平等地分散在各个行动者手中。资源的相对稀缺性决定了在人类公共事务的治理过程中,没有哪个机构、组织和个人拥有充足的资源和知识可以独自解决所有的问题,包括政府、市场、社会组织等在内的公共行动者往往处于一种相互依存的关系中,必须通过合作、资源的依赖与交换,实现资源的合理配置,以充分利用资源,达成对公共事务的治理。

从这个层面来说,治理就是指为了实现与增进公共利益,政府部门、私营部门、第三部门甚至公民个人等众多公共行动主体依据自身所掌握的资源,彼此合作,共同管理公共事务的过程。② 而这里所涉及的资源通常包括合法性权威、资金、专项技能、知识、信息、人才等。

（五）社会教化与培育

作为一种提升公众素质、形塑公众价值观的方式和渠道,社会教化与培育在社会治理中发挥着不可替代的作用。特别是党的二十届三中全会明确指出,要"健全发挥家庭家教家风建设在基层治理中作用的机制",良好的家庭家教家风可以把优秀传统文化和现代治理理念等有效地传递给下一代,推动全社会将严的法治纪律和好的社会风尚内化于心、外化于行,厚植社会治理的法治和德治根基,并最终实现社会秩序的维护与社会和谐发展。

社会教化与培育的作用主要体现在以下方面。

第一,社会教化与培育有利于社会行为整合与知识（技能）的习得,其作为社会公共服务体系的有机组成部分,能够有效提升社会治理各方参与主体的组织化、专业化、规范化程度,提高多元主体参与社会治理的效率。

第二,社会教化与培育可以促进公共规则的内化,影响社会成员的理念、态度和价值观,促使人们统一思想,通过构建公众的社会认同来夯实社会治理基础。

---

① 范逢春.地方政府社会治理:正式制度与非正式制度[J].甘肃社会科学,2015(3):178-181.
② 蒋永甫.网络化治理:一种资源依赖的视角[J].学习论坛,2012(8):51-56.

第三,具有公共品德的多元主体参与共建是社会治理的基本要求,对参与主体的社会教化与培育能够促进社会治理多元主体间互动,进而营造协同联动、互利共赢的良好社会氛围。

（六）人工智能技术

当前,世界百年未有之大变局加速演进,新一轮科技革命和产业变革深入发展,以人工智能技术(AI)为代表的科技革命不仅改变了人类的生产关系和生产效率,同时也不断地嵌入社会治理,以智能治理的方式进一步提升治理体系和治理能力现代化水平。面对智能时代的现实挑战,社会治理现代化亟须顺应智能时代的发展潮流,运用生成式人工智能、物联网、大数据、算法推荐、云计算、区块链等新技术和新模式,优化社会治理结构与制度体系,创新社会治理方式,提升社会治理现代化能力。[①]

社会治理中人工智能技术的应用特征主要体现在以下方面。

一是推动社会治理由单一中心转变为多中心治理,即人工智能大模型中神经网络模型可依托各部门物联网感知设备,以各层级、各部门为节点或神经元,基于图神经网络算法打造跨地域、跨层级、跨系统、跨部门的数字协同平台,推动多主体业务协同与服务创新。[②]

二是形塑虚实共生、交互体验的智慧社会治理场景,即人工智能大模型中自然语言处理模型和多模态模型可打造摆脱时空限制、人机交互的智慧化政务服务场景,智能政务机器人、智能问政系统等可为公众提供零接触、界面化的公共服务体验。

三是推动公共服务的精准供给,即人工智能技术可多维度、全方位挖掘"一网通办""智慧城市"等数字化平台上的海量数据,系统开展自主深度学习、算法筛选、匹配分析等一系列需求计算,精准捕捉公众最迫切的服务需求,系统研判社会最可能的冲突矛盾,实现精细化服务与多样性需求的精准对接。[③]

[①] 陈双泉,韩璞庚.人工智能技术嵌入社会治理:创新、风险与防范[J].学习与探索,2024(7):142-149.

[②] 陈文博,杨姣.算法行政的扩张:制度逻辑与治理策略[J].新视野,2022(4):69-75.

[③] 谭新雨.生成式人工智能大模型嵌入社会治理:赋能场景、风险样态与规制路径[J].暨南学报（哲学社会科学版）,2024(12):97-111.

章节习题

1. 简述社会治理在西方国家和中国的历史演进。
2. 简述社会治理的概念。
3. 简述社会治理主体要素包含的内容及各主体之间的关系。
4. 简述社会治理客体要素包含的内容。
5. 简述社会治理工具要素包含的内容。

案例材料

铜陵市：推进基层参与式治理　创新城市社区居民自治路径

近年来，安徽省铜陵市大力推进基层参与式治理，不断探索社区居民自治路径，着力解决社区自治和服务功能不强、基层群众自治活动的内容和载体相对单一、社区治理参与机制不健全等瓶颈问题，以期形成自我管理、自我教育、自我服务、自我监督的社区自治体系和工作机制。

在深化社区治理体制改革的过程中，铜陵市主要做法如下。

(一) 明晰职责权利，强化社区自治职能。一是理顺关系：明确政府职能部门与社区居委会的关系是指导与协助、服务和帮助。二是明确职权：明确社区自治组织依法拥有自主权、协管权和监督权。三是减轻社区居委会工作负担：政府从微观的直接管理中解脱出来，实现政府行政管理与社区居民自治的有效衔接和良性互动。

(二) 构建社区居民自治组织架构，保证社区自治有效实现。铜陵改革后的社区治理组织架构包括四个层次：社区党组织、居民委员会、社区公共服务中心、依托社区居民委员会在社区成立的各类社会组织。其中，坚持把强化居民自治、构建社区居民自治组织体系作为社区组织架构改革的重中之重。社区居民自治组织体系由社区居民代表大会、议事协商委员会和社区评议委员会、民主监事会、居民委员会、居民议事小组构成。

(三) 完善社区居民自治制度，保障社区自治有序进行。一是建立健全社区党组织工作制度:把坚持党的领导、充分发扬民主、严格依法按规办事有机统一于社区居民自治的实践之中。二是进一步创新社区民主选举制度:铜陵市进一步规范了社区民主选举程序,稳步扩大了居民直接选举和户代表直接选举的覆盖面。三是完善社区民主管理制度:铜陵市探索并建立了社区居民自治组织体系,结合换届选举成立了居民代表大会、居民议事协商制度,建立了议事、决策、执行、监督的民主管理体系。

(四)培育和发展社区社会组织,激发社区居民自治内在活力。一是放宽准入条件,实行登记和备案相结合:对社会组织实行分类登记管理,降低登记门槛,缩短登记时限,为社会组织创造有利的发展环境。二是建立社会组织孵化机制:探索打造社会组织孵化基地,成立社会组织培育中心,对有发展潜力的社会组织进行专业化、多层次培育。三是建立政府购买服务机制:推进政府购买服务常态化,对公益性、慈善性等符合经济社会发展需要的社会组织,通过政府购买服务的方式予以重点扶持,细化服务购买流程,强化项目评估。

铜陵以社区体制改革为突破口推进社区参与式居民自治建设体现出了当代城市社区居民自治建设在理论上和实践操作上的价值,在不断完善治理架构、积极构建居民有序有效参与社区自治和全力打造"升级版"的"全国社区治理和服务创新试验区"方面取得了积极成效。

案例来源:陈欣.铜陵市社区治理体制改革探索[D].南京:南京师范大学,2016.

思考:上述案例体现了社会治理的哪些构成要素?

第二章 社会治理的理论基础

内容提要

"社会治理"具有非常广泛的理论谱系。本章重点介绍构成社会治理理论基础的网络治理理论、自主治理理论、协同治理理论、元治理以及中国特色社会治理理论叙事。党的二十大报告强调:"拥有马克思主义科学理论指导是我们党坚定信仰信念、把握历史主动的根本所在。"中国社会治理应以马克思主义科学理论为内核,紧密结合中国实际,在不断扬弃西方治理理论的基础上,构建具有中国特色的本土化社会治理理论体系。理论来源于实践,实践又需要理论的指导。中国社会治理的实践需要在与其社会结构、文化土壤相适应的理论指导下进行。理论为社会治理实践提供了理念和原则,指明了方向和路径,提供了手段与方法,并建立起科学的评价框架。

第一节 网络治理理论

作为对传统官僚制和市场化治理模式的反思,以及对经济全球化时代公共治理问题的探索,网络治理理论主张政府、私营部门、社会组织及公民个人作为社会多元治理主体,在网络化的治理结构中,为实现公共利益而采取联合行动。

一、治理的一般性含义

从词源释义来看,治理(governance)一词源于拉丁语和古希腊语,原意是控制、引导和操纵,长期以来主要用于与国家公共事务相关的管理和政治活动。现代意义上的"治理"被赋予了崭新的含义,体现着西方国家社会发展的轨迹,被认为是各种公共的或私人的机构和个人管理其共同事务的诸多方式的总和,是使相互冲突的或不同的利益得以调和并使不同群体采取联合行动的持续过程,既包括强制人们服从的正式制度,也包括人们同意或认为符合其利益的各种非正式制度。在全球化和信息化的背景下,市场本身存在盲目性、外部性、垄断、信息不对称等流弊,同时,政府公共产品短缺、低效率、寻租、政策失灵等问题亦时时暴露出来,人们迫切需要开辟第三条道路来优化社会运行机制。在这种背景下,治理理论应运而生,它基于世界、国家、地方、社区、组织等秩序的新变化,阐释了当今国家与社会关系的新结构形态,提出了构建分权、公众参与和多中心的公共事务治理之道,被认为是传统政府和市场治理的替代模式。具体来说,治理理论以社会效率的实现为价值导向,致力于通过多种方法提升公共服务质量。在主体结构层面,治理理论倡导治理主体的多元化和去中心化,鼓励政府、企业、社会组织以及公民个人等多元主体共同参与,通过多中心协同机制实现治理效能的聚合。在组织形态层面,治理理论强调科层制组织、网络化组织与自组织系统的适应性配置,依据公共事务属性差异和具体治理情境采用权变式组织架构,充分激发不同组织形态在资源动员、决策效率和公共参与等方面的比较优势。在治理工具层面,治理理论整合了制度主义与工具理性,涵盖了参与、协商对话、政府工具、市场工具以及正式和非正式制度等方法,形成综合治理体系,以调适多元主体的利益关系和权力关系,促成各方之间的沟通与合作,形成稳定的联盟网络,最终实现对公共事务的良好治理。关于公共治理的理论谱系,可将其划分为五个代表性观点。

(1) 社会—市场治理。社会—市场治理关注在社会系统内部占主导地位的各种制度之间的关系,认为必须整体性地把握这些关系及其相互作用,以更好地理解公共政策的制定和实施。在这种类型的社会治理中,政府在公共政策领域不再具有主导优势,而是需要依赖其他社会行动主体,以实现其合法性和对该领域的影响。

(2) 公共政策治理。公共政策治理关注政策精英和网络是如何相互作用进而设计与管理公共政策过程的,进一步说就是探讨政策社群和政策网络的运作方式。其中最具有代表性的就是对"元治理工具"的探讨。公共政策治理理论认为,在包含着多元利益相关者的政策网络中,元治理工具有助于重新恢复政治的导向性功能。

(3) 行政治理。行政治理关注公共行政的有效运行以及公共行政的重新定位,以囊括现代国家表现出来的全部复杂性。例如,萨拉蒙将行政治理作为公共政策实施及公共服务提供全部实践的一个替代性术语;而林恩也将其用作一个包罗万象的术语,以创造一个在"空心化国家"条件下有关公共政策实施和公共服务提供的整体性理论。

(4) 合同治理。合同治理关注新公共管理的内部运作,尤其关注公共服务提供中合同关系的治理。用凯特尔的话说,就是"在当代契约国家中,公共机构需要'对它们几乎不能控制的(公共服务提供)体系负责'"[①]。

(5) 网络治理。网络治理关注自发形成的组织间网络是如何与政府一起或在没有政府的情况下提供公共服务的。与公共政策治理不同的是,网络治理主要聚焦于实施公共政策和提供公共服务的网络,以及网络主体间的互动关系。

二、网络治理理论的概念和主要观点

网络指连结人、物或事件的特殊关系。网络治理与网络社会、网络组织紧密相关。网络社会是信息时代形成的一种新型社会形态,其核心特征在于以网络技术为动力、以知识传递为基础,通过全球化的互联互通重构社会关系与经济结构。网络组织则是地位平等的节点因共同目标或兴趣自发聚合,以平等、开放、分权为特征,介于市场与企业层级间,兼具稳定性与灵活性的组织结构。

20世纪后期,全球化进程加速、社会问题复杂化以及信息技术革命的到来催生了传统治理模式的深刻变革。科层制和市场机制在应对跨领域、跨边界的公共问题时逐渐暴露其局限性,网络治理理论兴起,标志着一种新型治理模式诞生了。网络治理理论最早由美国学者斯蒂芬·戈德史密斯(Stephen Goldsmith)和威廉·D. 埃格斯(William D. Eggers)提出,被定义为"一种全新的通过公私部

---

① L. David Brown. Participation, Social Capital, and Intersectional Problem Solving: African and Asian Cases[J]. World Development, 1996, 24(9): 1467-1479.

门合作,非营利组织、营利组织等多主体广泛参与提供公共服务的治理模式"[①]。该理论引入我国后,学者们对其展开了系统研究。陈振明认为,网络治理是"为了实现与增进公共利益,政府部门和非政府部门(指私营部门、第三部门或公民个人)等众多公共行动主体彼此合作,在相互依存的环境中分享公共权力,共同管理公共事务的过程"[②]。在这种模式下,政府角色从传统的以"管理—控制社会"为主转变为以"服务—整合资源"为主,并致力于协调包括政府自身、私营部门、非政府组织以及公民个人在内的多方资源,共同应对复杂多变的社会问题;非政府部门则由被动排斥转变为主动参与。由此可见,网络治理的生成恰恰是基于组织利益的自主联动。当组织间存在共同利益或目标时,它们会自发地形成联动机制,通过合作与协调来实现共同目标。此外,愉悦的互动经验也是网络生成的重要因素。当组织在合作中获得愉悦的互动感受时,它们将更倾向于参与网络治理,进一步巩固和拓展网络关系。同时,这也意味着在网络治理中各主体能够遵循彼此协商确立的游戏规则,在相互信任的基础上,进行资源的互换、妥协及互动,具体包括物质资源(如资金、设备等)、技能资源(如专业技术、管理经验等)和信息资源(如数据、资料等)。通过网络治理,这些资源能够在不同主体间流动和共享,实现资源的优化配置和高效利用。在实践应用方面,网络治理涵盖了全球治理、民族国家治理以及社区治理等多个层面。具体来说,网络治理理论的特征主要表现在以下几方面。

第一,治理主体的多元化。治理主体的多元化是网络治理理论的核心特征。网络治理打破了传统治理模式中政府作为单一治理主体的格局,引入企业、社会组织、公民个人等多元主体,共同参与社会问题的治理。

第二,治理方式的互动性。在网络治理中,各治理主体之间通过协商、合作、互动等方式,共同制定和执行治理规则,解决社会问题。

第三,治理结构的扁平化。网络治理改变了传统治理模式中层级分明、权力集中的治理结构,形成了更加平等、开放、分权的网络治理结构。这种扁平化

---

① 〔美〕斯蒂芬·戈德史密斯、威廉·D.埃格斯.网络化治理:公共部门的新形态[M].孙迎春,译.北京:北京大学出版社,2008:8.

② 陈振明.公共管理学——一种不同于传统行政学的研究途径[M].2版.北京:中国人民大学出版社,2003:86.

的治理结构,不仅有助于减少决策层级,提升决策效率,还有助于增强治理的透明性和公正性。

第四,治理目标的公共性。治理目标的公共性是网络治理理论的根本追求。网络治理旨在通过多元主体的共同合作,实现公共利益的最大化。

第五,治理手段的多样性。在网络治理中,各治理主体不仅可以通过合作、协商、建立伙伴关系等方式解决公共议题,还可以运用合同承包、特许经营、政府补贴等公私合作方法与手段实现治理目标。

三、网络治理理论对社会治理的现实借鉴作用

作为一种新型治理模式,网络治理理论为社会治理提供了一种新的治理视角和实践模式。通过构建信任关系、协调各方利益、分享公共权力,网络治理能够有效解决复杂社会问题,增进公共利益,提升治理效能。

(一)促进多元主体参与,实现协同治理的有序发展

传统治理模式是一种以国家强制力为支撑的非协商式、自上而下的管理方式,它阻断了公众与政府之间的互动与协同,忽视了社会治理本质所要求的各主体之间的联合,限制了社会治理的效能与活力。相比之下,网络治理打破了传统治理模式中政府作为单一治理主体的格局,引入企业、社会组织、公民个人等多元主体,共同参与社会事务的治理。因此,在社会治理过程中,政府应秉持包容原则,广泛吸纳并鼓励不同主体积极参与,以构建多中心的社会治理网络,推动各治理主体成为社会治理中的节点,并充分发挥其功能。此外,政府还应积极探索多样化的民主协商形式,譬如民主恳谈会、民主听证会等,促进多元主体在治理网络中进行有效的沟通与协作,达成共识,实现协同治理的有序发展。

(二)以公共利益为价值轴心,提升社会治理的整体效能

强化治理目标的公共性是提升社会治理效能的核心要义。因此,在社会治理过程中,政府、企业、社会组织及公民个人等多元主体应将公共利益置于首位,通过协同合作、信息共享、资源整合等方式,共同应对社会挑战,解决社会问题。具体来说,政府应充分发挥主导作用,制定科学合理的治理政策,并加强监管,确保公共资源得到公平有效的配置;企业和社会组织应利用其专业优势和社会影响力,为社会提供多样化的服务与支持;公民个人则应增强参与意识,通

过合法途径表达利益诉求,参与公共事务治理,营造和谐稳定的社会环境。此外,还要注重运用现代科技手段,如大数据、人工智能等,提高治理效率和精准度,确保治理措施更加符合公众需求和期望,实现社会治理效能的显著提升。

(三)探索复合型治理手段,增强社会问题的可治理性

在社会治理过程中,大量复杂问题的出现要求协作化治理,而协作化治理的关键在于克服公私部门、政府不同层级之间的壁垒。网络治理通过构建涉及政府、市场、社会等多层次、多元的治理主体结构以及运用各种治理手段与方法,为协作化治理提供了必要条件。因此,政府应积极推动与企业、社会组织、公民个人等多元主体及组织内部不同层级之间的合作,克服"治理真空"地带中具体责任人缺失等问题。同时,积极探索并实施多样化的公私合作模式,诸如合同外包、特许经营、政府补贴等手段,构建高效且互惠的公私伙伴关系。此外,政府还应综合运用法律、政策、技术等手段,以应对复杂多样的社会问题,适应社会环境,从而提高社会问题的可治理性。

第二节 自主治理理论

自主治理理论的产生源于对传统公共事务治理方式的深刻反思与挑战。通过大量的实证研究和经验分析,埃莉诺·奥斯特罗姆(Elinor Ostrom)突破了固有思维模式的局限,创造性地提出了公共事务治理的第三条道路,即自主治理。

一、自主治理理论的概念和主要观点

长久以来,如何有效治理公共池塘资源,避免"公地悲剧"的发生,一直是实务界和学术界关注的焦点。公共池塘资源指人们能够共同使用资源系统而分别享用收益的公共资源,如地下水、渔场、牧场、石油等,具有非排他性和竞争性,即任何人都可以使用,但一旦使用,资源就变成了私人享用的物品。这种特性往往会导致对资源的过度开采和滥用,进而引发一系列的环境和社会问题。面对公共池塘资源问题,传统的治理方案主要依赖政府干预或产权私有化。然而,政府干预往往受到官僚主义、信息不对称和利益集团游说等影响,导致"政

府失灵";而产权私有化则可能由于资源分配不均、交易成本高昂和执行困难等,出现"市场失灵"。此外,非政府组织在提供公共服务时,资金不足、管理能力有限等也可能导致资源配置效率低下或非公众性等问题。因此,公共事务的治理实践迫切需要一种新的治理理论来指导。在此背景下,美国著名学者埃莉诺·奥斯特罗姆通过对全球范围内五千多个公共池塘资源治理案例进行深入研究,运用制度分析和经验分析的方法,创造性地提出了在政府与市场机制之外的第三条道路——自主治理。

所谓自主治理,就是指相关利益群体在面对制度供给、可信承诺、相互监督的问题时,通过内部成员自我组织起来、自行订立群体规则、自主协调群体事宜,不依靠外在强制干预所形成的一种有效集体行动。[①] 该理论强调公民的自主性和能动性,为公共事务的治理提供了一条全新思路。自主治理理论认为,个体的理性选择是利己与利他的结合。在范围较小的公共事务治理和资源利用中,个体能够在相互接触中经常沟通、持续了解,彼此之间建立信任和依赖感。经过长时间的共同居住和交流,个体之间建立了共同的活动准则和互惠的处事模式,能够就维护公共利益组织起来,采取集体行动,进行自主治理。因此,利己和利他举动普遍存在于社会生活中,通过非制度性规定约束着人们的行为。同时,自主治理理论强调制度供给、可信承诺以及相互监督等。制度供给问题涉及如何构建和维护有效的治理规则;可信承诺问题关注个体或集体如何做出并践行遵从制度规则的保证;相互监督问题则关乎如何确保所有参与主体均能有效监督他人是否遵守了规则,并对违规行为实施恰当的惩罚。解决这些问题需要深入理解公共资源的特性、使用者的需求和行为,并据此设计、实施有效的治理机制以促进资源的可持续利用,实现治理效果的最大化。在实践应用层面,自主治理理论除了为公共池塘资源管理问题提供了解决思路外,在社区治理和非营利组织管理等领域同样具有重要的应用价值,譬如社区居民可以通过成立业主委员会、居民议事会等自治组织,共同制定社区规则和管理制度,提升社区治理效能。此外,自主治理理论的设计原则包括以下几方面。

[①] [美]埃莉诺·奥斯特罗姆.公共事物的治理之道——集体行动制度的演进[M].余逊达、陈旭东,译.上海:上海人民出版社,2000:35.

第一,清晰界定边界。明确有权从"公共池塘"中提取资源的个体或家庭,以确保资源的可持续利用,从而避免资源的过度开采和滥用,维护公共利益。

第二,制定与条件一致的规则。明确规定占用的时间、地点、技术或资源单位数量等规则,并与当地条件及所需劳动、物资的供应规则保持一致。

第三,集体选择的安排。通过集体讨论和决策来制定和修改规则,以确保规则的合理性和可接受性,增强规则的合法性和有效性。

第四,分级制裁。对违反规则的个体进行分级制裁,以维护规则的权威性,提高治理的公正性和威慑力。

第五,冲突解决机制。提供低成本的冲突解决平台,以便个体之间能够迅速解决冲突,缓解矛盾,实现社会稳定与和谐。

第六,对组织权的最低限度的认可。保障个体或群体在设计自己制度方面的权利不受外部政府权威的过度干预,以增强自主治理的自主性和独立性。

第七,分权制企业。将占用、使用、管理、监督、制裁、解决冲突等职权分给不同的职能部门行使。

二、自主治理理论对社会治理理论的贡献

作为一种创新性的公共事务治理理论,自主治理理论突破了传统的公共事务治理只能依靠政府或市场的观点,为公共事务的治理带来了新的思路与方法,为社会治理提供了一条全新的路径。

(一)激发治理主体活力,实现多元协作与共赢

自主治理理论强调个体和群体在面对公共事务时的自主性和能动性,认为他们能够通过自我组织和协作形成有效的治理机制。因此,在社会治理过程中,政府应充分激发治理主体活力,构建开放包容的治理体系,形成多元共治、协同共赢的良好局面。一方面,政府应鼓励和支持社会组织、企业及公民个人等多元主体积极参与社会治理。通过优化政策环境、提供必要资源和搭建参与平台,为民众和社会组织创造更多参与社会治理的机会,使其成为社会治理不可或缺的重要力量。另一方面,政府应加强与各治理主体之间的沟通与协作,建立有效的信息共享和利益协调机制,确保各主体在治理过程中的知情权、参与权和表达权。

（二）完善内部制度与规则，明确主体权责边界

自主治理理论强调在没有外部权威或强制力的情况下，通过内部规则、制度和机制来实现自我管理和自我约束。在社会治理中，这意味着政府应建立健全内部制度与规则，以明确社会组织、企业、公民等多元主体在社会治理中的角色和责任。通过制定和完善相关法律法规，确保各主体在参与治理过程中有章可循、有法可依。同时要注重规则和制度的动态调整与优化。社会治理是一个复杂且动态的过程，应根据实际情况和反馈，定期对内部制度与规则进行评估和修订，确保其适应社会发展的需求，从而增强治理的灵活性和适应性。此外，要建立有效的监督和激励机制，确保各主体能够积极参与治理并严格遵守规则，进而增强治理的积极性和有效性。

（三）夯实民主法治基础，保障社会公平与正义

自主治理理论虽然强调自主性和协作性，但并未忽视民主与法治的重要性。因此，在强调治理主体自主性与能动性的同时，政府应不断深化民主制度与法治体系建设，有效保障社会公平与正义。一方面，政府应建立健全选举、协商、决策和监督等民主机制，确保公民能够依法行使选举权、知情权、参与权和监督权。同时，政府及立法机构在决策过程中应广泛听取民众意见，通过公开透明的决策程序，使政策制定更加科学合理，符合最广大人民的根本利益。另一方面，不断完善法律体系，加强法治建设，确保法律的公正性、权威性和普遍适用性，使其既能有效维护社会秩序，又能充分保障个人权利和自由。加大对违法行为的打击力度，确保法律面前人人平等，让每一位公民都能感受到公平正义的阳光。加强公民法治教育和宣传，提高全民法律意识和素养对实现社会公平与正义同样重要。

第三节 协同治理理论

协同治理理论的思想根源可追溯到系统论、协同学等理论。它打破了传统单一主体治理模式，主张政府、企业、社会组织与公民等多元主体围绕共同目标，通过建立合作、协商、互动机制，整合各方优势资源，共同参与公共事务管理，实现公共利益的最大化，为解决社会治理难题提供了全新思路。

一、协同治理理论的概念和主要观点

工业革命是具有划时代意义的重大变革,不仅极大地推动了生产力的发展,改变了经济结构和社会面貌,还在管理模式方面催生了科层制管理模式,这种管理模式迅速在各类组织中得到广泛应用,并在20世纪成为公共行政的主流范式。然而,随着社会的发展,政府承担的公共服务职能持续扩张,政府规模因此不断膨胀。与此同时,私人部门在经济和社会生活中扮演愈发重要的角色,公众的民主意识不断增强,参与公共事务的需求激增。在这样的形势下,官僚制逐渐暴露出诸多弊端,政府部门在面对紧急事务和复杂问题时反应迟缓,效率低下。在社会经济快速发展、公共事务日益繁杂的情况下,传统单一主体的治理模式愈发力不从心,难以有效解决跨领域、多层次的复杂问题。20世纪后期,协同治理理论在应对复杂社会问题和公共事务管理挑战的背景下逐渐兴起。协同治理理论主张打破传统的单一主体治理格局,将政府、企业、社会组织、公民等广泛的行为主体纳入决策制定与协同行动中,共同应对公众的复杂需求与社会快速发展带来的挑战,从而实现社会的良性治理。从公共管理领域的初步探索,到如今广泛应用于环境治理、城市规划、社区发展等多个领域,协同治理理论不断丰富和完善,成为现代治理研究的重要理论范式。协同治理理论的核心观点包括以下几方面。

第一,多元主体平等参与。协同治理打破了传统上以政府为绝对主导的模式,强调政府、企业、社会组织和公民等主体在治理过程中的平等地位。每个主体都有独特的资源和优势,如政府拥有政策制定与公共资源调配权,企业具备专业技术和创新能力,社会组织熟悉特定群体的需求且灵活性强,公民则能提供基层视角和监督力量,各方平等参与,充分发挥各自优势,实现治理效能最大化。

第二,目标导向的合作。各主体参与协同治理是基于共同的目标,无论是改善生态环境、提升公共服务质量,还是促进社会和谐稳定等。共同目标是凝聚各方力量,围绕这一目标,不同主体通过合作实现资源共享、优势互补。

第三,互动与协商机制。为达成共同目标,多元主体间需要建立互动与协商机制。在决策过程中,各方通过对话、谈判、协商等方式表达诉求、交换意见,共同制订解决方案。这种机制能充分考虑不同主体的利益和需求,使决策更具科学性和可行性,也有助于增强各方对决策的认同感和执行意愿。

第四,网络结构的治理体系。协同治理形成的是一种网络结构的治理体系,而非传统的层级结构。在这个网络中,各主体相互关联、相互影响,信息能够多向流动。这种结构增强了治理的灵活性和适应性,能快速对复杂多变的社会问题做出反应。

二、协同治理理论对社会治理的现实借鉴作用

协同治理理论作为当代公共管理领域的重要理论范式,对社会治理体系现代化的理论贡献和实践价值主要体现在以下三个维度:第一,在治理动能层面,协同治理理论通过构建多元主体协同创新的制度框架,有效激活了社会治理系统的内生创新机制;第二,在价值整合维度,协同治理理论提出了共识建构机制,通过制度化对话平台,强化不同治理主体间的价值互嵌与利益协调,为化解社会治理中的价值冲突提供了理论工具;第三,在运行机制层面,协同治理理论通过程序化协商流程和制度化沟通渠道,显著提升了治理决策的民主化程度与执行效能。

(一)促进多元主体互动,激发社会治理创新的活力

在传统的社会治理模式中,政府往往作为单一主体占据主导地位,然而这种模式逐渐暴露出其局限性,难以有效应对日益复杂多变的社会问题。协同治理理论则强调多元主体的共同参与,涵盖政府、企业、社会组织以及公民个人,不同主体凭借各自独特的资源、专业知识和技能,在社会治理中扮演着不可或缺的角色。政府拥有强大的政策制定与执行能力,以及丰富的公共资源调配权;企业具备技术创新能力和高效市场运作经验;社会组织扎根基层,能够敏锐捕捉社会细微需求,在困难群体帮扶、社区服务等方面发挥灵活且重要的作用;公民个人作为社会的基本单元,通过广泛的信息反馈与公共事务参与,强化了治理的民主合法性。由此,多元主体间相互协作,形成强大合力,激发社会治理的创新活力。

（二）强化共同目标导向，夯实社会治理的共识基础

社会治理是一项复杂的系统工程，需要各方协同合作，而协同合作的前提是拥有共同的目标。协同治理理论通过强化共同目标导向，促使不同主体在社会治理中形成一致的价值追求，从而夯实社会治理的共识基础。共同目标的设定应当围绕增进社会公共利益和社会福祉展开。当各方明确并认同这一共同目标时，就能在行动上产生默契，相互配合。这种基于共同目标的协同行动，能够有效减少社会治理过程中因目标不一致而产生的冲突和矛盾，提高社会治理效能，让社会在和谐有序的轨道上稳步前行。

（三）完善沟通协商机制，保障社会治理决策科学合理

沟通协商是协同治理的核心环节，完善的沟通协商机制能够保障社会治理决策科学合理。在协同治理过程中，多元主体由于利益诉求、立场和认知的差异，不可避免地会产生分歧和矛盾。此时，沟通协商机制就显得尤为重要。通过建立健全多层次、多渠道的沟通协商平台，各方能够充分表达自己的意见和建议，分享信息和资源。在沟通协商过程中，各方相互理解、相互学习，从而对问题形成更全面、更深刻的认识。同时，政府可以及时向社会公布政策信息和决策依据，企业和社会组织能够将自身掌握的行业动态和社会需求反馈给政府，公民个人也能通过便捷的沟通渠道表达自己的诉求。这种信息的充分交流和共享，有助于避免决策的片面性和盲目性，使社会治理决策更加科学合理，符合社会发展的实际需求。

第四节 元治理与中国特色社会治理理论叙事

元治理作为一种宏观治理理念，旨在协调不同治理主体间关系，提供基本规则与方向，强调政府在复杂治理网络中的引导作用。中国特色社会治理理论叙事则扎根于中国国情与发展实践，秉持以人民为中心的原则，融合多元主体协同共治，将党的领导贯穿始终，既汲取传统治理智慧，又结合时代发展不断创新，致力于打造共建共治共享的社会治理格局。

一、元治理的概念和主要观点

20世纪末,社会多元化、全球化不断深入,随着公民、企业、社会组织等多元主体参与社会治理过程,治理主体间出现利益冲突、责任模糊和协调成本增加等问题,传统政府单一治理模式失灵,难以应对诸如环境问题、社会公平等复杂议题。治理理论虽强调多元共治,但未能解决"谁来治理治理者"的问题。因此,元治理理论应运而生,为治理体系提供基础性的规则和方向指引。元治理是"治理的治理",是为了克服治理失灵而进行的自我管理或自我组织,追求科层制、市场和网络三种治理类型的协调,通过促成科层制、市场和网络三种治理类型的充分结合,以期达到最好的治理效果。元治理并非直接参与具体事务的治理,而是对治理机制、结构和过程进行调节,其核心在于协调不同治理主体间关系,设定总体治理框架,通过提供制度安排、资源分配规则以及协调冲突方式等,确保整个治理系统的稳定与有效运行。元治理理论的核心观点包括以下几方面。

第一,解决治理失灵问题。元治理旨在通过调整和优化治理体系本身的结构与机制,解决传统治理中可能出现的失灵问题,通过"治理的治理",利用更高层次的制度设计、规则协调和动态适应,提升治理体系的整体效能。

第二,国家和政府在治理网络中的复归。元治理倡导政府、企业、社会组织、公民等多元主体协同合作,强调国家和政府在治理网络中的复归与主导作用,旨在解决多元主体协作中的碎片化、低效或冲突问题。国家拥有其他主体难以比拟的合法性权威、资源整合能力及强制力,能够通过法律、财政和行政手段为治理网络提供基础性框架。这种"复归"既是对治理失灵的回应,也是对现代国家治理能力的重构。国家作为"元治理者",重新协调和整合分散的治理机制与主体,确保治理体系的整体性与有效性。

第三,政府在多元治理中的中心地位。元治理强调政府在多元治理主体中扮演核心引导者的角色,承担指导责任和确立行为准则的责任,认为应当将政府视为"同辈中的长辈"。政府凭借其权威和资源调配能力,制定宏观政策,引导其他主体参与治理,保障公共利益的实现。

二、中国特色社会治理理论叙事

中国特色社会治理理论根植于马克思主义社会建设理论,是结合中国历史文化传统和当代社会发展实践而逐步形成的。从新中国成立初期的社会管理探索,到改革开放后的不断创新,再到新时代社会治理现代化的推进,中国特色社会治理理论不断丰富和完善。党的十八届三中全会通过的《中共中央关于全面深化改革若干重大问题的决定》指出,"全面深化改革的总目标是完善和发展中国特色社会主义制度,推进国家治理体系和治理能力现代化",明确提出了"推进国家治理体系和治理能力现代化"的总目标,第一次把"治理"写入党的纲领性文件。党的十八届三中全会提出加快形成科学有效的社会治理体制,党的十九大提出打造共建共治共享的社会治理格局,党的二十大和党的二十届三中全会进一步将社会治理体系放到推进国家安全体系和能力现代化的战略中进行部署。

(一) 打破政府公共资源垄断地位,构建"四位一体"社会治理网络

公共治理理论主张政府简政放权,与其他社会主体分享公共资源,共担社会责任,构建多中心、多层次、立体式的社会治理网络。在中国的社会治理进程中,法理性权威与社会非正式权威交织,计划经济遗留制度与现代市场经济制度并存。因此,社会治理要整合政府、社会组织、企业、公民个人的力量,构建"四位一体"的复合式社会治理网络,形成一种交互融合的复合权威场域:基于法理的政府权威、基于集团利益的组织权威、基于股东效用最大化的企业权威以及基于公民主体意识的公众个体权威。治理网络中的社会治理主体通过达成共识来确立行为准则,协同合作以共同维护社会秩序、提供公共服务、整合社会行为、供给社会福利并进行心灵治理等。

(二) 建立平等协商对话机制,有效化解社会矛盾

公共治理理论指出,解决社会问题的途径和方式不只局限于制度强制手段,还存在民主协商、公民对话、参与决策等诸多有效的途径。现阶段,在社会治理主体的权威对比中,政府具有绝对性优势,使得这一治理网络仍然呈现出极大的不平衡性。基于此,政府要意识到,全能型政府从根本上是无法应对广

泛性、复杂性、风险性日益凸显的现代公共事务的。政府应敢于打破自身的权力垄断地位,以平等的姿态与其他社会主体进行对话协商,协调好各社会主体间的利益关系。此外,政府还要做好公共资源在各主体间的配置:一是要发挥市场对资源配置的决定性作用;二是要通过协商和谈判的方式合理配置资源。总之,在社会治理网络中,各社会主体都具有相对独立和平等的地位,他们的行动相互协调,职能相互补充,权力相互制约,在社会治理的事业中各尽其能、各得其所。

(三)促进公民与政府的协同合作,发挥社会对公权力的制约作用

公共治理理论认为,公民可以凭借集团的力量防止公权力对私人领域的侵害,保障公民的个人自由。由公民组成的多元利益集团是公共利益聚合者和社会力量的凝聚者,可以通过协商谈判、说服博弈、舆论引导来向政府施加压力,迫使政府行为符合公众预期。同时,政府要善于借助社会组织的"亲民性"优势,来了解公众的心理动态、舆论导向和行为模式,从而及时甄别社会矛盾,防患于未然。此外,政府应和公民及社会组织建立伙伴关系并借助其优势提升社会治理水平,例如社会组织可吸收社会闲散资金,提供公共服务,增加社会慈善供给,进而提高社会总体福利水平。

(四)以公共利益为价值轴心,推动"善治"目标的实现

公共治理理论认为,治理的目标是善治。善治是公共利益最大化的社会治理过程。保障公共利益、增进公共福祉一直是政府存在的合法性基础。公共利益需要在利益集团的互动博弈中不断明晰和实现,而这一过程有赖于社会民主协商机制的充分发展。在我国,社会民主协商机制还有待进一步完善,政府在管理活动中掌有较多的自由裁量权。在善治的实现过程中,政府要更加尊重公民的主体地位,培养公众的公民身份意识,考察公民的需求,畅通公民利益表达渠道,最大限度地满足公共需求。另外,政府要还权于民、还政于民,确立社会组织的合法性身份,为其开辟活动空间,授予合法权威,并实现全能政府向有限政府的转变、管制型政府向服务型政府的转变、集权型政府向授权型政府的转变。

第二章 社会治理的理论基础

章节习题

1. 请简述网络治理理论的主要内容及其特征。
2. 请简述自主治理理论的主要内容及其具体原则。
3. 请简述协同治理理论的主要内容及其与治理理论的关联。
4. 请简述元治理理论的内容及其主要特征。

案例材料

J街道的共同生产实践与社区治理共同体样态

J街道地处广州市的繁华商业区,人流密集且人员复杂,既有较多老住户聚居于此,又有大量外来人口不断涌入。在J街道开展微创投之前,社区治理存在较多掣肘之处。第一,社区服务意识欠缺,政民关系和社民关系疏离。J街道有众多无物业管理的老旧小区,房屋和基础设施较为陈旧,存在较大的安全隐患。部分居民曾向街道办和居委会反映过上述问题,但基层政府和社区工作人员忙于各类行政事务,无暇顾及居民的诉求。第二,激励机制不足,居民集体行动陷入困境。J街道也有部分"热心人"想要牵头带领居民共同解决社区难题,却在实践中屡屡碰壁。老党员L居住的楼栋一直存在外墙脱落的问题,在向居委会反映无果之后,她组织了几位热心的邻居组成团队,准备发动楼栋的居民共同筹钱,找施工队处理。由于缺乏有效的激励,团队成员的积极性逐渐下降。而且,L的动机遭到了部分居民的质疑,最终导致项目搁置。第三,公共精神缺失,居民对社区的情感淡漠。J街道曾经尝试过一些治理创新手段,想为增强社区凝聚力创造条件,但都收效甚微。例如,J街道曾邀请居民共同设计社区阅览室、社区活动室等,但是参与者只是少数较为活跃的社区"老面孔",而且"打造"出来的公共空间并非民众所需要的,最终变成了摆设。大多数居民对于社区公共事务漠不关心,外来居住者更是缺少对社区的家园认同,"外地人"的身份意识固化。

为改变社区治理失范的状态,在上级部门的支持下,J街道从居民需求着手,通过微创投项目的共同生产来增强社区的凝聚力。在前期调研和充分征求民意的基础上,J街道出台了《微创投项目工作方案》,对于申报主体资格、项目议题、资金来源、运作流程等做出明确规定。其中,申报主体要求是居住在同一楼栋的3人以上居民组成的居民自组织,以确保议题的公共性。项目议题聚焦居民关注的老旧小区公共设施和公共空间改造。同时,街道针对拟实施的项目建立了相互独立的资金池,由政府和居民共同筹集资金,政府的资助额度不超过项目总额的30%(最高支持10 000元),剩余的经费由申报主体自筹。项目运作流程包括居民自组织申报、街道组织评审与项目实施。为了配合微创投项目的开展,J街道专门成立了协调工作小组。街道党工委作为协调工作小组的领导部门,负责项目的统筹协调与监督。街道办其他职能部门负责项目的评审、验收和资金分配工作,社会组织和社区两委负责动员居民和监督执行。随后,J街道党工委组织协调小组成员召开了政策宣讲会议,要求在社区层面开展广泛的宣传和动员工作。社区两委通过召开居民会议和微信群转发的形式宣传微创投项目,并对近两年来向社区反映过楼宇问题的居民进行重点宣传。为了让更多的居民了解微创投项目,J街道还制作了《微创投项目居民申报实施指导手册》发给社区居民,并将其制作成短视频投放到社区e家通公众号和居民微信群。

经过前期的准备,共同生产具备了制度、资源和主体方面的基础,于是多元主体围绕居民关切的公共服务需求展开共同生产行动。J街道根据前期的政策文件要求,明确提出了项目实施的程序,包括议题创设、方案制定、项目执行、项目评估和经费拨付。居民自组织在征得社区居民的同意后,向社工机构提交微创投项目的申报书,项目经街道审批通过后,由居民自组织、利益相关的居民、施工方、社区两委代表等协商讨论,制定项目实施方案。随后,居民自组织根据方案要求,带领居民开展有共识的合作行动。在项目执行过程中,街道和社区全程监督指导,对于执行中的梗阻问题,引导多元主体协商。针对每一个申报获批的项目,社工都组建了便于大家交流的微信群。部分项目还开设了短视频账号,通过线上直播的方式让更多的居民了解并参与协商。项目执行结束后,街道办职能部门组织开展项目验收,根据项目实施效果、居民满意度、居民参与情况等指标进行评价打分。项目验收合格后,街道办从项目资金池中拨付资金给项目实施主体。

J街道通过微创投项目,有效解决了社区长期存在的"微难题"。同时,政府通过微创投项目主动发现并回应居民的合理需求,居民对公共服务的满意度得到有效提升。而且,共同生产也推动了居民参与范围的扩大。据J街道办统计,微创投项目凝聚孵化了20个居民自组织,动员702人次参与志愿服务,带动1157名社区居民参与协商议事和共治行动。由于2023年的微创投项目中居民踊跃报名、积极参加,J街道在2024年初启动了第二轮微创投项目申报程序,并打算将其作为长效机制延续下去。

案例来源:钟晓华.共同生产何以推动社区治理共同体建构?——基于广州市J街道的实践考察[J].中国行政管理,2024,40(9):110-120.

思考:

1. 上述案例中J街道的治理实践体现了公共治理的哪些理论要素?

2. 请结合治理理论说明J街道微创投项目得以成功实施的原因,并分析其作用机理。

第三章 中国特色社会治理体系

■ 内容提要

经过几十年的实践探索和制度建设,中国特色社会治理体系基本形成。本章围绕中国特色社会治理体系展开论述,梳理了中国特色社会治理体系发展脉络,讨论了中国特色社会治理体系的内涵;在共建共治共享社会治理格局中,对党委领导、政府负责、社会协同、公众参与的中国特色社会治理体系多元主体进行界定,并对其互动关系进行阐述;同时对中国特色社会治理体系的价值理念、战略布局、核心内容进行分析,对治理的基础工具以及治理方法进行论述。

第一节 中国特色社会治理体系概述

一、中国特色社会治理体系的历史沿革

新中国成立后,在中国共产党的领导下,我国针对社会治理从起步探索到转型发展,再到现代化不同阶段的主要问题和实践主题,采取了不同的策略,使得社会治理主体不断多元化,社会治理方式不断优化,社会治理体制机制不断创新,形成了具有阶段特征、符合时代需求、前后相继的中国特色社会治理体系。

(一)社会管控阶段:社会治理的起步与探索(1949—1978)

新中国成立后,我国面临着社会重建和国家建设的巨大挑战。这一阶段,

我国实行计划经济体制并进行大规模的土地改革,对旧社会进行全面改造,以行政手段严管严控,国社高度统一,具有较强的计划性和管控性。户籍管理制度、城市的单位制以及街居制等都是政府运用"管控"手段塑造社会新秩序的探索。"人治"的政治思维也是这一阶段的特点[①]:一方面,借助精英领导和行政体系实现强势的"管控";另一方面,依靠群众运动来解决社会矛盾,表现为人民公社等通过动员社会共同参与建设,巩固社会秩序和维持社会和谐稳定。但"管控"也在一定程度上使得社会应对变化和自我调节机制较弱。[②]

(二)社会管理阶段:社会治理的转型与发展(1978—2012)

改革开放推动"社会管控"向"社会管理"转型,带来了社会治理的深刻变革,促使社会治理向市场化、法治化和民主化转变。这一时期,党和政府认识到社会管理需要市场主体和社会主体的参与,逐渐转变为服务供应者和社会管理者,鼓励社会组织、群众团体和企事业单位等主体参与社会管理;此外,还创新社会管理方式,重视执政能力建设,强调法治保障。1993年在党中央文件中首次出现"社会管理"一词,2004年提出构建"社会管理格局",2012年在社会管理体制中增加"法治保障"等都体现了"社会管控"向"社会管理"的转型。国家层面提出"社会管理"概念以及相关法规制度的设立,都使这一阶段社会管理领域及社会管理主体范围扩大,增强了社会的整体活力。但社会管理在改革过程中仍然是自上而下、垂直单向的政府管理,其他社会管理主体缺位,表现出较浓的国家本位色彩。

(三)社会治理阶段:社会治理的现代化(2012年至今)

随着中国特色社会主义进入新时代,我国社会亦进入治理新阶段,实现了"社会管理"到"社会治理"的华丽转变,朝着共建共治共享的治理现代化目标迈进。由于社会主要矛盾发生转变,满足人民对养老、医疗、就业等多方面的需求成为社会治理的重要目标。[③] 这一阶段,在习近平新时代中国特色社会主义思想的指导下,社会治理实现了从国家本位到党委、政府、社会力量多元主体合

---

① 郭晔.论中国式社会治理现代化[J].治理研究,2022(3):89-100,127-128.
② 张昱,滕明君.建党百年来中国社会治理范式的嬗变及启示[J].社会建设,2021(3):3-10.
③ 宋友文,王煜霏.中国共产党一百年社会治理发展历程与重要经验[J].思想战线,2021(4):33-41.

作共治的转变,实现了社会治理方式和治理理念的转变,在治理的模式、体系、方式、内容等方面都发生了根本性的变革。社会治理命题在党的十八届三中全会的正式提出,标志着我国社会管理达到了新高度,社会治理进入了新的阶段。党的十八大,十八届三中全会,十九大,十九届四中全会、五中全会,二十大,二十届三中全会等都涉及了社会治理相关内容,社会治理的内涵和理念不断完善。"加快形成科学有效的社会治理体制""打造共建共治共享的社会治理格局""打造人人有责、人人尽责的社会治理共同体""完善共建共治共享的社会治理制度"等都是这一阶段社会治理领域的改革和探索。此外,我国还积极参与全球治理,推动全球治理体系变革,积极倡议构建人类命运共同体,为发展中国家社会治理提供"中国方案",贡献"中国智慧"。

二、中国特色社会治理体系的内涵

中国特色社会治理体系的历史沿革不仅揭示了中国社会治理如何随着时代变迁而不断演进,也为我们把握其内涵提供了重要的历史参照。中国特色社会治理体系是中国共产党在长期实践中形成的、符合中国国情的社会治理模式,其内涵深刻体现了社会主义制度优势与中国传统文化的结合。其核心要素和内涵主要包括以下几个方面:

一是中国特色社会治理体系的理念与价值取向,主要回答"为谁治"的问题。治理理念是指对治理的态度和观点,决定着中国特色社会治理体系的发展方向。中国特色社会治理体系以习近平新时代中国特色社会主义思想为指导,核心理念是以人民为中心,旨在解决人民群众最关心、最直接、最现实的急难愁盼问题,满足人民群众的美好生活需要,保障全体人民的权益,最终实现人的全面发展。中国共产党是为人民奋斗的政党,在社会治理过程中始终坚持为了人民、依靠人民、发展成果由人民共享的价值取向,不断增强人民的获得感、幸福感和安全感。

二是中国特色社会治理体系的主体,主要回答"谁来治"的问题。治理主体是在治理过程中承担责任、拥有资源并在一定规则下管理公共事务的行为主体,是构建中国特色社会治理体系的基础性要素。我国社会治理的主体具有"一核多元"的特点:"一核"指的是中国共产党的领导,"多元"指的是企事业单位、社会组织、公众等多元主体参与。各类治理主体在中国共产党的坚强领导下,良性互动、平等协作、有效衔接、共同发力,发挥"1+1>2"的协同效应,不断推动中国特色社会治理体系主体结构优化发展。

三是中国特色社会治理体系的工具与方法,主要回答"怎么治"的问题。治理工具与方法是社会治理主体为实现治理目标所采取的方法和形式。综合多种方法多类手段是完善和发展中国特色社会治理体系的保障。学界有关社会治理方式的研究十分丰富,既有"四维治理"和"五治融合",即系统治理、依法治理、综合治理、源头治理和政治、自治、法治、德治、智治,也有"四化互动"和"五社联动",即社会化、法治化、智能化、专业化的互动和社区、社会组织、社会工作、社区志愿者、社会慈善资源的联动。除此之外,还有党建引领、网格化建设等方式。多样的工具与方法有机结合、协同发力,助力实现社会治理目标。

四是中国特色社会治理体系的制度,主要回答"依据什么治"的问题。中国特色社会治理体系的制度供给与运行机制共同构成治理现代化的"双轮驱动",分别回应"依据什么治"的规范性问题与"如何有效治"的实践性问题。治理机制是指主体间相互协同合作的运行机理,是治理主体依据治理规则所做出的行为单元有机结合而成的行为集合体[①],包括政府运行机制、资源配置机制、社会协同机制、利益分配机制和监督激励机制等。治理制度是指在社会治理过程中建立起来的一系列组织制度安排和行为规范,包括法律法规制度、政策制度、组织机构制度等正式制度和道德约束、乡规民约等非正式制度,是社会治理主体解决社会问题的行为依据和准则。这些机制和制度指导、规范和约束社会治理主体的行为,促使其不断践行以人民为中心的制度理念。

总之,中国特色社会治理体系是在中国共产党的领导下,从中国国情出发,创造性地运用马克思主义国家学说,在不断探索实践、不断改革创新中建立起来的保证亿万人民当家作主的全新社会治理体系。中国特色社会治理体系是扎根于中国大地、切实满足人民需求的制度和治理体系,具有深厚的历史底蕴和强大的生命力与优越性,能够持续推动拥有十四亿多人口大国的进步和发展,确保中华民族实现"两个一百年"奋斗目标和伟大复兴。

---

① 姜晓萍,阿海曲洛.社会治理体系的要素构成与治理效能转化[J].理论探讨,2020(3):142-148,2.

第二节　中国特色社会治理体系的主体与互动关系

一、中国特色社会治理体系的主体

在打造共建共治共享社会治理格局的过程中,如何构建党、政府、社会公众等相关主体的权责关系与协调机制,是中国特色社会治理实践的重要议题。

（一）党委领导

中国共产党是中国特色社会主义事业的领导核心,也是社会治理的根本推动者。中国特色社会治理体系是在中国共产党领导下的多元治理结构,党从把握全局的高度对社会治理做出理念引导和顶层设计。在社会治理中,党是权力核心,是最高权威所在。

在中国特色社会治理体系中,党主要依托坚强的组织与具有先进性的党员发挥作用,将组织建设和党的先进性充分贯彻融入社会治理的发展与创新活动,使党员成为社会治理的参与者、监督者和推动者,实现良性社会动员与社会善治。截至2023年底,中国共产党已经拥有党员9918.5万名,基层党组织达517.6万个。[①] 在社会领域,党组织通常担负着公共治理的责任,包括以党建引领为着力点将党建和社区服务紧密结合,搭建基层党组织与群众日常互动的平台,提高基层组织的服务能力等。此外,组建中共中央社会工作部是新时代加强党的全面领导的又一重大举措,有利于充分发挥党总揽全局、协调各方的核心作用,不断夯实基层政权建设基础,将党的领导充分落实到基层。

（二）政府负责

政府作为国家意志的执行者,在治理中占据主导地位。政府负责是指各级行政机关依法履行社会治理职能,通过科学决策、规范执法和公共服务,切实承担起保障民生、维护公平、防控风险等法定职责。

在社会治理的过程中,政府负责制可能存在责任缺失或责任越位等问题,导致"政府失灵"的现象。为了清除某些政府部门无法实现公共物品有效供给

---

① 中国共产党党内统计公报[EB/OL].(2024-06-30)[2025-04-13]. https://www.gov.cn/yaowen/liebiao/202406/content_6960213.htm.

的弊病,需要清楚界定政府职责的边界。面对社会治理中责任缺失的现象,政府需要通过灵活使用行政、法律手段予以补位。而面对越位与错位的现象,政府应更多充当"舵手"的角色,培育社会力量,引领社会力量的发展。同时,政府也需要在调节市场、社会治理中发挥自身合法性和为人民服务的优势,建立健全社会保障制度和政府购买服务等协调机制。

(三) 社会协同

社会协同主要是指党委领导、政府负责下的多元社会治理主体共同治理公共事务,形成政府与社会力量互联、互补、互动的社会治理运行网络的过程和活动。"社会协同"中的"社会"内涵非常丰富,包括人民团体、基层群众性自治组织、社会组织、企事业单位等。

党的十九大提出要发挥社会组织作用,党的二十届三中全会进一步提出健全社会组织管理制度。以社会团体、基金会和社会服务机构为主体的社会组织,是我国社会建设的重要力量。如今,社会组织形式多样、覆盖领域广,正逐渐成为社会治理中极为重要的力量。一方面,应借助公益投资、政府购买服务激发社会组织活力,配合社会治理重心下移,加快培育社区组织,发挥其在文化体育、慈善救助、社区养老等方面的作用。另一方面,在政府与市场供给不足的领域,政府推动社会组织介入并促使其实现自主发展,待社会组织成熟后政府职能逐步退出,让社会组织成为公共产品与服务的供给主体,政府作为监管主体来维护有序发展。

(四) 公众参与

公众参与是人民主权的重要实现形式和民主政治的重要标志,也是社会主义民主得以实现的重要机制。《中华人民共和国宪法》第二条规定:"中华人民共和国的一切权力属于人民……人民依照法律规定,通过各种途径和形式,管理国家事务,管理经济和文化事业,管理社会事务。"社会治理中的公众参与是《宪法》规定的人民主权原则的延伸,彰显了人民作为主权享有者的地位。

公众参与社会治理的方式主要有两种:一是提供公共服务,二是参与公共决策。而参与公共决策又有制度性参与和非制度性参与两种途径。制度性参与主要是指通过法律法规政策设定的途径参与公共决策,如参加听证会。非制度性参与主要指借助社会舆论、特殊社会关系等非制度性渠道影响、参与公共决策。当前,由于制度性参与社会治理的制度供给不足,公众常借助非制度性渠道影响决策,这易催生"灰色交易"和"寻租空间",使正规制度失效、公众对政府决策失去信任。要实现公众有效参与公共决策,必须有三大制度支撑:政府信息公开制度、公众参与程序制度以及公众意见反馈制度。

二、中国特色社会治理体系的主体互动关系

由政府管理到合作共治是社会治理模式发展的必然趋势。中国特色社会治理体系由中国共产党领导,政府主导,社会和公众等多方社会力量参与,以促进政府和社会各归其位、各担其责,对社会公共事务进行治理,努力实现社会善治。要完善中国特色社会治理体系,应形成一元主导、多方参与的共建共治共享格局,建设人人有责、人人尽责、人人享有的社会治理共同体(见图3-1)。

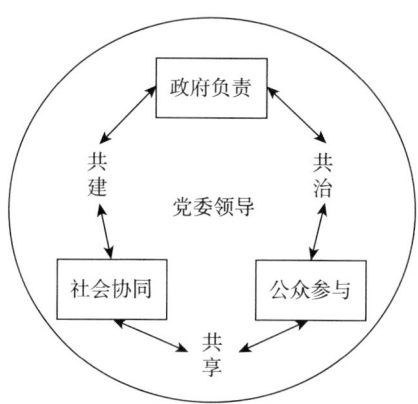

图3-1 社会治理主体互动关系

(一)共建

共建即共同参与社会建设。共建包括三个方面:社会事业建设、社会法治建设以及社会力量建设。

社会事业建设方面:本着政府主导和政社合作的原则,通过社会政策的安排,为包括社会组织在内的各种社会力量和各类市场主体,在教育、就业、医疗、卫生、社保等社会服务领域发挥作用创造条件与空间。

社会法治建设方面:人们的获得感、幸福感、安全感离不开制度的保护。因此,在相关法律法规乃至政策的制定中,在权力制度、财政制度、分配制度、社保

制度的建设中,在党和政府发挥领导作用的同时,必须真正形成社会各界和广大人民群众的民主参与机制。

社会力量建设方面:在新时代的社会治理中,社会组织、市场主体、公民个体等多元社会力量构成国家治理现代化的韧性网络,应当合理控制公共部门规模,促进社会组织健康发展,激发和提升社会力量参与社会建设的能力和活力。

(二)共治

共治即共同参与社会治理。参与权是宪法赋予公民的基本权利,也是人性需求的组成部分。在物资匮乏的阶段,人们参与公共事务的积极性尚不明显。但是在物质文明得到极大发展的今天,社会主要矛盾发生质的改变,人民对于民主、法治、公平、正义和个人价值的追求日益凸显。因此,党和政府要为人民参与社会治理创造良好条件。

第一是要改善多元治理,补齐结构短板。进入新时代之后,应更加注重发挥社会力量尤其是社会组织的力量,推动形成政府治理、社会调节、居民自治之间的良性互动。自党的十六大以来,我国已基本形成党委领导、政府负责、社会协同、公众参与、法治保障的多元治理格局。但是比较而言,这个治理的"木桶",目前"公权板块"过长而"社会板块"过短,这就需要平衡权责、取长补短,以形成多元共治的和谐治理格局。

第二是支持社会力量在供给侧发力。在进行供给侧结构性改革时应该在认识传统供给端主体结构弱点的基础上,把握供给端主体结构再造的正确方向,将社会组织培育成为其中的重要一元,发挥社会组织和其他供给主体的协同作用。在公共事务、社会事业和社会服务当中,应通过政府购买服务等灵活机制,形成稳定的政社合作关系,让社会组织有机会参与社会治理。

第三是在基层社会治理中发展基层自治能力。基层自治是社会主义民主的重要形式,是基层群众实现"自己的事情民主管、自己的事情协商办"的重要方式。要建设好基层群众自治制度,就必须落实好基层民主,实行民主选举、民主决策、民主管理、民主监督,保障公民的共治参与权利,真正实现社会和谐稳定。

(三)共享

共享即共同享有治理成果。当前治理成果着重讲经济成果,在区域之间、城乡之间、群体之间仍然存在较大的发展差距。而改革发展成功不成功,最终的判断标准应落脚到改革发展的成果是否由人民共享。共享治理成果需要依靠以下三方面:其一是党有决心。"让老百姓过上好日子是我们一切工作的出发点和落脚点。"其二是政府有思路。在发展中补齐民生短板、促进社会公平正义,让改革发展成果更多、更公平、更实在地惠及广大人民群众。其三是国家有共享的制度保障。良好和可操作的制度是一切决心和理念的依靠。只有建立在民主和法治基础上的制度,才能为全体人民提供安全预期,在幼有所育、学有所教、劳有所得、病有所医、老有所养、住有所居、弱有所扶上不断取得进展。治理的成果除了经济成果之外,还包括生态成果、文化成果、政治成果等,这些也是人民群众有权共享的必需消费品。治理成果的方方面面都需要在党领导下社会各方主体充分参与、共同努力才能实现共享。

第三节 中国特色社会治理体系的内容

一、中国特色社会治理的价值理念

完善中国特色社会治理体系不是简单照搬西方模式,也不是机械复制传统模式,而是按照国家治理体系和治理能力现代化的总体要求,遵循人民为主体的基本价值立场,坚持新发展理念,围绕加强和创新社会治理,贯彻落实中国特色社会治理体系建设的新要求、新部署。

(一) 人民本位

用人民赋予的权力来为人民谋利益,这是马克思主义政党价值观的基本要求,也是为人民服务根本宗旨的鲜明体现。关切最广大人民的根本利益是治国理政的政治伦理。中国特色社会治理体系遵循人民主体的价值立场,明确治国理政的核心要义,即人民是治国理政之本,为人民治国理政、依靠人民治国理政。厚植党的执政根基,夯实治国理政之本,关键要尊重人民的主体地位,坚持国家一切权力属于人民的宪法理念,动员和组织人民依法通过各级人民代表大会统一行使国家权力,通过多种渠道和形式参与国家和社会事务,从而保障人民当家作主。

（二）新发展理念

新发展理念是党的十八届五中全会首次正式提出的一种发展理念，即"创新、协调、绿色、开放、共享"。党的十九届六中全会审议通过的《中共中央关于党的百年奋斗重大成就和历史经验的决议》（以下简称《决议》）指出："必须实现创新成为第一动力、协调成为内生特点、绿色成为普遍形态、开放成为必由之路、共享成为根本目的的高质量发展，推动经济发展质量变革、效率变革、动力变革。"党的二十届三中全会进一步强调，要"完整准确全面贯彻新发展理念……以新发展理念引领改革"。新发展理念是在洞察国内外发展大势基础上形成的，集中反映了中国共产党对经济社会发展规律认识的深化。

1. 创新

创新是社会进步的第一动力。当前，我国经济发展由高速增长阶段转向高质量发展阶段，从表象上看是经济增长速度的换挡，但从本质上说是发展动力的转换。依据经济发展规律，在投资增速放缓和效率下降的情况下，必须更多依靠科技进步和创新推动经济发展，实现从"要素驱动""投资驱动"向"创新驱动"的转变，使经济增长获得新的动力源泉。为此，《决议》将"坚持开拓创新"作为中国共产党百年奋斗积累的十条宝贵历史经验之一，明确指出"创新是一个国家、一个民族发展进步的不竭动力。越是伟大的事业，越充满艰难险阻，越需要艰苦奋斗，越需要开拓创新"。

2. 协调

协调发展是平衡发展结构、提升发展整体效能的重要保障，强调区域协同、城乡一体、物质文明与精神文明并重，强调信息化、新型工业化、新型城镇化、农业现代化同步发展。我国发展不平衡问题由来已久，有历史的、现实的、自然的、社会的、体制与机制的、政策与措施的等多方面原因，主要体现在城乡二元结构、区域发展失衡、社会文明程度和国民素质与经济社会发展水平不匹配等方面。这些问题不仅妨碍共同富裕目标的实现，而且有悖于社会主义本质。为此，《决议》通过回顾党在新民主主义革命、社会主义革命和建设、改革开放和社会主义现代化建设不同历史时期所取得的伟大成就，强调了党在领导人民进行长期革命、建设和改革过程中，始终坚持协调发展，致力于实现全面、整体的发展目标，如城乡之间的协调发展、区域之间的协调发展以及物质文明与精神文明之间的协调发展等。

3. 绿色

绿色发展是实现人与自然和谐永续发展的必由之路,强调绿色富国、绿色惠民,提倡绿色发展方式和生活方式,改善生态环境,进而为人民提供更多优质生态产品。改革开放以来,我国创造了经济高速增长的奇迹,但支撑这一奇迹的是粗放型增长方式。在消耗巨量资源的同时,这一增长方式引发了我国资源约束趋紧、环境污染严重、生态系统退化等问题,人与自然的关系引起了全社会的忧虑。纵观国际社会,绿色循环低碳是当今科技革命和产业变革的基本方向,也是极具潜力的发展领域。我国在这方面的发展潜力、发展空间相当大,可以形成许多新的经济增长点。为此,《决议》强调,必须坚持绿水青山就是金山银山的理念,坚持山水林田湖草沙一体化保护和系统治理,像保护眼睛一样保护生态环境,像对待生命一样对待生态环境,更加自觉地推进绿色发展、循环发展、低碳发展,坚持走生产发展、生活富裕、生态良好的文明发展道路。

4. 开放

开放是一种发展理念,更是一种时代潮流。在全球化背景下,开放发展是国家繁荣发展的必由之路。开放发展强调统筹国内国际两个大局,形成全方位开放新格局,拓展对外开放深度与广度,提高对外开放质量与水平。当前,国际经济合作与竞争格局深刻变化,全球经济治理体系和规则面临重大调整,"引进来"和"走出去"不断深化加速,各国经济文化交流愈发频繁。过去我国开放侧重"引进来",融入世界政治经济秩序、展示自身形象;如今随着国力提升,对外开放应更注重"走出去",主动构建世界政治经济新秩序,搭建国际合作交流平台,尤其要掌握制度性话语权,引领国际规则制定。为此《决议》提出:开放带来进步,封闭必然落后;我国发展要赢得优势、赢得主动、赢得未来,必须顺应经济全球化,依托我国超大规模市场优势,实行更加积极主动的开放战略。

5. 共享

共享发展是中国特色社会主义的本质要求,强调共建与共享统一、人民共享发展成果,推动全体人民朝着共同富裕目标稳步前进。改革开放以来,经济社会发展关注效率较多,兼顾公平不够,由此导致不同行业、不同地区、不同群体收入悬殊,城乡基础设施、公共服务水平差距较大。在共享发展成果上,无论实际状况还是制度设计,都有不够完善的地方,这影响了公平正义的实现与社会主义制度优越性的彰显,也不利于发展力量的积聚和改革共识的达成,以及社会秩序的建构。为此,《决议》强调,"坚持发展为了人民、发展依靠人民、发展成果由人民共享,坚定不移走全体人民共同富裕道路"。要从制度上做出更有效的安排,缩小收入差距、城乡差距,使全体人民在共建共治共享中有更多的获得感,增进对于中国特色社会主义的认同,增强对于中国特色社会主义的自信。

二、中国特色社会治理的战略布局

2014年12月,习近平总书记在江苏考察时首次明确提出了"四个全面"战略布局,即"协调推进全面建成小康社会、全面深化改革、全面推进依法治国、全面从严治党"。党的十九届五中全会对"四个全面"战略布局作出新表述,将"全面建成小康社会"调整为"全面建设社会主义现代化国家"。"四个全面"战略布局是党中央治国理政方略的整体设计,抓住了各项工作的重点领域和关键环节,明晰了改革发展的战略目标和战略举措。

(一) 全面建设社会主义现代化国家

中国共产党成立以来,团结带领中国人民进行的一切奋斗,就是为了把我国建设成为现代化强国,实现中华民族伟大复兴。从第一个五年计划到第十四个五年规划,一以贯之的主题是把我国建设成为社会主义现代化国家。党的二十大报告提出,全面建成社会主义现代化强国,总的战略安排是分两步走:从二○二○年到二○三五年基本实现社会主义现代化;从二○三五年到本世纪中叶把我国建成富强民主文明和谐美丽的社会主义现代化强国。新发展阶段就是全面建设社会主义现代化国家、向第二个百年奋斗目标进军的阶段。中国式现代化是人口规模巨大的现代化,是全体人民共同富裕的现代化,是物质文明和精神文明相协调的现代化,是人与自然和谐共生的现代化,是走和平发展道路的现代化。随着现代化建设的推进,人的全面发展、社会的全面进步将取得更大成就,我国也将为人类文明进步做出更大贡献。

(二) 全面深化改革

改革是同一种社会形态发展过程中的量变,是推动社会发展的重要动力,适用于解决现存社会体制中存在的问题,它能在一定程度上解决社会基本矛盾,促进生产力的发展,有效地推动社会进步。2013年11月,党的十八届三中全会审议并通过的《中共中央关于全面深化改革若干重大问题的决定》,成为新形势下全面深化改革的纲领性文件。2024年7月,党的二十届三中全会审议通过的《中共中央关于进一步全面深化改革 推进中国式现代化的决定》明确了进一步全面深化改革的总目标和重要原则。迄今为止,中央全面深化改革委员会围绕经济体制、政治体制、文化体制、社会体制、生态文明体制和党的建设制度等方面的改革出台了一系列政策文件,部署了一系列重大改革试点,充分发挥了对全局性改革的示范、突破、带动作用。

（三）全面依法治国

2014年10月,党的十八届四中全会通过了《中共中央关于全面推进依法治国若干重大问题的决定》,明确提出并阐述了"全面推进依法治国"这一治国方略。党的二十大报告第七部分聚焦"坚持全面依法治国,推进法治中国建设",对全面依法治国和法治中国建设作出顶层设计和重大部署。全面推进依法治国旨在形成完备的法律规范体系、高效的法治实施体系、严密的法治监督体系、有力的法治保障体系、完善的党内法规体系,通过坚持依法治国、依法执政、依法行政共同推进,坚持法治国家、法治政府、法治社会一体建设,实现科学立法、严格执法、公正司法、全民守法,促进国家治理体系和治理能力现代化。同时,依法治国作为现代执政党执政的重要方式,有助于加强和改善党的领导、推动由传统革命政党向现代执政党转型、获取新的合法性基础并巩固其执政地位,为实现党和国家长治久安提供法治保障。

（四）全面从严治党

"从严治党"是马克思主义政党学说的重要原则,也是中国共产党管党治党的基本经验。2014年10月8日,习近平在党的群众路线教育实践活动总结大会上的讲话中首次对"全面推进从严治党"进行了战略部署。2022年10月,习近平在党的二十大报告中首次提出"健全全面从严治党体系"的重大举措。以习近平同志为核心的党中央把"从严治党"由一种管党治党思想上升为管党治党理论体系。中国共产党作为我国的执政党,既面临着西方敌对势力"西化""分化"的思想文化渗透,还面临着全面深化改革攻坚、社会转型升级与矛盾凸显的复杂国情以及一些党员干部中出现的形式主义、官僚主义、享乐主义和奢靡之风等作风问题。对此,习近平总书记以三个"更加突出"和四个"全"作出部署。三个"更加突出",就是坚持制度治党、依规治党,更加突出党的各方面建设有机衔接、联动集成、协同协调,更加突出体制机制的健全完善和法规制度的科学有效,更加突出运用治理的理念、系统的观念、辩证的思维管党治党建设党;四个"全",就是坚持内容上全涵盖、对象上全覆盖、责任上全链条、制度上全贯通,进一步健全全面从严治党体系,使全面从严治党各项工作更好体现时代性、把握规律性、富于创造性。

三、中国特色社会治理的核心内容

自党的十八大以来,中国共产党对推进新时代"五位一体"总体布局作出全面战略部署。各级党委和政府应以系统思维统筹推进经济建设、政治建设、文化建设、社会建设、生态文明建设和平安中国建设,并将其深度融入社会治理现代化进程。

(一) 经济建设

经济是指与一定生产力相适应的生产关系,包括物质资料的生产,以及相应的交换、分配、消费,是政治和思想意识等上层建筑赖以建立的基础。经济建设是指经济方面的设置、创立、兴建工作,是保证社会不断向前发展的物质条件。只有搞好经济建设,才能建立起强大的物质基础,才能最充分地满足人民群众不断增长的物质与文化生活的需要,才能巩固社会主义制度和人民民主专政。党的十八大以来,我们党以习近平新时代中国特色社会主义思想为指导,坚持以经济建设为中心,抓住深化经济体制改革这个"牛鼻子",把高质量发展作为新时代的硬道理;坚持社会主义市场经济改革方向,充分发挥市场在资源配置中的决定性作用,更好发挥政府作用,处理好政府和市场关系;坚持"两个毫不动摇",不断完善社会主义基本经济制度,兼顾公平和效率、活力和秩序。

(二) 政治建设

建设中国特色社会主义,必须大力推进社会主义民主政治建设,必须坚持走中国特色社会主义政治发展道路。政治建设为经济建设、文化建设、社会建设和生态文明建设提供坚实的政治保证,是政治生活全面进步成果的总和,它包括进步的政治观念、政治行为和政治制度等。没有民主政治建设,就不可能充分调动人民群众的主动性、创造性,就没有以健全的法制为保障的发展环境。党的十八大以来,我国努力加强法治中国建设,坚持依法治国、依法执政、依法行政共同推进,坚持法治国家、法治政府、法治社会一体建设,不断提高党依法执政的水平和政府依法行政的水平,为社会主义民主政治的发展提供法治保障,更好发挥中国特色社会主义政治制度的优越性,发展社会主义协商民主。

(三) 文化建设

文化建设是人类在改造客观世界的同时改造主观世界的精神成果之总和,表现为思想道德和科学教育文化的发展。党的二十大报告指出,"以社会主义核心价值观为引领,发展社会主义先进文化,弘扬革命文化,传承中华优秀传统文化,满足人民日益增长的精神文化需求,巩固全党全国各族人民团结奋斗的共同思想基础,不断提升国家文化软实力和中华文化影响力"。而提高国家文化软实力则需要"形于中"而"发于外"。对此,党的二十届三中全会提出,"坚持马克思主义在意识形态领域指导地位的根本制度,健全文化事业、文化产业发展体制机制,推动文化繁荣,丰富人民精神文化生活",为全面建设社会主义现代化国家、全面推进中华民族伟大复兴提供坚强思想保证、强大精神力量、有利文化条件。

(四) 社会建设

社会建设与人民幸福安康息息相关,是社会和谐稳定的重要保证。随着时代发展和社会进步,人民对美好生活的向往更加强烈,对民主、法治、公平、正义、安全、环境等方面的要求日益增长。应该从维护最广大人民根本利益的高度,推动社会主义和谐社会建设。保障和改善民生是加强社会建设的重点,要解决好人民最关心最直接最现实的利益问题,努力让人民过上更好的生活。党的十九届六中全会强调,必须以保障和改善民生为重点加强社会建设,尽力而为、量力而行,一件事情接着一件事情办,一年接着一年干,在幼有所育、学有所教、劳有所得、病有所医、老有所养、住有所居、弱有所扶上持续用力,加强和创新社会治理,使人民获得感、幸福感、安全感更加充实、更有保障、更可持续。

(五) 生态文明建设

良好的生态环境是最公平的公共产品,是最普惠的民生福祉。建设生态文明,直接关乎老百姓的幸福感以及民族未来。党的二十大报告强调,"中国式现代化是人与自然和谐共生的现代化"。大自然是人类赖以生存发展的基本条件,尊重自然、顺应自然、保护自然是全面建设社会主义现代化国家的内在要求。必须牢固树立和践行绿水青山就是金山银山的理念,站在人与自然和谐共生的高度谋划发展。应坚持山水林田湖草沙一体化保护和系统治理,统筹产业结构调整、污染治理、生态保护、应对气候变化,协同推进降碳、减污、扩绿、增长,推进生态优先、节约集约、绿色低碳发展。

(六)平安中国建设

设立中央国家安全委员会、坚持总体国家安全观、完善国家安全法治体制,是中国共产党在深化平安中国建设实践中形成的制度性创新,标志着我国从"被动维稳"向"主动创安"的治理范式转型。当前我国国家安全形势纷繁复杂,迫切需要牢固树立安全发展观念,实施国家安全战略,完善国家安全法律制度体系,加快国家安全法治建设,构建集政治安全、经济安全、文化安全、社会安全、信息安全、生态安全、核安全等于一体的国家安全体系,走中国特色国家安全道路,全面推进平安中国建设。"十四五"规划要求从加强国家安全体系和能力建设、强化国家经济安全保障、全面提高公共安全保障能力、维护社会稳定和安全四个方面,推进统筹发展和安全,建设更高水平的平安中国。

第四节 构建中国特色社会治理体系的工具与方法

一、中国特色社会治理基础工具

中国特色社会治理的目标在于增进人民福祉,让人民享受美好生活。社会治理工具是实现治理目标的具体手段,包括法律、行政、经济以及教化引导、数字技术等手段。

(一)法律手段

法律手段是用法律的形式明确公民必须遵守的规则,并通过国家的强制力保证实施的一种社会治理方式,具体表现为法律、行政法规、部门规章、地方性法规等。法律手段与行政命令的最大区别在于其稳定性、规范性和可预期性。

可以将法律的规范作用与道德的教化作用结合起来,形成软硬兼备的约束体系,即形成德治与法治相结合的社会治理系统。法律手段作为中国特色社会治理的刚性保障,通过确立权责边界、规范行为准则、设定后果追责三重机制,对行政执行形成全过程规制。

(二) 行政手段

行政手段是国家行政机关在党的领导下,依托科层化管理体系与权责清单制度,通过命令、指令、审批、督查等方式,依法依规推进政策执行的治理工具。其核心特征表现为权威性、强制性、垂直性、具体性、非经济利益性、封闭性,能够依托行政体制内的各种行政资源,迅速有力地推动政策的实施。但是,行政手段也容易产生一些负面效应,如抑制社会活力和侵犯公民权利,特别是在行政命令被不当使用时,其消极后果会更加严重。

(三) 经济手段

经济手段是指包括政府在内的所有国家机关在行使国家公权力的"组织管理、规划计划、调节调控、监督约束"的政务活动中采用的一种通过调节经济权益的损益程度来实现管理国家和处理政务的目标的手段。经济手段包括经济规划和经济政策。经济规划是由国家统一制定的国民经济和社会发展规划,是国家从宏观上引导和调控经济运行的基本依据。经济政策是指政府指导和影响经济活动所规定并付诸实施的一切准则和措施,包括财政政策、货币政策、产业政策、信贷政策、收入分配政策、价格政策、汇率政策、税收政策等。

(四) 教化引导

教化引导是行政机关在法治与德治协同框架下,通过理论宣讲、典型示范、文化浸润等意识形态柔性传导机制,将政策理念转化为社会成员的价值共识与行为自觉的治理实践。其中最重要的一种方式就是道德规劝。道德规劝的前提是在政府主导下形成一套明确的道德规范,它一旦得到绝大多数社会成员的认同,就可以产生巨大的社会约束力。道德规劝的具体形式是多种多样的,并根据社会发展的实际需要,不断出现新形式。

(五) 数字技术

社会治理的数字化转型通过一系列先进技术手段正在实现,这些技术手段共同构建了一个全面、高效的治理体系。通过整合大数据分析、人工智能、云计算、物联网、区块链、移动应用和社交媒体等前沿技术,实现了对海量社会信息的智能分析、实时监控、数据共享和快速响应。这些技术不仅提高了治理效率和精准度,还提高了民众的参与度和政策的透明度,为构建一个智能化、高效化的社会治理体系提供了强有力的技术支撑。数字技术型工具的具体形式有北京"接诉即办"、上海"一网通办"等。

二、中国特色社会治理方法

中国特色社会治理体系立足全局,在合理运用社会治理工具的基础上,有效结合系统治理、依法治理、综合治理、源头治理等治理方法,将治理工具进行整合提炼后,纳入治理方案,解决影响社会和谐稳定的深层次问题,确保人民安居乐业、社会安定有序、国家长治久安。

(一) 系统治理

系统治理强调的是治理的完整性与协调性。它要求在党的领导下,从整体上优化国家治理的价值机制、组织机制、制度机制和技术机制,将治理工作轻重有序地落实到位,突出重点,形成政府、市场、社会与公众等多元主体共同参与、协同共治的社会治理格局。这种治理方式注重整体性和系统性,通过构建完善的制度体系,确保各个治理环节能够有效衔接,从而实现社会治理的高效运作。系统治理的目的是通过系统性优化,提高社会治理的社会化、法治化、智能化、专业化水平。

(二) 依法治理

依法治理是治理主体依据法律或运用法律手段管理公共事务的实践活动。依法治理的主体是多元化的,是一个立体互动的多层次网络体系,是指依照宪法和法律享有依法治理权利和履行依法治理义务的组织和个人,包括公民、党和国家机关、人民团体和社会组织。依法治理的客体主要是公共权力和公共事务。从横向来看,依法治理涉及立法、司法、执法、普法、法律服务、法治监督等各个环节;从纵向来看,依法治理包括地方、行业和基层的公共事务,并逐步延伸到多层次多领域。

(三) 综合治理

综合治理强调的是治理的一体化、制约性和执行性,在实现决策、执行、监督相分离的同时,提升执行效率。综合治理手段高效运用的关键在于:以党政为主导,吸纳多元主体共同治理,拓展治理手段和工具以综合施策。一方面,强调"刚柔并济"。综合运用政治、经济、法律、技术、道德等各种"硬约束"与"软方法",切实增强社会治理的实效性。另一方面,强调智能化、专业化。在"中国式现代化"语境下,社会治理体系需要综合运用民主协商、科技支撑、法治保障等要素和工具。

(四) 源头治理

与源头治理相似的概念有预防性治理、精准治理、发展性治理、可持续治理、预见性治理等。凡事预则立,不预则废。社会治理亦是如此。源头治理就是意在通过前期的预防来减少事后补救的成本。事前分析和预警系统的建立有赖于全面的个体信息和科学严谨的信息挖掘技术。发展性治理和可持续治理都是要以发展的眼光进行治理,推动社会问题形成根源性的积极变化,而不以高昂的风险作为发展的代价。源头治理是"花少量钱预防而非花大量钱治理"的社会治理模式,是应对高风险社会的必然选择。

章节习题

1. 简述中国特色社会治理体系的历史沿革。
2. 简述中国特色社会治理体系各主体及其参与治理的方式。
3. 简述中国特色社会治理体系的核心内容。
4. 简述中国特色社会治理体系的工具与方法。

案例材料

坚持党建引领 聚力"四个导向"提升城乡社区发展治理现代化

四川省攀枝花东区作为攀枝花市的中心城区,其城市化率已经达到97%,2017年在全市率先全面建成小康社会。随着城市居民对幸福美好生活需要的日益增长,攀枝花东区在城乡社区发展治理方面存在的党组织作用弱化、社区专职人才队伍缺乏、社会组织发育水平不高、为民服务方式单一等问题影响了城乡社区发展治理向更高水平、更高层次迈进。面对痛点堵点,攀枝花东区选择把抓好城乡社区治理作为城市发展治理的根本,坚持目标导向、问题导向、专业化职业化导向和基层导向,聚焦制度创新、能力提升、队伍建设和基础保障,有效提升城乡社区发展治理现代化水平。

在提升城乡社区发展治理现代化水平的过程中,攀枝花东区主要做法如下:

(1) 坚持目标导向,抓好顶层设计。一是加强顶层设计。着力搭建加强城乡社区发展治理"2+2"制度体系,即"两个意见、两个办法":《关于构建城市社区"一核多元,共建共治共享"新型治理和服务体系的实施意见》《关于进一步加强农村基层党的建设加快推进农村依法治理机制改革的实施意见》和《攀枝花市东区社区专职工作者管理办法(试行)》《攀枝花市东区社区专职工作者年度绩效报酬考核办法(试行)》,从制度上精心谋划全区城乡社区发展治理路径和格局。二是完善工作机制。成立以区委、区政府主要领导为组长,分管领导为副组长,区委组织部、区民政局等32个相关部门为成员的社区治理工作领导小组,定期研究涉及全区社区发展治理的重大问题。三是压实工作责任。明确区级各部门(单位)抓城乡社区发展治理的职责,将城乡社区发展治理纳入班子目标考核和街道(镇)、社区(村)党组织书记抓党建工作述职评议考核内容,层层压实各级党组织书记责任。

(2) 坚持问题导向,抓牢治理能力提升。针对攀枝花东区城乡社区发展治理存在的问题,通过加强城乡社区党组织的组织能力建设、创新治理模式、改进服务方式等,补齐发展治理短板,提升治理服务能力。一是强化党组织领导核心作用。坚持党建引领,赋予城乡社区党组织规则制定权和议事提名权,因地制宜合理设置党组织。推进"支部建在小区、组织覆盖楼栋、党员联系家庭"和服务三五家普通群众,带动十几人爱党报国活动。党组织政治功能和服务能力持续增强。二是改进城乡社区治理模式。持续推进小区治理"四会"模式,构建"四位一体"小区组织体系;持续推进农村社区基层依法治理体系改革,构建"三委一中心"新型农村社区依法治理体系。建立居民自我巡查、自我管理、自我服务、自我监督的联勤机制,社区矛盾纠纷下降30%,受理率达100%,调处成功率达99.6%以上。实现越级上访、信访积案、群体性事件"三下降"工作目标。三是完善社区治理服务方式。探索服务群众新方法,推行社区"三延"服务模式,即延长服务时间、延展服务触角、延伸服务方式,实现群众办事无时差。在全区建成"一门式"社区公共服务综合信息平台85个,129项民生事务纳入受理服务范围。针对居民反映强烈的生活需求,建成社区便民服务网点2000多个,社区"十分钟生活服务圈"初步形成。鼓励社区结合实际创新服务方式,总结提炼了"党员三带工作法""34866工作法""135工作法""逢四说事"等一大批具有东区特色、成熟可推广的社区治理和服务经验,为解决基层治理中存在的问题提供了有益借鉴。

(3)坚持专业化职业化导向,加强社区工作者队伍建设。将社区工作者队伍建设纳入攀枝花东区人才发展规划,强化社区工作者选育管用,初步建成一支结构合理、来源广泛、素质优良的专业化、职业化社区工作者队伍。一是规范管理。实施社区"两委"委员组织推荐人选资格考试,共遴选223名具有大专以上学历优秀人才进入社区工作。分两批面向农村社区"三委"成员及全社会选拔44名优秀人才充实农村社区公共服务中心。社区工作者实行合同制管理,完善了社区工作者退出机制。二是畅通渠道。注重把优秀社区(村)党组织书记选拔到街道(镇)领导岗位,鼓励党政机关、事业单位根据岗位需要,通过公开招聘、竞聘等方式,吸纳优秀社区专职工作者。每年拿出一定比例公务员和事业编制职位,面向社区工作者定向招考。截至2018年,44名社区工作者到社区书记或主任岗位任职,13名受到市级以上表彰表扬,32名考录到市区机关事业单位工作。三是强化激励。每年投入资金2000余万元用于社区工作者生活补贴及"五险一金"。推行"基本报酬+绩效报酬"薪酬制度,社区工作者年底考核奖励人均达到7500元。

(4)坚持基层导向,抓实固本强基。通过建立健全财政资金保障机制,推动人、财、物向基层倾斜,推动城乡社区发展和治理保障水平稳步提升。一是强化阵地保障。按照"双400"的建设目标要求,累计投入资金1000余万元,标准化改扩建社区办公服务用房,新建社区党群服务中心4个。积极争取大企业共驻共建,累计争取办公服务用房2万余平方米。二是强化经费保障。每年投入

2500万元用于社区建设和治理服务,每百户常住居民配套的社区公共服务和社会管理专项资金达到2万元以上。三是强化活动保障。每年按照每人100元标准落实社区党员活动经费100万元,每人30元标准落实党员教育经费45万元,社区下属党组织书记和兼职委员补贴提高,基层组织活动得到有效保障。强化居民小区党组织经费保障,对每个新成立的居民小区党支部一次性给予1万元的启动经费,并从党费中按照1万—3万元的标准配套活动经费,保证小区党支部正常运转。

经过不断的探索和实践,攀枝花东区党建引领提升城乡社区发展治理现代化的理念已深入人心,体制机制运转顺畅,社区工作者队伍素质全面提升,党组织作用显著增强,社区治理取得明显效果。

案例来源:中共攀枝花市东区委组织部.坚持党建引领 聚力"四个导向"——四川攀枝花市东区不断提升城乡社区发展治理现代化水平[N/OL].(2018-08-10)[2021-07-10]. http://dangjian.people.com.cn/GB/n1/2018/0810/c420318-30221770.html.

思考:请结合案例说明四川省攀枝花东区的治理实践体现了中国特色社会治理体系的哪些特征。

第二篇

社会治理内容

第四章　社区治理

■ 内容提要

作为社会治理的基础单元,社区治理充分体现了社会治理理念在基层的运用与创新。党的二十大报告提出要"健全城乡社区治理体系,及时把矛盾纠纷化解在基层、化解在萌芽状态",党的二十届三中全会通过的《中共中央关于进一步全面深化改革　推进中国式现代化的决定》提出"健全党组织领导的自治、法治、德治相结合的城乡基层治理体系,完善共建共治共享的社会治理制度"。加强社区治理是让基层更加和谐稳定,不断增强人民群众获得感、幸福感、安全感的必然要求,是实现国家治理体系和治理能力现代化的基础工程。面对新时代社区建设与治理的新要求,必须坚持以习近平新时代中国特色社会主义思想为指导,加强党建引领工作,推进以党建引领基层治理,完善社区治理体系,提升社区治理效能,积极打造高水平社区治理共同体,进而建设"人人有责、人人尽责、人人享有"的社会治理共同体。本章主要介绍社区治理的概念与理论基础,社区治理的主体、客体与内容,探讨社区治理的机制与方法,并梳理中国社区治理的历史沿革,研判社区治理未来的发展趋势。

第一节 社区治理的概念与理论基础

一、社区概述

（一）社区的历史演变

"社区"一词最初起源于拉丁语，意为共同的事物和亲密的伙伴关系，到1881年，德国社会学家滕尼斯率先从社会学领域提出"社区"一词，他认为社区是指一种共同体或社会团体，在社区中，人们不仅紧密联系，而且具有共同的习俗和价值观。[①] 美国社会学家罗伯特·E.帕克（Robert E. Park）第一次对"社区"做出明确定义，他将社区定义为一种在一块明确限定的地域上的人群汇集，但是又不只是指人的汇集，还包括组织制度的汇集。[②] 从滕尼斯提出"社区"开始，关于社区的理解和定义就受到众多学者的关注和讨论。社区的概念发展至今，主要有两大类定义：一类着重关注精神层面，即认为社区是具有共同价值观的人群共同体；另一类则更强调地域共同体，即具有共同的居住地，人群在一个地区内共同生活。在中国，"社区"一词属于舶来品，费孝通先生在20世纪30年代翻译滕尼斯的著作《社区与社会》(Community and Society)时，将community翻译成社区，后来这一译法被学术界广泛使用并逐渐流传。

人类是具有社会属性的生物，喜欢合群而居，同时人类社会群体的活动离不开一定的地理区域，而社区就是人类群体聚居和活动、具有一定地域的场所。从该视角出发，社区被认为是农业发展的产物。远古游牧社会时期，居民没有固定的住所，常常逐水草而居，严格来说，那时的游牧氏族部落只是具有生活共同体性质的一种社会群体，不是今天所说的社区。随着农业的兴起，人们开始从事农业生产活动，需要定居在某个具体的地理区域，因此就出现了"村庄"。随着社会政治、经济、文化等的发展，在乡村社区的基础上又出现了城镇社区。自工业革命以来，人类社区进入了都市化的进程，不但城市社区的数量日益增多，而且城市社区的经济基础与结构功能都不同于以往的社区，其规模日益扩

[①] 斐迪南·滕尼斯.共同体与社会:纯粹社会学的基本概念[M].林荣远,译.北京:商务印书馆,1999.

[②] 转引自江立华.社区工作[M].武汉:华中科技大学出版社,2009.

大,出现了许多大城市、大都会社区。①

随着社区类型和规模的发展,社区的结构和功能也发生了变化。以前不管是村庄、小城镇,还是城市,在地域范围上都具有比较明确的边界。例如,一个完整的农村社区的地域范围通常是以其村民的聚居点为中心,并由这个中心辐射到附近的各种服务功能的射线极限点。而一个完全的城市社区的地域范围,通常是由其市区和包括若干小城镇及乡村的郊区构成的。② 每个社区都有一定的制度、机构和设施,为整个区域服务,以满足其成员的各种需要。随着现代社会生活的发展,社区之间的地域性差异越来越小,其在规范、价值观念及行为模式方面的差异显著减少。在同一个大社会里,不同社区居民之间的相似之处多过相异之处,社区地域范围的边界划分也不像之前那么分明。一个大城市往往包含若干个原先相对独立的社区,而市政府的机构设置和行政区划也可能与原先各社区的地域分界不一致。社区的功能也发生了改变,原先社区居民一般在本社区内就地劳动谋生,并且能在社区中获得满足日常生活的资料,但现代社区很多居民却会到本社区以外的地方上班。因此,社区成员之间除了具有当地居民的共同利益,还具有各自从社区以外谋取生计的种种不同利益。这种情况就从社会纽带和社会交往的意义上削弱了社区地域边界的确定性。由于全国性的企事业组织和政治、文化团体的出现,地方社区里有不少工厂、商店、社会团体就是这些全国性组织系统的下属单位和分支机构,其决策主要是服从本系统的上级组织指挥而不是服务当地社区。因而,作为地方社会的社区,其自主性也有所削弱。③

(二) 社区的界定

由于研究角度的差异,社会学界对于社区这个概念尚无统一的定义。但许多学者认为,社区概念是以一定的地理区域为前提的。1955 年,美国学者乔治·希莱里(George A. Hilary)对已有的 94 个关于社区定义的表述进行了比较研究。他发现,其中 69 个有关定义的表述都包括地域、共同的纽带以及社会交

---

① 鲍勇.社区卫生服务导论[M].南京:东南大学出版社,2009.
② 吴育群.浅析社区建设在和谐社会建设中的地位和作用[J].中文信息,2014(3):344.
③ 刘青松.让环保走进社区:江苏省绿色社区创建指南[M].北京:中国环境科学出版社,2005:23.

往三方面的含义,并认为这三者是构成社区必不可少的共同要素。① 因此,人们至少可以从地理要素(区域)、经济要素(经济生活)、社会要素(社会交往)以及社会心理要素(共同纽带中的认同意识和相同价值观念)的结合上来把握社区这一概念,即社区是生活在同一地理区域内、具有共同意识和共同利益的社会群体,是社情民意、社会基层各种矛盾和问题比较集中的地方,是构成社会的基本"细胞"。

近些年,我国很多学者开始对"社区"进行深入细致的研究,而且对"社区"的理解和认识各不相同。张晓峰、范国睿认为:"社区是城市的依托,一个城市是由众多社区系统化、整体化而构成的。"②魏娜认为:"社区是指聚居在一定地域范围内的社会共同体。"③田雨会指出:"社区是指有确定地理界限的社会团体,即人们在一个特定区域内共同生活的组织体系,普遍称为地域团体。"④刘视湘从社区心理学的角度将社区定义为"某一地域里个体和群体的集合,其成员在生活上、心理上、文化上有一定的相互关联和共同认识"⑤。综合看来,众多的社区定义可分为两大类:一类强调精神层面,如共同体中的成员必须具有共同的传统价值等;一类强调地域的共同体,即具有共同的居住地,或在一个地区内共同生活的人群。⑥ 而在具体指称某一人群的时候,有时会侧重"共同文化"和"共同地域"两个基本属性中的一个属性。例如我们平时所称的"坡子街社区""银盆岭社区""和平里社区""四方社区"就是基于共同地域,而媒体中常见的"华人社区""穆斯林社区""客家社区"等,则是基于共同的文化传统或者宗教信仰。由此可见,社区大多强调成员内部的文化维系力和归属感。到了20世纪后期,我国开始重视具有地区特色的社区建设,比如台湾地区就出现了"社区理事会",大陆居民耳熟能详的"居民委员会"在很多地方也更名为"社区居民委员会"。⑦

---

① 转引自诸葛鹏.农村社区变迁与新型农村社区建设研究[D].泰安:山东农业大学,2011.
② 张晓峰,范国睿.论学习型城市的构建[J].开放教育研究,2002(2):49-52.
③ 魏娜.城市社区建设与社区自治组织的发展[J].北京行政学院学报,2003(1):69-74.
④ 转引自孟凡帅.社区体育概念的社会学分析综述[J].知识经济,2011(10):60.
⑤ 刘视湘.社区心理学[M].北京:开明出版社,2013:35.
⑥ 李志明.社区面面观[J].青年记者,2013(28):9-10.
⑦ 汪波,李丽,朱江梅.地方特色社区服务模式探讨[J].中国经贸导刊,2015(29):37-38.

基于以上论述,本书认为,社区是指一定区域内,由具有互动关系、社会共识和共同利益的一定数量的居民所组成的生活共同体,是由处于同一时空的个体、群体、组织、资源等构成的社会生态体系。

(三)社区的类型

社区是多种多样的。一个社区至少具有以下特征:有一定的地理区域;有一定数量的人口;居民之间有共同的意识和利益,并有着较密切的社会交往。在日常生活中,人们常提及的社区往往是与个人的生活关系最密切的、有直接关系的较小型的社区,如村或乡以及城市的住宅小区。人们的生活和工作都是集中在社区里进行的。社区里的人们通过共同生活、共同劳动而相互熟悉,形成共同的社区意识。社区意识就是人们对所在社区的认同感、归属感和参与感。在小型居住社区里,人们还会形成相互帮助、相互照应的亲密情感联系。[1]

社区可以划分成不同的类型。根据社区的生产力水平高低,可以划分为发达社区、不发达社区;根据社区所发挥的主要社会功能,可以划分为居住社区、商业社区、工业社区、政治社区等;根据社区的地理环境,又可以划分为平原社区、山区社区、岛屿社区等类型。

尽管社区分类多样,但最基本的划分方法,就是把社区分为乡村社区和城市社区。乡村社区中,人们从事的经济活动主要是农业生产。随着社会的发展,许多乡村社区也开展了工业生产和商业活动,成为新型的"城市化"的乡村社区。和乡村社区相比,城市社区经济、政治活动集中,以工业、商业、服务业为主;人们的居住和工作场所非常集中,人口密度往往比乡村社区大得多。较大的城市社区通常有着明显的功能特征,社会结构非常复杂,往往有不同的功能分区,比如居住区、商业区、旅游区、港口区、自然保护区、科技园区等。在我国农村,基层社区管理组织是村民委员会;在城市,基层社区管理组织是居民委员会。

(四)社区的功能

一个成熟的社区具有政治、经济、文化、教育、服务等多方面的功能,能够满

---

[1] 金烽.社会转型期社区管理模式改革研究——以南通市港闸区为例[D].南京:南京理工大学,2013.

足社区成员的多种需求。根据我国社会发展状况,社区有以下四种功能。

1. 管理整合功能

社区是区域型社会,是社会构成的基本单位,家庭是社会构成的最小单元,社区是家庭与社会联系的中间环节。社区管理是具体的、可操作的社会管理,社会管理的各项事务都可以划分、落实到一个具体的社区。社区是社会管理的基本平台,是社区自治管理与社会参与的资源整合配置平台,是政府管理力量与社会调节力量互动的平台,是政府行政功能与社会自治功能有机互补的平台。政府公共服务、社会服务、市场商业服务以及社区服务的资源通过社区这个平台进行合理配置,实现了服务与需求直接对接,这不仅可以降低服务成本,发挥服务资源的最大效益,而且还能有效防止"纯商业化"的恶性竞争,使提供服务和接受服务的双方同时获益。

2. 民主自治功能

社区是社会生活共同体,所以民众广泛参与社区管理既是社区居民的现实需要,也是社区自治功能的本质体现。社区管理体制具有社区自治与政府行政管理的良性互动、社区自治功能与政府行政功能互补、社区民主协商机制与政府依法行政机制互联的特点。社区管理体制的优势在于社区居民的自我管理、自我教育、自我服务、自我监督与多元主体广泛参与能够有机结合。

3. 教育服务功能

社区的一个重要作用就是"教育和服务群众"。教育居民的功能是通过文化体育实现的。例如,广泛开展社区居民喜爱的社区文化体育活动,深入挖掘各民族的传统节庆文化,在潜移默化中使社区居民受到教育,从而形成共住共生、相互依存、守望相助的社区生活理念。通过广泛参与社区事务和社区公益活动,社区居民可以认识到自我价值,提升社会交往能力,逐步树立公民责任意识,实现由"社区人"向"社会人"的转化。根据社区居民的组织意愿,积极培育和发展各类社区社会组织,使社区成员"组织化",制定自我约束的规则,帮助组织居民自我发现、自我发展、自我完善、发挥潜能,促进居民全面发展。服务居民是社区以及社区工作的主题,强化社区服务功能要坚持以人为本,拓展社区服务领域,构建以社区为平台的社会服务网络,还要发挥社区在提高居民生活水平、生活质量方面的服务作用。

4. 安全稳定功能

社区稳定是社会稳定的基础保障。各个社区的自有资源不同,需求也不尽相同,所以根据社区的具体情况配置相应的资源,可以提升资源的使用效率。将社会问题分解到各个社区,即"社区化",是对社会问题的"大事化小";反之则有可能将社区问题"小事变大"。社区是人们获取社会公共服务的平台,也是政府为社区居民提供其需要的公共服务信息的平台。无论是社会管理还是社会公共服务,对社区而言都是不可或缺的。人们通过社区获得均等化的公共服务和适度普惠的福利保障,同时在此过程中发现问题,并提出建议以促进公共政策的改进,推动社会保障制度的健全与完善。

二、社区治理的概念

(一)社区治理界定

在治理视域下,社区治理意味着在一个社区范围内,不同的公私行为主体依据相关法律法规,以及非正式的、人们自愿遵从的社区规约,通过彼此的沟通互动、协商、谈判以及资源的交换等方式,共同对涉及社区居民共同利益的公共事务进行有效的管理。博克斯认为,社区是公民参与社会治理的重要平台,社区治理不仅是政府治理,还包括公民治理,即政府只是"公民协调者",社区事务应交由公民组建的组织来进行管理。[1] 约翰·杜威也认为社区是公民的家园,因而社区治理也应当让公民参与,并让公民在参与的过程中逐渐形成个体性格。[2] 美国政治学家埃莉诺·奥斯特罗姆发现,社区治理通过借助既不同于国家,也不同于市场的制度安排,可以对某些公共资源系统成功地实现开发与调适。[3]

王冬梅提出社区不仅是地理位置上相互联系的地域共同体,而且应该具有精神连接,是以共同传统、价值结成的"精神共同体",社区治理应建立在共同的

---

[1] 转引自 Charles Heying. Citizen Governance: Leading American Communities into the 21st Century[J]. Administrative Theory & Praxis, 1999(3): 384-386。

[2] 约翰·杜威.公众及其问题[M].本书翻译组,译.上海:复旦大学出版社,2015:66.

[3] 埃莉诺·奥斯特罗姆.公共事物的治理之道:集体行动制度的演进[M].余逊达、陈旭东,译.上海:上海三联书店,2000:76.

价值、传统上。① 刘丹认为,社区治理是社区范围内的多个政府、社会组织依据法律、法规以及社区规范、公约、约定等,通过协商谈判、协调互动、协同行动等对涉及社区共同利益的公共事务进行有效管理,从而增强社区凝聚力、增进社区成员社会福利、推进社区发展进步的过程。② 它体现为在社区管理中管理权限的再分配,各管理主体间"合作—互动"管理模式的再分配。魏娜提出,社区治理要求社区组织和社区居民与政府共同承担社区建设的责任,负责任的政府与有责任感的居民在社区治理中具有同等重要的地位。③ 它的要点是把社区所在地的政府、企事业单位、社会团体很好地"组织"起来,使它们为着一个共同的目标,协同努力,充分利用社区资源,发挥各自的功能,改善社区的环境,满足社区的共同需求,解决社区的共同问题,最终实现社区经济与生活的协调发展。通过对社区治理的不断完善来合理、有序地扩大民众参与,逐步培育民众的参与意识,尤其是合法合理的民主参与意识,进而将民众参与纳入合法的、有效的轨道。可见,社区治理实际上是一种集体选择过程,是政府、社区组织、社区内企事业单位、社区居民等共同管理社区公共事务的合作互动过程,它体现为社区范围内不同主体依托各自的资源进行互动合作。

基于以上论述,本书认为,社区治理是指社区范围内的政府、社区组织、社区内企事业单位、社区居民等依据正式或非正式的制度,为着共同的目标,通过民主协商、行动协同等对涉及社区共同利益的公共事务进行治理,从而有效配置社区资源、解决社区共同问题、增进社区社会福利和推动社区协调发展的过程。

从社区治理的界定来看,社区治理的内涵如下:

(1)主体多元化。在社区治理中,主体的多元化是必然要求。尽管政府在社区治理过程中依然会发挥主导作用,但是社区治理的主体不再只是政府。在政府之外,还有其他治理主体,如企业、社会组织甚至个人,他们通过与政府机构以及彼此之间建立的多种多样的协作关系,将社区中的行政力量、自治力量和社会力量打造成横向的网状结构。社区治理多元主体通过相互之间的协商

---

① 王冬梅.从小区到社区:社区"精神共同体"的意义重塑[J].学术月刊,2013(7):31-36.
② 刘丹.论社区社会组织在基层社区治理中的特殊效能[J].城市建设理论研究(电子版),2015(28):2095-2104.
③ 魏娜.我国城市社区治理模式:发展演变与制度创新[J].中国人民大学学报,2003(1):135-140.

与合作来共同决定和处理社区公共事务,以善治为目标,达至社区公共利益的最大化。

(2)目标过程化。除了明确的任务目标之外,过程目标也是社区治理所注重的因素。我国过去的基层社会管理体制,不论是单位体制,还是街居体制,都具有比较浓厚的科层色彩。政府与单位之间、单位与职工之间都是命令与服从的关系,市区政府、街道办事处和居委会之间的互动也都按照行政命令模式进行。而社区治理则强调基本要素的培育,包括调动社区居民参与公共事务,如社区发展的各项规划、社区建设的实施以及社区事务的处理等,同时强调培育、改善社区组织体系,建立正式、非正式的社区制度规范,构建社区不同行为主体互动机制等。这些社区治理的过程目标只有在长期的社区治理过程中才能逐渐培育起来。

(3)内容全面化。社区治理的内容涉及社区成员社会生活的多个方面,事关社区成员的切身利益,包括社区服务与社区照顾、社区安全与综合治理、社区公共卫生与疾病预防、社区环境及物业管理、社区文化与精神文明建设、社区社会保障与社区福利等。要做好对社区公共事务的治理就必须最大限度地整合社区内外资源,构建社区治理机制,调动社区居民参与的积极性。

(4)社区治理是多维度、上下互动的过程。社区治理有别于政府行政管理,其权力运行方式并不总是单一的、自上而下的。社区治理并不是通过发号施令等手段来实现管理目标,而是通过协商合作、协同互动、协作共建等方式建立社区治理主体对共同目标的认同,进而采取共同行动,联合起来对社区公共事务进行治理。多维度、上下互动的过程使得社区治理基于人们的同意和认可,而不是外界的强制和压力。

(二)社区治理社会化

社区治理社会化是社区各类主体在基层党组织的领导下,主体协同共治,共同参与社区公共事务的治理,共享发展成果的过程。社区治理社会化需要从三个维度加以推进。

首先,以居民需求为导向,增强和提升社区服务的可及性与精细化程度。社区治理的核心目标在于满足居民多样化和个性化服务需求,而传统的行政化治理模式投入大量时间和精力处理街道和社区的行政性事务,一定程度上忽视了居民的主体性以及多样化的需求。为此,要改变以往自上而下的服务方式,充分挖掘社区现有资源,利用社区社会组织、居民代表、楼栋长、专业社工、社团领袖等搜集相关居民需求信息,利用互联网搭建居民交流平台,拓宽居委会的信息来源渠道,以准确把握居民需求,实现服务的精细化。

其次,以购买服务为机制,推动政府与社会的跨界与协同。在行政化机制之下,社区居委会主要依靠政府和社区的人、财、物等资源直接为分散的居民提供服务,居民的组织化程度较低,并且政府的财政负担过重,不利于社区服务的提质增效。为此,要提高社区服务的组织化与专业化程度,吸纳社会资源参与社区治理。政府购买服务是一种政府付费、社会组织运作、组织成员或专业社工提供服务的政社合作机制。这一机制能促进政府与社会资源的跨界整合,提高社区服务的组织化和专业化程度,以满足居民个性化和专业化的需求,实现协同治理。

最后,以协商技术为支撑,拓展民主参与的广度和深度。民主协商是居民参与的重要方式,也是社区治理社会化的重要维度。在行政化的影响下,社区民主协商陷入了思路不清、路径不明、办法不多的困境。为此,要积极开发和运用有效的民主协商技术,为居民参与提供科学的技术支撑。具体而言,一是创新议事协商、个案工作、对话协商、民意调查、小组工作、开放空间会议技术等协商形式,不断开发新的技术,满足居民协商参与的需求;二是充分利用现有互联网、大数据等网络通信技术,搭建居民网络协商平台,突破协商民主的时间和空间限制,最大限度地增强协商的时效性,以推动社区治理社会化,助力社会治理创新。

三、社区治理的理论基础

社区治理是治理理论在社区层面的具体应用,强调多元主体基于市场原则、公共利益和社区认同,通过协同合作来满足社区需求并优化社区秩序。

(一)多中心治理理论

多中心治理理论由以奥斯特罗姆夫妇为核心的一批制度分析学派研究者创立。最初提出"多中心"一词的是迈克尔·波兰尼(Michael Polanyi),用以证明自发秩序的合理性以及阐明社会管理可能性的限度。奥斯特罗姆夫妇的"多中心"则强调参与者的互动过程,以及能动创立的治理规则与治理形态。多中心治理理论是在继承传统的乡镇自治、自发秩序等思想基础上,运用现代经济学、社会学的新知识进行的公共管理和公共行政理论新探索,其论证了多中心或社会自治的社会效率意义。埃莉诺·奥斯特罗姆将多中心治理定义为:"把有局限的但独立的规则制定和规则执行权分给无数的管辖单位。所有的公共当局具有有限但独立的官方的地位,没有任何个人和群体作为最终的和全能的权力凌驾于法律之上。"①具体而言,多中心治理是指多个权力中心和组织体制治理公共事务,提供公共服务。该理论揭示了许多公共治理问题并非依靠简单的行政规划和命令就能够解决,而是需要权力中心之间或政府之间通过合作、协商、谈判达成一致才能对其进行有效治理。

多中心治理理论主张政府与社会之间的互动合作,政府起主导作用,其他主体通过竞争和协作形成自发秩序,提高服务的效能水平,从而降低政府直接治理的成本,增强社会的稳定性,提升民主参与度。基于多中心治理理论,社区治理依赖社区内的多元主体互动,在政府主导下,各主体相互独立又相互协作,依靠共同的治理规则和组织体制共同治理社区公共事务、提供社区公共服务,从而实现对社区的有效治理。

(二) 协同治理理论

协同治理理论是由赫尔曼·哈肯率先提出,经过"共享管理""战略伙伴关系"等一系列阶段最终形成的,其主张不同主体间通过协作与互动,共同制定决策,合作解决问题。协同治理打破了传统的单一治理主体框架,强调在公共事务的治理中,治理主体与客体之间的关系重构,认为政府、市场、社会组织以及公民个人等多个参与主体应该发挥各自在资源、知识、技术等方面的优势,通过非线性的互动模式和协同合作机制,以信任和互惠为基础,形成一种动态开放的合作关系,共同创造出新的治理模式。这种关系超越了传统的垂直管理,鼓励各方共享信息、共同决策,以实现公共利益最大化。

协同治理以问题解决为导向,强调多方利益相关者的合作与共识,在目标

---

① 埃莉诺·奥斯特罗姆.公共事物的治理之道:集体行动制度的演进[M].余逊达、陈旭东,译.上海:上海译文出版社,2000:265-270.

高度一致的前提下,倡导政府、市场和社会等多元主体共同参与、协同行动,实现共同的目标。协同治理理论是社区治理的重要理论基础,社区治理多元主体通过协同合作、共同参与,实现对社区公共事务的有效治理。

(三) 网络治理理论

网络治理理论最先由美国学者戈德史密斯和埃格斯提出,并被定义为"一种全新的通过公私部门合作,非营利组织、营利组织等多主体广泛参与提供公共服务的治理模式"[①]。陈振明等认为,"网络治理理论是由政府部门和非政府部门彼此合作而开展的治理,众多参与治理的行动者在相互依存的环境中分享公共权力,共同管理公共事务",其特征包括多中心的公共行动体系、反思理性的"复杂人"、合作互惠的行动策略、共同学习的政策过程。[②] 网络治理理论框架是由信任机制、互动机制、整合机制和适应机制构成的,信任是治理网络得以形成、发挥作用的关键因素,互动是网络治理的内生机制,整合是网络治理的核心,适应是网络治理的保障,它们保证了互动的产生并促使互动最终形成协调。[③]

提供公共物品和公共服务是网络治理的根本任务,社区治理可以被理解为对社区合作网络的管理。社区合作网络的兴起与公共服务的社区化进程紧密相连,在"大政府"模式失败和社会组织迅速发展的背景下,社区部门不断扩展公共职能,成为公共服务供给网络中的重要力量,在社区各个领域中发挥着重要作用,在解决政府、市场难以解决的众多复杂的公共问题上具有独到的优势。

(四) 公众参与理论

公众参与是公民基本权利之一,最初提出公众参与主要是为了应对政治经济的失调、社会机制的紊乱等一系列社会、种族问题和"反文化"运动,但在后来逐渐上升到涉及城市规划、民主管理等高度。公众参与起源于美国、加拿大,而在1932年,英国出台了《城乡规划法》,允许在城市规划过程中,社会公众发表

---

① 斯蒂芬·戈德史密斯,威廉·D.埃格斯.网络化治理:公共部门的新形态[M].孙迎春,译,北京:北京大学出版社,2008.
② 陈振明,等.公共管理学[M].2版.北京:中国人民大学出版社,2017:62-65.
③ 鄞益奋.网络治理:公共管理的新框架[J].公共管理学报,2007(1):89-97.

自己的意见。到 1965 年,"公众应该参与规划"的思想被英国政府正式提出,《城乡规划法》也在三年后得到了修改,其对城市规划中公众参与的内容作出了明确规定①;1968 年,斯凯夫顿报告的提出成为公众参与城市规划的里程碑,其指出,完整的公众参与是公众可以参与规划的制定过程并发挥作用,同时报告提出了通过"社区论坛"建立公众和地方规划机构之间联系的参与方式。② 20世纪 90 年代,约翰·克莱顿·托马斯(John Clayton Thomas)于《公共决策中的公民参与》中提出并论述了公民参与的五种"有效决策模型"。③ 在我国,公众参与俨然成为实现中国特色社会主义民主的重要途径。

公众参与是公共政策和公民生活受到公民影响的所有活动过程,是政府之外的个人或组织参与公共事务并产生影响的行为组合。④ 公众参与理论为社区居民参与社区治理的合法性和必要性提供理论基础,强调居民参与社区治理的重要性,满足居民在社区治理活动中合法合理的利益诉求,进而推动社区的建设和发展。

第二节 社区治理的主体、客体与内容

一、社区治理的主体

社区治理的主体是指在社区治理过程中与社区建设和发展存在直接或间接利益关系的个体或组织的总称,他们在社区治理中发挥着诸如制定策略、发起活动、执行决策、积极参与等关键作用,并共同构成社区治理的多元体系,共同推动社区的发展和进步。具体而言,包括以下主体:

(1)政府。政府是社区治理的重要主体之一,承担引导和规范的作用,负责相关政策制定、资源支持与配置、行政指导与监督等工作,确保社区的稳定和

---

① 赵伟,尹怀庭,沈锐.城市规划公众参与初探[J].西北大学学报(哲学社会科学版),2003(4):75-79.
② 袁韶华,雷灵琰,翟鸣元.城市规划中公众参与理论的文献综述[J].经济师,2010(3):45-47.
③ 约翰·克莱顿·托马斯.公共决策中的公民参与[M].孙柏瑛,等,译.北京:中国人民大学出版社,2010:143-152.
④ 王周户.马克思主义群众观视野下的中国公众参与[J].西北大学学报(哲学社会科学版),2011(6):115-121.

安全,保障社区治理活动的合法性和有效性。

(2) 社区自治组织。如居民委员会、业主委员会等,这些组织是居民自我管理、自我教育、自我服务的基层群众性自治组织,在居民和政府之间发挥着桥梁和纽带作用,负责社区日常事务的管理和服务,反映居民的意见和需求,为政府决策提供参考,并协助政府开展相关工作,促进社区内部的和谐与稳定。

(3) 企业。企业在社区治理中通过提供服务和支持,如提供资金支持与技术支持、参与社区公益活动、支持社区基础设施建设、提供就业机会等方式,参与社区建设,并与社区建立良好关系,共同推动社区发展。

(4) 社区居民。居民是社区治理的基础和核心力量,通过积极参与社区治理活动、表达自己的意见和需求、遵守社区规定和法律法规、维护社区的秩序和安全,以及参与社区志愿服务和公益活动等方式,为社区发展和治理贡献力量。社区居民的参与程度直接影响到社区治理的效果。

(5) 社会组织与志愿者团队。这类主体提供专业化的社会服务和支持,如心理咨询、法律援助、教育辅导等,参与对社区事务的讨论、决策和执行,组织和参与社区公益活动,提高社区居民的参与度和满意度,并为政府和其他治理主体提供反馈和建议,推动社区治理不断完善。

二、社区治理的客体

社区治理的客体是指社区治理的对象或范围。社区治理的客体是社区治理活动所围绕的中心,主要包括以下方面:

(1) 社区居民。社区居民既是社区治理的主体,同时也是社区治理的客体。引导社区居民积极参与社区事务、提升居民的社区意识和归属感是社区治理的重要任务。

(2) 社区资源。社区资源是社区治理需要关注的重要客体,其涵盖社区内的各种资源,包括公共设施、绿地、道路、文化活动场所等硬件资源,以及社区内各种社会组织、志愿者团队等软件资源。社区治理要确保这些资源得到有效管理、使用和维护。

(3) 社区环境。社区环境作为社区治理的客体,包括自然环境(如空气质量、噪音污染等)和社会环境(如邻里关系、文化氛围等)。社区环境治理旨在确保社区内的自然环境和社会环境保持良好的状态,进而提高居民的生活质量。

(4)社区文化。社区文化对社区居民的行为具有重要的影响,是社区治理的客体之一。社区文化治理涉及社区的文化活动、传统习俗、公共艺术等方面的管理和促进,积极向上的社区文化能够增强社区的凝聚力和归属感。

(5)社区教育。社区教育是以社区全体成员为对象,运用本社区教育、文化等资源,开展提高成员的素质和生活质量,促进成员的全面发展和社区可持续发展的各类教育活动。社区教育是社会发展和时代变革的产物,也是社区治理的重要客体之一。

(6)社区治安。社区治安是指政府和自治组织依靠社区成员,协同公安、司法机关,对涉及社区的社会秩序和人民群众生命财产安全依法进行治理的公务活动,如预防和打击犯罪行为,以确保社区内的安全,维护社区的和谐与稳定。

三、社区治理的内容

社区治理的内容是指社区内具体的公共事务,其涵盖多个方面的内容,涉及多个方面的合作与协商,旨在实现社区的和谐、有序发展。社区治理主要包括以下内容:

(1)社区服务与照顾。提供优质的社区生活与便民服务,如家政、养老、托幼、购物、医疗、教育等,并且完善社会保障体系,为老年人、残疾人、低收入家庭等特殊群体提供有针对性的帮扶、救助和福利支持。

(2)社区安全与秩序。建立健全社区安全体系,维护社区治安秩序,预防和处理各类违法犯罪行为,及时有效化解和处理居民纠纷和矛盾,确保社区居民的安全和有序的生活秩序,促进社区和谐稳定。

(3)社区环境与卫生。加强环境卫生整治,改善社区环境质量,优化社区居住条件,推动社区健康治理,开展健康教育、疾病预防和卫生监督等工作,提高居民的健康意识和健康水平,促进社区的可持续发展。

(4)社区教育与文化。开展各类教育培训活动,组织丰富多彩的社区文化活动,提升居民技能水平、文化素养和综合素质,推动社区教育与文化发展,增强社区的凝聚力和归属感,促进精神文明建设。

(5) 社区民主与法治。鼓励和支持居民成立业委会、志愿者团队等自治组织,发展院落(楼宇、门栋)自治、业主自治、社团自治等民主形式,完善社区居民会议和居民协商议事会议制度,利用社区媒体、互联网络、移动设备等拓宽参与渠道,鼓励居民参与社区决策,强化权力监督,确保社区治理的透明度和公正性,加强社区法治宣传教育,强化居民法治观念和法律意识。

(6) 社区应急管理与响应。建立有效的社区应急管理机制和应急预案,健全社区突发事件发生时的积极响应机制,在突发事件发生时能够迅速响应并妥善处理,确保社区正常的生活秩序。

第三节 社区治理的模式

有效的社区治理,不仅强调政府对社区的治理,而且强调社区的自治。社区治理不同于"在社区的治理",它是让社区成为社区居民自治的空间,而不仅仅作为政治的载体。所谓社区自治,既不是在完成政府职能之后的自我治理,也不是由居委会或者民间组织来"承接"政府在社区的职能①,而是社区组织根据社区居民意愿进行集体选择并依法管理社区公共事务,它突出的是社区居民的意愿表达。如果继续将社区作为政务单元的一部分,则只能形成以政府为主导的社区治理模式,而无法实现社区治理模式的创新。

在不同的治理创新模式背后,隐含着一些类型化的主导因素和共通的治理机制。从社会学关于政府、市场与社会三元分析的视角可以抽象出政府、市场、社会和专家四种要素,并据此形成四种理论模式:政府主导模式、市场主导模式、社会自治模式和专家参与模式。② 需要说明的是,在实际的社区治理模式中,这四种要素是可以并存的,多种治理主体和治理机制往往同时存在于一个社区的实际运行之中。

---

① 袁杰,李敏,陈骏杰.社区公共服务建设中的标准化建设[C]//中国标准化协会.市场践行标准化——第十一届中国标准化论坛论文集,2014.
② 葛天任,李强.我国城市社区治理创新的四种模式[J].西北师大学报(社会科学版),2016(6):5-13.

一、政府主导模式

政府主导模式是指社区治理依赖政府的行政力量来提供社区公共服务、完善社区治理架构、培育社区自治组织、发展社区公共参与的治理模式。政府主导模式在中国具有制度优势,因为政府具有较高权威,能够在短时间内迅速动员各种组织和财政资源,所以这种模式具有组织动员能力强、行政效率高等特点。

社区治理依靠有人格魅力的"带头人"推动,资源动员能力很强。政府是社会公权力的代表,也是社区治理中的主导力量。在我国现行体制下,政府集中了大量资源,拥有强大的资源动员能力[①],能够在短期内迅速改善社区治理状况并提供基本公共服务。基层政府在一定程度上掌握着基层社区治理的人事权和财权,因此由基层政府推动的政府主导模式的制度优势十分明显,即效率高、能力强。

虽然政府主导模式发挥了资源动员的制度优势,能够高效地解决基本公共服务供给不足的问题,但是它没有引入社区治理的公共参与机制,治理主要依靠基层政府的行政干预,民众的社区自治意愿和能力没有得到培育,导致政府越干预,社区自治能力越弱。从短期来看,政府主导模式的管理绩效提升很快,但从长期来看,政府主导模式不仅没有起到推动社区自治的作用,反而不利于社区自治的形成。[②] 在这个意义上,政府主导模式的劣势也很明显,即社区民众公共参与的意愿和能力无法得到有效保障。

二、市场主导模式

市场主导模式是指依靠市场力量(如房地产企业、物业公司等)提供小区物业服务乃至社区公共服务,培育社区自治组织,发展社区公共参与的模式。市场主导模式是住房商品化改革以来诞生的新模式。在计划经济时代,社区生活主要由国家计划和安排。国家通过单位体制给城市居民分配房屋、食品以及各种生活必需品,按照一定空间范围和人口规模为城市居民配备粮站、副食店、理

---

① 周雪光.运动型治理机制:中国国家治理的制度逻辑再思考[J].开放时代,2012(9):105-125.
② 李强,黄旭宏."被动社会"如何变为"能动社会"[J].人民论坛,2011(10):50-51.

发店等基本生活服务设施。但是,计划体制在资源配置方面有局限性,难以对资源进行合理有效的配置。与之相比,市场对资源的配置更加合理。在经历了社会主义市场经济体制改革后,市场在社区生活资源配置方面开始发挥越来越大的作用,与社区生活紧紧地联系在一起。社区中的市场不仅包括基本生活服务市场,还包括房屋租赁和交易市场,后者对社区治理影响尤其大。随着城市商品房交易市场的建立和发展,市场主导的社区治理模式开始出现。目前,多数的商品房小区的管理都是由物业公司负责的,属于市场模式。这种治理模式的资源配置能力强,因而更有效率。

但是该模式也有其不足,即难以克服市场失灵问题,社会整合能力较弱。如上所述,由于社区公共服务具有负外部性,理性市场主体缺乏提供社区公共服务的激励,这导致市场主导模式难以克服其与生俱来的市场失灵问题。当市场原则与社区公共服务的原则发生冲突时,市场主导模式的不足就会显现出来,尤其是在城市的老旧社区、中低收入群体聚集的社区的治理中更为明显。目前,在城市部分老旧社区中,有些居民迟交或拒交物业费,这就与市场原则产生了尖锐的冲突,此时需要政府提供"兜底式"服务,守住社区公共服务的底线。

三、社会自治模式

我国城市社区居民委员会是城市居民的自治组织,但是在实际运营中,居委会是街道的下属机构,居委会成员的工资由街道支付,他们每天上班完成上级交付的任务,日常工作繁忙,也没有能力组织居民实现自治。[①] 所以,这里所说的社会自治不是指居委会的自治,而是指社会力量尤其是社区居民自发组织起来的社区自治模式。在社会自治模式下,社区成员依靠自己和社会资源建立社区自治组织,推动社区社会组织的发育,处理社区公共事务,完善社区公共服务。但这一模式目前仍然受到诸多体制性限制,缺少基本社会条件的支撑(包括体制认可、社区认同、社会组织发育、接受捐赠机制、人力资源管理方式、组织持续发展能力等方面),发展遇到的难题较多。当前,比起政府和市场机制,绝大多数社区的社会机制还没有充分发挥作用,成熟程度也最低,社区成员的自

---

① 郑杭生,黄家亮.论我国社区治理的双重困境与创新之维:基于北京市社区管理体制改革实践的分析[J].东岳论丛,2012(1):23-29.

组织能力很弱。①

该模式的优势主要表现为:依靠社区领袖,居民自治理念得到充分体现,共建共治共享特征突出。② 社区自治模式的形成主要依靠具有公共理念的社区领袖来推动。社会自治不仅符合我国基层群众民主自治制度的设计初衷,而且能培育社区居民自治能力。社区居民积极主动地参与社区治理能够有效激发社区活力,社区活力的激发又会反过来促进社区居民的自发参与。

该模式的不足之处在于:几乎没有资源动员能力,发展遇到多重困境。从全国来看,真正实现社会自治模式的地区可以说是凤毛麟角。在现阶段,我国社会自组织能力还比较薄弱,社会自治模式的发展还受制度和自身的多重因素限制。当前,这一模式存在如下四个发展困境:第一,社会自治或社区自治的基本条件严重欠缺,尤其是社会自组织能力还有待培育。第二,社会自治模式还缺乏制度保障和政策支持,社区组织、社会组织的职能定位、运行规范等还比较模糊。第三,社区自治组织缺乏资金保障,可持续发展能力比较弱。第四,总体上看,社区居民的参与意识和参与能力还有待提升,社会自治模式主要依靠的有理想、有能力的社区领袖人数不多。③ 对于内部分化或者碎片化较为严重的城市社区治理而言,实现社区自治或者形成社区共识仍困难重重。④

四、专家参与模式

专家参与模式指专家学者参与社区治理的创新模式。从政府、市场与社会机制三分的视角看,专家学者群体属于社会机制的部分,但是,该模式又区别于社会自治模式,因为专家属于社区治理的外部力量。专家们通过提供咨询,或者通过直接参与社区事务,为社区治理创新提供合法性论述和变革动力,并为社区发展带来诸多体制资源和社会资源。基于中国历史上传承下来的"士大夫

---

① 姚华,王亚南.社区自治:自主性空间的缺失与居民参与的困境:以上海市J居委会"议行分设"的实践过程为个案[J].社会科学战线,2010(8):187-193.
② 罗家德.自组织:市场与层级之外的第三种治理模式[J].比较管理,2010(2):1-12.
③ 郭于华,沈原.居住的政治:B市业主维权与社区建设的实证研究[J].开放时代,2012(2):83-101.
④ 肖林."'社区'研究"与"社区研究":近年来我国城市社区研究述评[J].社会学研究,2011(4):185-208.

精神",以及现代社会治理的现实需要,专家在参与社区治理活动中有着深厚的价值感召力和一定程度上的资源动员力,并且在社区治理的制度设计上有着明显的优势。

该模式具有制度和政策咨询的优势,适合于探索改革方向。专家了解全国乃至全世界社区治理的大趋势,可以有选择地引入适合某一地区的治理方式,并结合该地区的实际情况做出社区治理的长远规划。专家不介入社区利益,立场客观,处事比较公正,并且其所具有的声望使他们相较于其他人更容易得到管理者和居民双方的信任。专家参与模式还适合于探索基层治理的改革方向,专家们可以将一个地方的经验教训加以总结,并探索在其他地方推广的可能。

但该模式容易产生外部依赖性,且可持续性较弱。由于专家学者并非直接的利益相关者,他们关心的往往是学术研究和治理模式,这与社区居民这些直接利益相关者的立场有所区别。专家是否能够设身处地地了解居民意愿存在着不确定性。专家是外部力量,而外部力量是否可以长期持续介入社区治理也是值得思考的问题。另外,专家不是专职而是兼职,一旦撤出社区治理,其所创建的模式是否能够持续也是问题。

第四节 中国社区治理的历史沿革与发展趋势

一、社区治理的历史沿革

从历史上来看,我国城市社区治理体制主要经历了坊厢、里甲等制度,城市社区治理结构呈现出一种政府控制的差序格局状态。新中国成立后,我国在城市建立了以"单位制"为主、"街居制"为辅的城市社区管理体制,整个社区呈现出以政府为单一主体的治理结构。[①]

单位制对社会的整合是全方位的。从横向整合来看,政府不仅通过"低工资高就业"的安置方式把大部分的城市劳动力整合到了单位体制中,而且通过"统包统配"的方式成功地实现了对城市劳动就业行为的控制和整合。此外,国

---

① 许沛元,刘铸贤.民主管理视角下"一委三会"社区治理新模式研究:以连云港市海州区为例[J].大陆桥视野,2016(15):70-80.

家建立起来的单位保障和单位福利制度,使职工个人和职工家属形成一种对单位高度依附和高度服从的关系,从而形成了单位对社会的超强整合。从纵向整合来看,党和政府编制了企事业单位隶属关系网络,即下级企事业单位隶属和服从上级企事业单位,而最上级企事业单位又隶属和服从国家各个部门。总之,国家犹如一个巨大的"蜂巢",将一个个单位吸附其中,而单位又如"类蜂巢",将一个个社会成员吸附其中,从而形成一个"蜂窝状"社会。[1] 单位制时期,城市的基本细胞是单位,而单位又奠定了国家有效控制和整合社会的微观基础。

当然,单位制对城市的整合尽管是全方位的,但并不是万能的。这是因为在城市还存在着一些无单位归属的居民,主要包括缺乏就业能力的老年人、妇女、残疾人和其他社会人员。就其社会地位而言,他们属于社会边缘人群。对这一部分人群,国家通过以户籍为基础的居民委员会将其整合起来,形成单位制的补充。

单位制存在和运行的条件有二:一是公有制尤其是国家所有制取代其他所有制经济成分。国有企事业单位完全隶属于政府,因此政府可以利用其对单位资源的掌控,通过单位完成对单位职工的整合。二是高度集中的计划经济体制。这一体制使得政府可以直接管理单位的一切社会事务,使单位成为政府的附属和社会整合工具。而随着社会、经济的发展,与单位体制伴生的各种弊端也越发明显。为了消除弊端,中国进行了改革,其首要内容便是对所有制结构进行调整。从"非公有制经济是社会主义公有制经济必要的有益的补充"到"公有制为主体,多种所有制经济共同发展",政策调整不断深入。改革不仅冲击着传统的所有制结构,而且带来了经济管理体制的革新。从"计划调节为主,同时充分重视市场调节的作用"到"有计划的商品经济",再到"建立社会主义市场经济体制",社会主义市场经济体制逐步取代了计划经济体制。这样,单位制存在和运行的两个基本条件在改革政策的涤荡下已不复存在,单位制也随之解体。[2] 单位制的解体,意味着国家难以继续利用单位完成对社会的超强整合。与所有制结构和经济体制改革相配套的政企分开、政事分开以及单位与社会分

---

[1] 李金红.论和谐社会的社区治理结构[J].江汉大学学报(社会科学版),2008(2):25-29.
[2] 同上。

离(将原来行政事业和企业单位承担的社会功能从单位中剥离出来,交由社会),极大地改变着传统的国家微观基础。"单位人"重新回归为"社会人""社区人",社区也重新成为国家进行社会整合的单元。城市社区成为政府整合制度改革的对象,国家通过开展社区建设来重新构建城市社区的治理结构,并以此对社会资源进行动员和整合。

从整个中国社区建设的过程来看,当前我国城市社区治理结构改革有两种基本导向:一是行政导向,即强化基层政府功能,主要运用政府及其所控制的资源进行自上而下的社会整合,并形成"新政府社会"。最典型的是 20 世纪 90 年代上海提出的"两级政府、三级管理、四级落实",这一做法被北京、石家庄等地借鉴。二是自治导向,即强化基层社区的功能,主要通过建立社区自治组织进行社会整合,并形成"社区制"社会。最典型的是"沈阳模式"和"江汉模式"。

二、社区治理的发展趋势

(1) 社区治理多元化。社区治理未来将更加注重多元主体的参与和合作,促进供给主体的多元协同,满足居民的多元化需求。通过党建引领,多元主体各司其职,形成多主体合作的组织体系,推动社区治理的多元化转型。此外,社区自治组织、社会组织与志愿者团队等也将发挥更大作用,通过标准化体系建设,提升社区的整体环境和居民的幸福感。

(2) 社区治理智能化。社区治理未来将广泛应用数字化、智能化技术,社区治理将更加信息化和智慧化;通过智能化应用打造一站式服务综合体,注重科技在社区治理中的应用,探索发展社区金融等新领域,优化社区服务,改善社区居民生活质量,提高社区治理水平和效率,实现社区治理现代化。

(3) 社区治理精细化。社区治理未来将更加注重细节和个性化服务。以需求为导向,通过精准识别社区居民需求提供定制化服务,以满足社区居民的个性化要求,促进服务内容和场景空间的相互融合,实现社区治理的规范化、精细化、长效化。

(4) 社区治理法治化。社区治理不断推进法治化进程,治理制度与政策日趋完善,以使治理过程有法可依;持续推进治理主体权利和责任划分,树立并培育法治思维和法治意识,营造法治氛围;坚持良法之治、依法治理,强化程序意识和规则意识,通过国家法律与乡规民约、资质规则等软法的相互补充、相互支撑,形成完善的社区治理法制体系,建构治理良序,进而提高社区治理效率。

(5) 社区治理民主化。社区治理更加注重居民的参与和民主决策:通过社区自组织的兴起,增强社区居民积极参与社区治理的意识,拓宽社区居民参与渠道,丰富参与方式,使社区居民能够更加便利地表达自身诉求和对社区发展的建议,确保社区治理的科学性和民主性。

章节习题

1. 请简述社区的定义、类型与功能。
2. 请简述社区治理的定义及内涵。
3. 请分析社区治理社会化可以从哪些维度推进。
4. 请简述社区治理的主体、客体及内容。
5. 请论述政府主导模式的优势和不足。
6. 社区治理未来应当如何发展?

案例材料

案例一:深圳的桃源居社区是国内较早的由开发商主导建立的社区治理创新典型。著名企业家李爱君女士所主导经营的桃源居社区在全国率先成立了社区公益基金会,并大力支持社区服务中心建设,促进社区整体的发展建设以及社区公共参与程度的提高。桃源居社区公益基金会给社区组织提供资金支持和具体指导,在很大程度上推动了桃源居社区养老、妇女儿童教育、体育健身和志愿者组织等方面的发展。社区服务中心通过支持社工机构和志愿者群体推动社区便民服务、居家养老、老年大学、社区救助等社区事务的深入发展。桃源居的创新模式赢得了广泛的社会声望,获得了中央和地方政府的认可。

案例二:在南京市翠竹园社区,社区居民阿甘和林先生在2011年创建了社区自治组织——社区互助会,推动了翠竹园公共事务自治模式的形成。在社区居委会的支持下,这一南京最大的民间社区公益组织逐渐"孵化"了43个社区俱乐部,从体育健身到妇女儿童教育,从社区图书馆到社区志愿者队伍,从社区养老到网络虚拟社区建设,覆盖了社区居民生活的方方面面。社区互助会每年的开支为60万元左右,资金来源主要是自筹,大多来自社区捐款、外来赞助,只有小部分是政府资助。截至2015年,互助会共募集到资金100余万元。阿甘等人还借鉴了企业质量管理模式,采取定岗定责的方法组织运营社区互助会,治理效果明显。

案例三:重庆市潼南区通过构建实体网格和互联网两大平台的"双网共治"模式,实现了线上线下管理的深度融合。具体做法有:一是多网合一。合理设置网格,形成"上面千条线、下面一张网"的格局。二是一格一组。支部建在网格上,形成城市"街道党工委—社区党委—网格党支部(党小组)—党员包联楼栋"、农村"镇党委—村党支部—网格党小组—院落党员中心户"的组织体系。三是一格一群。服务管理24小时在线,通过服务微信群变群众线下信访为线上反映,同时建立"民呼我应、民呼我为"工作模式。四是一格一团。发挥团队力量,每个网格配置"1(1名网格长)+6(1名专职网格员、1名兼职网格员、1名网格指导员、1名矛盾纠纷调解员、1名社区民警、1名医务工作者)+N(镇街综合执法人员、楼栋长、志愿者和电力、通信工作人员等其他力量)"的治理团队,实现队伍在一线汇聚、力量在一线作战。五是联网进格。做到"干部五进格",实行区级领导联网进格、镇街班子成员包网进格、部门干部结网进格、镇街干部入网进格、村(社区)干部驻网进格。六是进圈入群。架构"网上连心桥",党员干部全面进入网格服务群、小区业主群。七是多元共治,形成治理合力。全区全覆盖建立志愿服务队以深化系列活动,并引导新乡贤、群团组织、社会组织、社工组织、新就业群体等参与治理、合力治理,使社区治理工作更加高效、便捷和智能化。

案例四:江汉模式是指武汉市江汉区社区制实践的模式。江汉区在学习借鉴沈阳模式的基础上重新将社区定位为"小于街道、大于居委会",通过民主协商和依法选举,构建了社区自治组织,即社区成员代表大会、社区居委会和社区协商议事会,并明确提出社区自治的目标,而实现这一目标的路径是转变政府职能和培育社区自治。江汉区力图建立行政调控机制与社区自治机制结合、行政功能与自治功能互补、行政资源与社会资源整合、政府力量与社会力量互动的社区治理模式。

案例五：上海市宝山区顾村镇面积41.66平方千米，目前有146个社区，总人口约33.7万人，是宝山区的人口导入大镇和大型居住区建设基地之一。作为全市镇域面积、社区体量双双靠前的大镇，顾村镇治理对象结构复杂、治理资源整合难等问题日益显现。为解决社区治理中遇到的问题，顾村镇探索出"顾里小站"社区共享服务空间（以下简称"顾里小站"）项目。该项目紧扣上海市委党建引领基层治理"六大工程"总体要求，近距离听取居民心声、服务居民，鼓励社区能人参与志愿服务，引导居民参与社区自治共治。顾里小站以点带面，通过"线下共享空间+线上邻里互助平台+社区孵化器"的"1+1+1"功能架构，探索线上、线下相结合的社区服务新模式。同时以现有的社区党群服务站、文化服务站为空间依据，在充分摸排入住居民需求和特点的基础上，创设"居民客堂间"，以社工和社会组织为服务主力，为社区活动提供策划建议服务。此外，顾里小站还通过一个邻里互助平台，打造集线上线下的"治理中枢台"；一个多元赋能团，打造各类社群融合的"治理群英荟"；一套常态化机制，打造拉得出、打得响的"治理智囊团"；一套可复制方案，打造服务平台、服务模式"治理样板间"，成功实现对社区的有效治理，并成为新时代社区治理的典型案例。

思考：以上社区治理模式的特征是什么？如何体现社区治理实践的创新？

第五章 社会组织治理

■ **内容提要**

社会组织治理作为社会治理客体要素之一,是建设中国特色社会治理体系的重要部分。本章在阐明社会组织的内涵与特征的基础上,探讨社会组织治理的主体、客体和内容,剖析社会组织治理的机制和方法,对中国社会组织治理的历史沿革予以明晰并对其发展进行展望,最终对社会组织参与社会各领域治理的角色进行探讨。

第一节 社会组织的内涵与特征

从理论上来说,社会组织是独立于国家体系中的党政部门、市场体系中的企业等经营单位的"第三部门"。在约定俗成的意义上,它也被称为"非政府组织""非营利组织"等。中国的社会组织不同于西方语境下的公民组织,无论在主体性上,还是在外部环境的规范性和内部治理的制度化程度上,都带有鲜明的转型期的特色。[①]

一、社会组织相关概念的比较与选择

由于各国在文化传统和语言习惯方面存在不同,社会组织在不同的国家和

---

① 王名.社会组织论纲[M].北京:社会科学文献出版社,2013:15-16.

地区有多种不同的称谓,如非政府组织、非营利组织、第三部门、志愿组织、慈善组织、免税组织等。①

(一)非政府组织

"非政府组织"一词最初被正式使用于1945年6月26日签订的《联合国宪章》的第十章第七十一条,"经济暨社会理事会得采取适当办法,俾与各种非政府组织会商有关于本理事会职权范围内之事件。此项办法得与国际组织商定之,并于适当情形下,经与关系联合国会员国会商后,得与该国国内组织商定之"②。20世纪60年代以后,该词逐渐涵盖发达国家中以促进第三世界发展为目的的社会性组织。1995年9月,第四次世界妇女大会在北京怀柔召开,按国际惯例同期同地举办的世界妇女非政府组织论坛将"非政府组织"这一概念引入中国,并逐渐被中国公众所知。至今,非政府组织在我国仍是一个被广泛使用的重要概念。广义上,非政府组织泛指一个国家内部以促进发展为目的、以社会公益为取向、以影响公共政策为手段的公共部门。③ 非政府组织这个概念的优点是强调此类组织的非官方性,表明其不属于政府系统,明显不同于政府组织。但在中国的语境中,这一概念可能产生两种歧义:一是认为只有那些重要的、正式的民间组织才属于非政府组织;二是把"非政府组织"的"非政府性"理解成与政府没有关系,甚至理解为与政府对立。④

(二)非营利组织

非营利组织(non-profit organization, NPO)是指不以营利为目的、为组织成员及特定群体开展各种志愿性公益活动的社会性组织;若组织各项活动涉及经济盈余,则该盈余在非营利组织内部不能进行分配。这一概念主要源于美国,是与"非政府组织"最为接近、相互替代性最强的一个概念。与非政府组织强调的与政府的区别不同,该概念强调与企业和公司等市场营利组织的区别。但它

---

① 周瑛等.社会组织与企业承接政府服务比较研究——以福建省政府购买服务为例[C]//廖鸿.2016年中国社会组织理论研究文集.北京:中国社会出版社,2016:295-313.
② 联合国宪章[EB/OL].[2021-09-14]. https://www.un.org/zh/about-us/un-charter/chapter-10.
③ 陈德权.社会组织管理概论[M].北京:清华大学出版社,2016:2.
④ 俞可平.中国公民社会:概念、分类与制度环境[J].中国社会科学,2006(1):109-122.

容易模糊此类组织为了自身的生存而从事必要的有偿服务与营利活动之间的界限①,会被误解为完全不能从事经营性活动。

（三）民间组织

民间组织是中国共产党十六届六中全会之前对社会组织的统一的带有官方性质的称谓,其凸显了此类组织发源于民间的特征。然而,"民间组织"的"民间"是与"政府""官方"相对应的,反映了传统社会政治秩序中"官"与"民"相对应的角色关系,容易让人误解民间组织是与政府相对甚至对立的,掩盖了其作为补充政府公共事务处理及公共产品/服务提供的社会治理重要主体之一的本质。

（四）第三部门

这是近年开始流行的一个概念,重点强调此类组织独立于政府（第一部门）和市场（第二部门）。但在我国,"第三部门"这一提法容易与国民经济"第三产业"中的部门概念相混淆。此外,"第三部门"这一术语忽略了家庭/家族部门,即人类历史上的第一个部门,以此为据,政府即成为第二部门、市场则为第三部门,而现有"第三部门"的称呼应换作"第四部门"一词可能更为准确。②

（五）志愿部门/组织

志愿部门/组织是某些国家对非营利组织的优先语,如英国。该概念突出了此类组织非强制性、非法定性（非政府）的特征。有些学者也偏好用这一术语,因其赞成一种积极的、以人文核心价值观为基础的部门定义。③"志愿组织"强调了社会组织的志愿性,但志愿性并非为社会组织所特有,一些政党组织也强调其成员参加组织的志愿性。可见,用此概念来指称此类组织,也并不十分妥当。④

（六）慈善/公益组织

顾名思义,慈善/公益组织的概念强调的是社会组织的公益慈善性质,慈

---

① 俞可平.中国公民社会:概念、分类与制度环境[J].中国社会科学,2006(1):109-122.
② 大卫·霍顿·史密斯,罗伯特·A.斯特宾斯,迈克尔·A.多弗.非营利管理辞典:术语与概念[M].吴新叶,译.北京:北京大学出版社,2018:267.
③ 同上书:283.
④ 俞可平.中国公民社会:概念、分类与制度环境[J].中国社会科学,2006(1):109-122.

捐赠是该类组织经费的来源。但是,这个概念无法将其与政府部门和市场部门完全剥离,因为政府部门和市场部门的某些活动也会带有公益慈善属性。

(七)草根社团/团体/组织

在美国,草根社团/团体是指那些建立在当地的、高度自治的、由志愿者运作的正式或非正式的非营利团体,它们表现出深刻的志愿利他主义团体特征,并使用组织的结社形式。因此,草根社团的正式志愿者或会员通常会做这些组织中的大多数乃至所有的工作。[①] 在我国,这些组织习惯上被称为草根组织,是指那些未在民政部门登记注册但符合非政府组织定义的组织,一般是民间自发组建、因各种原因不能在民政部门获得法人资格的组织。草根组织以社区为基础,包括社区协会、合作社、农会、工会等。[②]

(八)社会中介组织/中介性非营利组织

社会中介组织是社会组织这一概念出现前在我国最广泛使用的概念之一,用来指介于政府与企业之间的,处理公民与政府、其他团体之间,以及处理社会部门之间问题的非营利性质的社会组织。该概念开宗明义地揭示了此类社会组织位于政府与企业之间的中间性特征,但掩盖了这类组织的其他主要特征,特别是非营利性。在现实生活中,大量具备"中介性"特征的组织带有营利性质,实质上属于市场组织,如律师事务所、会计师事务所、婚姻介绍所、公证机构、土地房屋评估机构、家政服务机构、商务咨询机构、商业代理机构等。[③]

二、社会组织的内涵

社会组织从内涵上来讲是一个极具中国特色的概念。改革开放40多年来,伴随中国发展的历史进程,社会组织的内涵及外延都发生着变化。在20世纪80年代,社会组织主要是指那些随改革开放而涌现出的各种社会团体。它们不属于正式的党政体系,但往往依存于各级党政部门。进入90年代后,随着

[①] 大卫·霍顿·史密斯,罗伯特·A.斯特宾斯,迈克尔·A.多弗.非营利管理辞典:术语与概念[M].吴新叶,译.北京:北京大学出版社,2018:121-122.
[②] 林修果.非政府组织管理[M].武汉:武汉大学出版社,2010:3.
[③] 俞可平.中国公民社会:概念、分类与制度环境[J].中国社会科学,2006(1):109-122.

市场经济加快发展和政府改革初现端倪,中国进入真正意义上的社会转型期,此时的社会团体开始呈现出更多民间性以及有别于企业的非营利性特征。① 此后,官方一直以民间组织来指代此类团体。2006 年,党的十六届六中全会通过的《中共中央关于构建社会主义和谐社会若干重大问题的决定》中首次使用了"社会组织"的概念。中央重要文件对该概念的提出暗含了官方以"社会组织"这一概念统一政府和企业以外所有民间组织的目的。2007 年,胡锦涛在党的十七大报告里使用了"社会组织"这一称谓,并提出"发挥社会组织在扩大群众参与、反映群众诉求方面的积极作用,增强社会自治功能"。我国官方自此开始正式用"社会组织"代替以前的"民间组织"。2016 年 8 月 30 日,民政部召开全国民政系统视频会议学习贯彻中共中央办公厅、国务院办公厅公布的《关于改革社会组织管理制度促进社会组织健康有序发展的意见》(以下简称《意见》)。会上宣读了中央编办关于民政部社会组织管理有关机构编制调整的批复。根据批复,民间组织管理局(民间组织执法监察局)正式更名为社会组织管理局(社会组织执法监察局),对外可称作国家社会组织管理局。社会组织称谓的官方提出和正式使用,有利于纠正社会上对这类组织存在的片面认识,形成各方面重视和支持这类组织的共识。

我们认为,在当代中国,社会组织特指那些具有一定公共属性、承担一定公共职能、代表一定社会群体共同利益或社会公共利益的民间组织,其中不包括企业等营利性组织。也就是说,如果将现代社会视为一个整体,那么社会运行机制则是由国家、市场和社会这三个相互独立又相互联系的体系所构成。其中,国家体系的主体是各级各类党政机构及军队等公共组织,市场体系的主体是各种营利性的企业,社会体系的主体则是各种具有非政府性、非营利性特征的社会组织。②

(一) 狭义的社会组织

在我国,狭义的社会组织主要是依据现行法律法规在我国民政部门合法进

---

① 王名.社会组织论纲[M].北京:社会科学文献出版社,2013:17.
② 同上书:18.

行登记注册的社会团体、基金会和民办非企业单位(社会服务机构)。①

社会团体,是指中国公民自愿组成,为实现会员共同意愿,按照其章程开展活动的非营利性社会组织。社会团体是当代中国政治生活的重要组成部分。目前我国的社会团体都带有准官方性质。

基金会是指利用自然人、法人或者其他组织捐赠的财产,以从事公益事业为目的,按照《基金会管理条例》的规定成立的非营利性法人。基金会分为面向公众募捐的基金会(公募基金会)和不得面向公众募捐的基金会(非公募基金会)。公募基金会按照募捐的地域范围,分为全国性公募基金会和地方性公募基金会。

民办非企业单位(社会服务机构),是指企事业单位、社会团体和其他社会力量以及公民个人利用非国有资产举办的,从事非营利性社会服务活动的社会组织。

(二) 广义的社会组织

广义的社会组织是指除狭义的社会组织外,社会体系中远离国家体系和市场体系的外延部分,以及靠近国家体系边缘和靠近市场体系边缘,包括与国家和市场体系分别产生交集的组织。其中,远离国家体系和市场体系的外延部分的广义社会组织又包括以下组织。②

城乡社区基层组织,指由城乡居民自发成立,主要在社区范围内开展活动的各种基层社会组织。例如农村专业协会,是指以农牧渔业等农副产品的生产、流通以及相应的科技推广、基础设施建设等专业经济活动为纽带,由相关的业者(包括生产业者、流通业者和中介服务商等)自发组成的非营利性的会员制组织。

工商注册非营利组织,指按工商企业形式登记注册,但主要从事各种非营利社会活动的社会组织。

---

① 2016年9月开始实施的《中华人民共和国慈善法》将"民办非企业单位"改为"社会服务机构"。与慈善法对接,民政部对《社会服务机构登记管理条例》[《民办非企业单位登记管理暂行条例(修订草案征求意见稿)》]公开求意见,明确将"民办非企业单位"更名为"社会服务机构"。相较于民办非企业单位,社会服务机构这一命名更能准确反映此类组织的社会组织性质和社会服务功能。

② 王名.社会组织论纲[M].北京:社会科学文献出版社,2013:18-19.

境外非政府组织,是指在境外合法成立的基金会、社会团体、智库机构等非营利、非政府的社会组织。

社会团体、基金会、民办非企业单位(社会服务机构)、城乡社区基层组织、工商注册非营利组织和境外在华非政府组织,共同构成了我国社会组织的主体部分。

三、社会组织的特征

就内涵及本质而言,社会组织具有组织性、非营利性、非政府性和社会性四大属性。

(一) 组织性

社会组织从名称上来看,首先是一种组织,具有组织的一般特性。社会组织是一种制度化的正式组织,必须有常规的组织机构和管理机构,并开展经常性的活动。一般而言,社会组织需要具有清晰的目标、规范的名称和必要的组织机构,有合法的资产和经费来源,有正式的管理体制、必要的场所以及较为固定的从业人员,须依法承担民事责任。

(二) 非营利性

社会组织的非营利性主要强调社会组织与企业之间的区别。非营利性是指非分配性约束,主要体现为社会组织不以营利为目的、不以获取利润为生存的主要目标,组织内部不能进行盈余(剩余收入或利润)的分配(分红),不能将组织的资产和产生的利润以任何形式转变为私人财产。需要注意的是,强调社会组织的非营利性,并不意味着社会组织不需要有盈利或者不能有盈利。相反,为实现社会组织的可持续健康发展,打造自身造血系统,社会组织可以通过营销等活动提升其盈利的能力,以追求财务平衡甚至追求微利。

(三) 非政府性

社会组织的非政府性主要强调社会组织与政府之间的区别。社会组织往往以民间组织的形式出现,不属于国家体系,不是政府机构或其附属部分。但是,社会组织与政府之间却存在着千丝万缕的联系,政府尤其民政部门是社会组织发展过程中对其影响最大的因素。社会组织的非政府性体现在它们是独立自主的组织,也是自下而上的民间组织,属于竞争性的社会性组织。强调社会组织的非政府性时,特别需要注意,既不能把社会组织看成反政府组织,也不能把社会组织看成无政府组织。

(四) 社会性

社会组织的社会性主要强调社会组织与人类社会其他各类组织形态相区别的本质特征。社会组织的社会性集中表现在三个方面:一是资源的社会性,指这类组织得以存续和运作发展的资源主要来自社会的各种具有公益性的资源,也包括吸纳各类志愿者等人力资源;二是产出的社会性,指这类组织所提供的产品或服务具有较强的利他性、非排他性或公益导向;三是问责的社会性,指这类组织在其运作管理的过程中要受到来自社会及公共部门的问责与监督。①

四、社会组织的类型

社会组织的活动范围涵盖了国家体系和市场体系之外以及与国家体系和市场体系相重合的广大领域,因此包含了各式各样的组织,很难用同样的标准予以分类。总体而言,国内外比较流行的分类方法包括以下几种。

(一) 国际分类方法

1. 联合国国际标准产业分类体系

联合国国际标准产业分类体系(The U. N. International Standard Industrial Classification System, ISIC)将现代社会所存在的组织据其主要经济活动归入21大类。社会组织包括4大类:教育,包括学前教育和小学教育、中学教育、高等教育、其他教育、教育支持活动;医疗与社会工作,包括人类医疗活动、家庭照料活动、不提供住宿的社会工作活动;艺术娱乐与休闲,包括创造性的艺术与娱乐,图书馆、档案馆、博物馆和其他文化活动、赌博与博彩活动,运动与消遣活动;其他服务活动,包括会员制组织的活动,电脑、个人物品和家庭物品的修理活动,其他个人服务活动。但是,ISIC体系仅从经济活动角度来划分社会组织,显然无法涵盖所有的社会组织。

---

① 王名.社会组织论纲[M].北京:社会科学文献出版社,2013:20-21.

2. 世界银行分类法

世界银行将那些总部位于发达国家并在一个以上发展中国家运作的社会组织看作国际社会组织,并将其分成两类:操作类组织,即那些以规划和完成与发展相关项目为主要目标的国际社会组织;倡议类组织,指那些以推动和维护某项特定事业为根本目标,并试图影响政策和实践的国际社会组织。这种分类法同样比较狭隘。

3. 美国的免税团体分类体系

美国的免税团体分类体系(National Taxonomy of Exempt Entities,NTEE)目前涵盖10个功能大类、400种社会组织。10个大类各自包括不同的小类:艺术、文化与人文;教育;环境与动物;医疗,包括医疗保健、精神疾病与介入、医学研究等;人类服务,包括与法律相关类服务,就业,食品、农业与营养,住房与收容,公共安全、灾难防御与救济,休闲与运动,青年发展,社会服务;国际和外国事务;公共和社会公益,包括社区促进与能力建设,慈善、支援主义与公募基金会,社会科学等;宗教相关类;互益/会员制;未知、未分类的组织。NTEE分类体系虽然操作性强、分类较为细密,但因其严格按照《美国国内税收法》设计,主要服务于美国经济,其他国家难以借鉴。

4. 约翰斯·霍普金斯大学的社会组织国际分类

社会组织国际分类(The International Classification of Nonprofit Organizations,ICNPO)基于ISIC并借鉴NTEE的分类方法,将社会组织分为12大类:文化与休闲;教育与研究;医疗卫生;社会服务;环境;发展与住房;法律、倡导与政治;慈善中介与志愿主义促进;国际活动;宗教集会与协会;商会、专业协会;其他。ICNPO分类体系涵盖面较为广泛,分类简洁,便于国际比较。

(二) 中国社会组织的分类

中国的社会组织主要从管理实践和学术研究这两个角度加以分类。

1. 管理实践的角度

中国社会组织的主管部门民政部社会组织管理局(社会组织执法监督局)将纳入管理的社会组织分为社会团体、基金会、民办非企业单位以及涉外社会组织四类①,从登记管理和年检评估等方面对这四类社会组织加以管理。

2. 学术研究的角度

依照社会组织的特点、性质、活动等,社会组织出现了多种分类方式。例如,根据会员性质,社会组织可分为会员制组织和非会员制组织。② 对于会员制组织,还可根据其公益属性,划分为互益型组织与公益型组织。其中,互益型组织,按其所体现的经济社会关系性质,可进一步分为经济性团体和社会性团体。公益型组织,按照其会员成分,可将其分为团体会员型组织和个人会员型组织。对于非会员制组织,可根据组织活动类型,将其划分为运作型组织和实体型社会服务组织。其中,运作型组织,按照运作资金的性质和类型,可进一步分为运作型基金会和资助型基金会。实体型社会服务组织,按照其主要的资金来源或所有制,可分为民办非企业单位和国有事业单位。③

根据各种组织的主要特征,社会组织可分为:行业组织,即相同行业的专业性协会和行业管理组织;慈善性机构,其主要作用是社会救济和扶贫,如红十字会、中华慈善总会等;学术团体,即学者共同体,如中国物理学会、中国政治学会等;政治团体,即旨在维护公民政治权利的各种公民组织,如工会、青年团、妇女联合会、村民委员会等;社区组织,其主要特征是从事社区性的管理和服务工作,如业主委员会、社区福利中心、社区老年协会等;社会服务组织,即旨在提供社会福利服务和公益服务的民间组织,如环境保护、文教体卫等领域的公益性组织;公民互助组织,即公民为捍卫自身利益而自愿组成的互助性组织,如城市和农村中的互助会、农民合作社等;同人组织,即建立在共同的经历、兴趣、爱好之上的公民组织,如同学会、同乡会、剧社等;非营利性咨询服务组织,大量的民办非企业单位基本上都属于这类民间组织。④

---

① 除了这四类社会组织之外,民政部网站显示,慈善组织被单独列出作为一类行政审批的社会组织。
② 王名.非营利组织管理概论[M].北京:中国人民大学出版社,2002:9.
③ 《中共中央关于深化党和国家机构改革的决定》将社会组织与事业单位明确加以区分。
④ 俞可平.中国公民社会:概念、分类与制度环境[J].中国社会科学,2006(1):114-115.

第二节 社会组织治理的主体、客体和内容

社会组织治理是指通过既定规则和流程,对包括社会团体、基金会、民办非企业单位等在内的社会组织进行培育、管理和监督,以规范社会组织行为、促进社会组织发展的过程。社会组织治理由两部分内容构成:一是社会组织的外部治理,即对与社会组织发展相关的外部环境,包括法律体系、行政管理体制、经济环境等内容的治理;二是社会组织的内部治理,即对包括内部控制、监督评估机制、道德约束等在内的影响着社会组织功能发挥的内部环境进行规范和控制。

一、社会组织治理的主体

(一) 政府

政府是社会组织治理的主体之一,在治理过程中发挥着至关重要的作用。政府有广义与狭义之分,这里所说的政府是指广义的政府,包括行政机关、党团机关、权力机关以及司法部门。政府作为社会组织治理的主体,扮演着以下角色:一是规范者。政府作为国家管理与社会治理的核心力量,依法行使政府职能,通过制定一系列政策、规则、规章、制度等,既约束社会组织的行为与活动,又规范社会组织的外部环境,为社会组织的发展提供保障。二是监管者。政府对社会组织具有监督与管理的作用,有权依法对社会组织内部实施监督管理,如登记管理、年度检查、专项检查等,通过合法合理的监管手段,对社会组织的各项工作流程及内部环境进行监督。

(二) 社会组织

无论是社会组织的内部治理还是外部治理,其出发点都是社会组织自身。从社会组织内部治理的角度来看,人员结构在社会组织内部治理中发挥着重要的作用,其主要包括董事会(理事会)、管理层与专职工作人员。董事会(理事会)作为社会组织的最高决策机构,承担确定组织目标、制定组织发展战略、决策组织重大意见等职能,对社会组织治理承担领导与指挥的职责。管理层作为组织的主要执行机构,从中观维度控制组织目标与战略的实施,承担实现组

目标、执行组织战略、管理组织活动、沟通组织内外关系等职能,对社会组织治理承担执行与协调的职责。专职人员作为组织工作开展的具体操作人员,负责组织内部各项工作和项目的计划、组织、实施、反馈等一系列流程工作,各种日常运营、项目管理以及服务提供均由专职人员负责具体执行,除此之外,专职人员也对社会组织负有监督的责任,在社会组织治理过程中兼顾内部监督的职能。

(三) 社会公众

社会公众作为社会组织开展活动的参与者、受益者与监督者,是社会组织治理的重要主体。他们既是社会组织目标任务的受众群体,又是社会组织人力资源和物质资源的来源群体,还是对社会组织行为及活动进行监督的群体。具体而言,可以从三个视角对社会公众的角色予以分析。一是慈善捐赠者。作为社会组织的资源提供者,公众主要提供资金、物质方面的支持。在社会组织治理的过程中,捐赠者有权要求组织信息公开,明晰各项资源的使用情况,以推进组织更加透明、高效地运转。二是志愿者。社会公众中不乏热心公益的群众,他们通过社会组织广泛地参与各种项目活动,提供服务和救助。在社会组织治理过程中,志愿者有权参与组织活动的计划、组织、执行等工作,促进组织不断创新变革,督促组织高质量发展;同时志愿者的行动倡导和宣传平等、尊重、友爱的价值观,亦能推动社会组织的可持续发展。三是受益者。作为社会组织活动的直接受益方,社会公众接受来自社会组织的救助和救济。受益者的直接反馈是各方综合评价社会组织的重要维度。通过受益者的反馈,社会组织可以了解其需求和期望,从而改进工作方法和策略,提高服务质量。

二、社会组织治理的客体

(一) 社会组织的行为与活动

社会组织的行为与活动涉及范围广泛,大到制度建设、项目落实,小到内部人员安排、物资使用。根据社会组织行为的影响力,可将其分为内部行为与外部行为两种。内部行为主要是指社会组织维系组织发展所采取的行动,包括但不限于组织内部架构搭建、职责与权力分配、规章制度的制定与执行、组织人员的招聘与培训、组织运行设计等。外部行为主要是指组织对外所开展的一系列服务提供活动,包括但不限于开展公益项目、举行公益募捐活动、政社合作、对外交涉沟通等。

社会组织的行为与活动涵盖组织的整个生命周期,包括组织登记、组织架构、组织运作、组织评价等一系列活动。社会组织内部所涉及的具体事项纷繁复杂,这就容易产生问题,如内部管理混乱、违规操作、资金流向缺乏监督、越权行动等,因此,需要针对社会组织的行为与活动进行严格审批、过程监督及结果评估,并对不恰当的行为和活动进行处罚,以确保社会组织行为和活动的合法性、正当性、有效性。

(二) 社会组织的资源配置与使用

社会组织的资源主要包括物质资源、人力资源、资金财产等。物质资源涉及组织内部的各种办公设备、硬件设施等,这类资源主要来自外界的捐赠或是组织自行购买;人力资源是组织运行的人力支持,包括组织内部工作人员以及志愿者等,这类资源一方面是通过招聘职员获得,另一方面来自社会公众的参与;资金财产是组织顺利开展活动的基础,主要来自政府财政支持、社会捐赠、服务收费等。

社会组织的资源广泛,对资源的合理配置与使用是社会组织治理的关键。社会组织具有非营利性与服务性的特点,内部的资源配置与使用应遵从服务社会公众、增进公共福祉等原则。社会组织大部分资源来自政府或社会的捐赠支持,除去组织运转所需要的基本资源之外,其余资源使用应面向社会公开,服务所使用的资源流向也应透明化。但是在现实中,社会组织的资源配置与使用存在一定的问题,如资源闲置、资源浪费、资源使用非公开化等,因此,社会组织治理需建立科学的资源配置与使用体系,加强资源使用监管力度,合理利用现代数字技术手段,促进资源配置与使用的公开化、透明化,提高资源配置与使用的效率,推进社会组织治理现代化进程。

(三) 社会组织的公信力与社会影响

公信力是指社会公众对于社会组织的信任程度以及在此基础上参与社会组织活动的意愿,也包括社会组织自身获取社会公众信任的程度和能力,反映出社会组织对社会公众的号召力与影响力。① 社会组织作为第三次分配的重要主体,其目标与使命在于提供公共服务、增进社会福利、实现社会公共利益等。与以营利为宗旨的组织不同,社会组织具有非营利性、服务性、人民性的特点,能在很大程度上吸引并号召社会公众的参与,具有很强的凝聚力与社会影响力。

社会组织凝聚社会公众参与公益服务在具有极大正面作用的同时,其背后也存在一定的问题,如非法挪用慈善款项、慈善项目资金不明、虚假项目募捐等,尤其是不法分子利用互联网技术和人工智能技术在网络募捐中进行各种虚假宣传、诈骗等,极大影响了社会组织的公信力,在社会上引起负面的情绪,造成不利的社会影响。因此,社会组织治理应聚焦于维护和增进组织公信力与社会影响力,进一步完善相关法律法规,健全公益募捐以及网络募捐的监督机制,同时利用互联网平台,建立公信力评价机制,提升社会组织利他性的社会影响力。

三、社会组织治理的内容

(一) 内部治理

1. 组织结构与职能

从社会组织的构成角度看,社会组织由决策机构、执行机构以及监督机构构成。作为决策机构的理事会或是董事会要确保决策民主化、科学化,尤其强调民主决策,兼顾各方的利益诉求以及民主表达,制定公正、合理、合法的组织政策;作为执行机构的秘书处或是管理层,要确保组织各项工作的开展符合组织目标,有利于增进社会福利和推进国家治理现代化,公平、公正、合理、合法地执行组织工作;作为监督机构的监事会,要确保合理有效监督组织内部活动,避免出现以权谋私、公私不分的情况,营造清明、廉洁、公正的社会组织环境。

2. 规章制度

社会组织的规章制度主要包括财务制度、人事制度、项目制度等。财务的收入支出、资金流向以及活动资金审批等条目要确保清楚明确,避免出现资金

---

① 石国亮.慈善组织公信力重塑过程中第三方评估机制研究[J].中国行政管理,2012(9):64-70.

流向不明、贪腐的现象;人力资源、物质资源以及其他各种组织内部资源要确保合理有效使用和配置,避免出现资源浪费的现象;项目的确定、申请、审批、实施以及结项等一系列流程要确保符合法律以及政策规定,避免出现流程纰漏等现象。

(二) 外部治理

1. 法律法规的完善

我国社会组织的数量不断攀升,各种复杂的问题以及矛盾在大数据的推动下进一步深化,立法的速度远落后于社会组织的实际发展速度以及问题产生速度,因此,构建完善的法律法规体系至关重要。现行法律法规存在规定不完善、覆盖不全面的问题,立法机关以及政府相关部门应关注社会组织发展过程中的现实问题,整合各方的利益诉求,进一步完善社会组织治理相关的法律法规体系。

2. 信息公开的落实

党的二十大指出,要构建初次分配、再分配、第三次分配协调配套的制度体系,支持、引导有意愿有能力的企业、社会组织和个人积极参与公益慈善事业。社会组织参与社会慈善事业的资金主要是财政支持以及社会捐赠,因此明晰资金流向以及项目条目、落实信息公开势在必行。随着数字技术的发展,利用人工智能技术建立完善的信息公开平台更为便捷,应通过平台建设与数据公开促进社会组织内部数据公开化、透明化,进一步提升社会组织治理效果和水平。

3. 社会监督的加强

政府、企业、社会公民、大众传媒作为外部监督的主要力量,在社会组织治理的过程中发挥着重要的社会监督作用。不同主体通过自身优势,采用各种监督的方式与手段,对社会组织的制度建设、项目实施、结果反馈等环节开展全方位监督。同时,大数据以及人工智能的发展,可以为社会监督提供更为翔实、全面的数据信息,建立全平台、全流程的监督网络,提高社会监督的水平,推进社会组织治理效果的提升。

(三) 目标与使命的实现

社会组织通俗意义上讲,是指具有一定的公共属性、承担一定的公共职责、代表一定社会群体的共同利益或社会公共利益的组织,具有明显的非营利性。我国社会组织具有明显的人民性和服务性,在党的思想指导下,为人民服务、为人民谋幸福、增进社会福祉是社会组织的目标与使命,因此,在社会组织治理过程中,应进一步强调社会组织的人民性与服务性,将其目标与使命内化于心、外化于行。从微观角度看,要将社会组织的目标与使命反映在公益项目的设计与执行的流程中,包括项目的选择、拟定、申请、审批、实施以及反馈等,以实现组织的目标与使命,增进社会福利。

第三节 社会组织治理的机制与方法

一、社会组织治理的机制

(一) 内部治理机制

1. 理事会制度

理事会制度是现代社会组织治理结构中的核心制度之一,理事会在社会组织内部治理机制中发挥着决策机构的作用,通过行使决策权力,促进社会组织内部的整体运作,确保组织目标和使命的实现。作为社会组织中的最高决策机构,理事会通常由社会组织的发起人、会员代表、行业专家、社会知名人士等在各自的领域具有一定的专业知识、经验、资源或影响力,能够为组织的发展提供不同方面的支持和指导的成员构成,其规模因组织的性质、规模和业务范围而异。在选择理事会成员时需要对成员的专业背景、行业领域、地域分布等因素进行综合考量,以使理事会在社会组织发展中保持广泛的代表性和全面的决策能力,成为组织内部权力的集中体现。在此基础上逐渐形成的理事会制度能充分发挥决策核心作用,坚持集体决策与分权决策相结合,在不断完善理事会治理体系的同时促进社会组织内部治理效能与公信力的提升,这种集体决策与分权决策相结合的决策模式也在社会组织治理实践中发挥作用。[1]

集体决策是指理事会成员通过民主协商、投票表决等方式共同参与重大事项的决策,其核心特征是平等参与和程序透明,旨在通过多元视角的整合降低

---

[1] 王名.非营利组织管理概论[M].修订版.北京:中国人民大学出版社,2010:84-85.

决策风险。作为理事会机制中充分体现权力共享、侧重风险控制的决策机制，在组织发展成熟期，该决策模式更能推动组织的稳定发展，促使组织在各环节中坚决贯彻协商一致原则；全体会议表决以及专业委员会审议可以保障组织决策的合法性与合理性，实现组织的根本使命。

分权决策是指理事会将部分决策权授予执行团队、分支机构或特定岗位，应用于专业化或时效性强的事物中的决策过程，其核心特征是权责清晰与监督到位，具有专业性、灵活性以及层级性的特点。在具体的操作实践中，理事会根据章程或相关规定，明确划分理事会与执行层的权责边界，将部分决策权直接授予理事长、秘书长等特定人员以及专业委员会，并根据组织层级结构增强决策专业性与准确性。与集体决策不同的是，分权决策过程中更加注重监督保障机制的贯彻，通过建立定期报告制度以及设立问责条款等措施进一步确保分权决策机制发展中所形成的纵向分权、横向分权以及危机状态下的临时分权机制，从而增强决策效率与质量。[①]

当今时代背景下，社会组织在决策机制方面也不断更新，运用集体决策与分权决策相联动的混合模式，进一步解决社会组织综合性程序问题以及实质问题，极大地避免了集体决策的形式化陷阱以及过度分权的异化风险，同时运用新时代信息技术也进一步增强了组织决策流程的透明程度与可追溯性。

2. 监督机制

作为社会组织治理的重要组成部分，有效的治理监督机制是其健康运行的关键。该机制下产生的诸如内部审计、绩效评估等内部监督机制在提高社会组织管理水平，确保组织运作的合法性、有效性以及透明性，维护组织成员和利益相关者权益等方面具有重要意义。其构成要素具体包括：由理事会、监事会等关键部门构成的治理结构；涵盖组织各个方面如人事管理、财务管理、项目管理等的规章制度；包括内部审计部门、监事会以及成员代表在内的各监督主体；为治理监督提供准确数据支持的信息系统。各构成要素通过组织监督机制进一步实现风险防控、效能提升以及公信力建设等核心功能，尤其在此基础上形成的发挥重要作用的内部审计机制与绩效评估机制也在促进组织的高效运行方

---

① 崔文华.加强社会组织建设 促进社会管理创新[J].辽宁行政学院学报,2012(1):12-13,16.

面具有重要意义。①

内部审计即对组织内部财务、运营状况以及其他治理活动进行的一种独立客观的监督与评价活动,旨在通过系统化、规范化的方法,评价和改进组织的风险管理、内部控制以及治理过程,具体涵盖:财务审计,如资金使用合规性、财务报表真实性、税务合规性;运营审计,如采购与合同管理、项目管理效率以及内部控制有效性;专项审计,如突发事件审计、信息技术审计以及捐赠资金专项审计。通过审计计划、审计实施、审计报告以及审计跟踪四个流程,确保问题闭环,进一步发挥内部审计的监督职能、评价职能以及咨询职能,从而增强其独立性、专业性以及结果运用的有效性。②

绩效评估机制是指社会组织通过系统化的方法,对其财务、项目运转、组织效能以及社会影响等方面进行测量、分析与评价的过程,从而为组织战略调整和资源配置提供依据,进一步提升组织的运行效率和公信力。绩效评估的原则是坚持目标导向、资源优化以及问责透明。绩效评估的指标体系可划分为财务绩效、项目绩效以及组织管理绩效。绩效评估的实施流程可划分为:计划阶段,即明确评估目标、设计评估框架、制订评估计划;数据收集阶段,即收集并验证定性与定量数据;分析与报告阶段,即分析数据、撰写评估报告与进一步的沟通反馈;结果运用阶段,即战略调整、资源分配以及后续能力建设。通过科学建设内部评估体系、加强技术支持与强化结果运用,绩效评估机制为社会组织内部治理水平的不断提高创造条件与提供保障。

作为社会组织内部监督机制的两大支柱,内部审计与绩效评估相辅相成。前者为后者提供准确的信息和数据支持,后者为前者提供审计重点和方向。通过信息共享平台的持续建设以及联合反馈机制的建立实施,二者共同促进社会组织治理水平的提升。

3. 激励机制

作为社会组织内部治理的重要组成部分,激励机制旨在通过一系列制度设计和措施,激发员工、志愿者以及捐赠者等的积极性、主动性和创造性,以提升

---

① 叶三梅.社会治理视域下安徽省社会组织发展的路径选择[J].江淮论坛,2017(3):129-133.
② 张立民,曹丽梅,李晗.审计在基金会治理中能够有效发挥作用吗?[J].南开管理评论,2012(2):92-100.

组织整体运行效率及其社会影响力。作为影响组织运行的重要机制,激励机制在基本的物质激励外,还包括精神激励、荣誉激励、发展激励、参与激励等多种形式。激励对象不同,其激励内容也存在细微差别,但最终目标都归结至实现社会组织的高质量运转。[①]

其一,在社会组织中,对于员工的激励首先体现在物质方面的薪酬福利与绩效奖金激励,以增强员工的归属感和满意度;其次体现在精神方面的表彰认可、工作自主权的赋予等激励,以期增强员工的成就感、责任感与荣誉感,同时为员工提供清晰的职业发展路径,帮助其实现个人职业发展目标;最后,良好的工作环境以及组织文化建设也会进一步增强员工的归属感与认同感,从而构建一个"心思齐、步子大"的高效能社会组织。

其二,针对志愿者与捐赠者这两大社会组织发展中的重要力量,激励机制的实现也呈现出不同的特点与效果。基于志愿服务自愿性、无偿性等特征,对志愿者与捐赠者的激励重点表现在情感与精神激励方面,通过定期对优秀志愿者进行表彰宣传、建立志愿服务记录系统、为志愿者提供必要的培训与职业发展支持、加强定期沟通与关怀以了解其需求与困难,不断增强志愿者的参与感和体验感,为社会组织活动持续发展提供活力。针对捐赠者这一群体,在保证其基本权益不受损的基础上,增强对其荣誉激励与认可也会对社会组织发展产生积极影响,具体措施包括建立捐赠者名录,对其进行公开表彰,增强捐赠信息透明性与反馈,增强其在组织活动中的参与和互动,使其对社会组织的认同感与满意度不断转为社会组织发展的动力之一。

综合来看,社会组织内部治理中的激励机制在制度设计、执行落实方面都需要根据不同的活动主体和参与对象灵活变通,并在定期评估的基础上持续改进,为社会组织的可持续发展提供动力。

(二)外部治理机制

1. 政府监管与法律约束

为进一步确保社会组织的合法性、规范性以及社会公信力,外部治理也不可或缺。根据治理效力差异,应首先明确政府监管与法律约束这两大核心机制

---

① 刘春湘.非营利组织治理结构研究[M].武汉:中南大学出版社,2007:43.

的主要内容,在具体的操作中,政府运用行政手段对社会组织的设立、运行进行监督管理,法律手段作为辅助为社会组织提供相应的行为框架与原则要求,二者协同促进社会组织的健康发展。

其一,政府监管机制主要包括登记管理、日常监督以及奖惩评估三个方面。根据民政部等五部门印发的《关于加强社会组织规范化建设推动社会组织高质量发展的意见》,民政部门作为社会组织主要登记管理机关,有权对社会组织内部的系列行为进行监督管理,其他业务主管单位也有权对社会组织日常活动的合法性和非营利性进行综合监管。同时,政府通过建立科学的评估体系、构建信息公开平台、建立信用评价体系、落实惩戒结合的原则,促使社会组织不断提升自身治理水平。

其二,社会组织发展过程中所形成的由诸如《慈善法》《社会团体登记管理条例》《基金会管理条例》等法律法规所构成的社会组织管理法律体系框架明确了社会组织的法律地位、权利义务以及运行规则,为社会组织的发展提供了法律依据。通过法律对社会组织进行合规性要求,可进一步明确社会组织的行为边界,保障社会公共利益和其他相关主体的合法权益。

政府监管与法律约束的双重机制使得社会组织外部治理实现了规范化与法治化。通过推动综合监管、完善法律体系以及注重技术赋能等方式,社会组织在社会治理领域的积极作用持续发挥。

2. 社会监督与公众参与

作为社会组织治理的公共约束,社会监督在近年来愈发受到人们的关注。社会监督是指社会组织在运行过程中接受的除政府等行政机关之外的社会多元主体的监督与评价,包括公众、媒体、社会组织专业机构等,通过信息公开、舆论监督以及问责机制,进一步保障社会组织的透明性和公信力。在多元主体协同过程中,独立媒体的追踪调查、行业组织制定的相关标准等借助技术(如公益平台、舆情监测系统等)赋能极大地促进了社会组织的依法依规运作,使其不断提升自身服务质量和能力,实现可持续向好发展。

而作为社会组织治理的重要民主化路径,公众参与的实践模式也越来越受到人们的重视。从"象征性参与"到"实质性赋权",从实现个人利益到个人利益与公共价值相结合,公众参与不仅为社会组织治理提供人力物力资源,增强了社会组织的合法性,更是通过体现社会不同群体的利益与需求,进一步促进了社会民主的发展。在公众参与过程中,志愿服务、自主捐赠以及参与决策等形式是协商民主的重要体现,也赋予了信息时代技术驱动极大的发展空间,公共参与机制产生的正向效应为社会组织治理的发展提供了创新动力。[1]

在社会组织外部治理过程中,社会监督与公众参与的协同也是未来发展的重要目标,社会监督与公众参与之间形成的信息反馈回路以及资源交换也正在不断促进社会组织"监督—参与—信任"的正向循环。

3. 行业自律与第三方评估

行业自律是指社会组织通过行业协会、联盟等平台,依据组织章程和相关规则制定共同遵守的行业标准、行为准则和伦理规范,并通过自我监督、同行评议等方式实现内部约束与内部管理的机制。例如,中国慈善联合会发布的《慈善组织信息公开指南》即属于行业自律性文件。行业自律也具体表现为组织服务质量标准、同行监督以及关于职业操守的伦理倡导,通过自律规则、监督机制的建立以及培训教育的开展,在规范行业行为的同时促进行业组织间的交流合作,从而维护行业的整体利益。

第三方评估机制即通过独立机构减少信息不对称,保障相关利益者的权益,遏制组织发展风险,向社会传递可信度信号以促进社会组织公信力提升的制度。其中,绩效评估主要针对组织项目成效、资源使用效率以及社会影响力进行评估,其指标包括组织目标达成度、组织资源利用效率、长期社会影响以及组织架构合理性与公平性。通过定量与定性相结合的方法以及前沿工具如大数据动态监测等进行综合评估,从而不断促进组织进化。同时,第三方机构根据社会组织的信用记录、财务状况、管理水平、社会责任履行等方面的情况所进行的信用评级也为社会组织的重要决策以及具体方案实施提供了重要的参考依据,极大地降低了信息不对称风险。

行业自律与第三方评估所形成的协同治理效应也在强化社会组织外部约束的同时推动自律机制优化,促进了"政府—行业—第三方"多元共治模式的深化。

---

[1] 周文翠,于景志.新时代公众参与社会治理的推进路径[J].学术交流,2023(2):130-141.

二、社会组织治理的治理方法

(一) 制度建设

在社会组织治理的制度建设方面,首先应明确社会组织章程在社会组织治理中的核心地位,明确其法律效力对组织运作具有强制性约束力。因此,在进行社会组织章程制定时,应坚持合法性原则、民主性原则以及可操作性原则,把握好章程的核心要素,在组织宗旨与业务范围方面注重体现社会公益属性,在组织架构与职责方面明确理事会、会员大会、监事会的权责边界,同时明确各机构之间的权力制衡关系,避免权力过度集中。有些社会组织在治理过程中存在章程与法律的衔接度较差、民主参与虚化以及动态调整滞后的情况,应通过形式合法化、实质合法化以及社会合法化进一步完善优化社会组织章程制度。

同时,社会组织内部管理制度体系包括人事管理制度、财务管理制度以及项目管理制度,对其的完善也是社会组织治理制度建设过程中不可或缺的一部分。所以应通过优化志愿者管理、专职人员绩效考核等措施规范人事管理;制定相关规定规范社会组织资金调配与使用;建立"立项—执行—评估"全流程标准以提高项目管理质量,在需求诊断的基础上不断完善内部管理制度,并进行分层整治,动态修订相关机制,以响应政策变化。

应在制度建设的过程中辅之以发展培训、监督问责以及信息化赋能等保障机制,进一步推动章程的合法化与民主化建设,建立健康有序发展的精细化管理制度,以更好地实现组织的社会使命。[①]

(二) 透明度与信息公开

透明度是社会组织治理的核心要素之一,是指社会组织通过主动公开其运营、财务、决策等信息,接受社会监督,保障利益相关方的知情权与参与权。信息公开是实现透明度的具体手段,对其管理包括对公开范围、内容、频率及渠道的规范化管理。社会组织通过及时、准确地公开组织宗旨、业务活动、管理运作等组织信息,在增加公众信任、增强组织公信力的同时,在一定程度上也有利于防范制度、财务风险,推动社会组织规范化运作。在对组织架构、组织章程等信

---

① 黄晓春.当代中国社会组织的制度环境与发展[J].中国社会科学,2015(9):146-164.

息进行公开时,应牢牢把握真实性、完整性、及时性、可理解性的原则,做好信息公开制度性建设、内外部监督以提升透明度。

在信息公开过程中,财务披露作为公开信息的重要内容,涵盖了年度财务报告、预算与执行情况、项目审计报告以及资金支出明细。应通过官方网站、社交媒体平台等多平台发布组织信息,建立线上线下相结合的互动反馈机制以回应社会关切,并采用统一格式以增强信息可读性。同时,通过内部监督对财务披露机制进行的合规性审查以及各主体参与下形成的多维度监管网络都能很好地促进组织信息公开。未来,在技术赋能社会治理各环节的过程中,信息公开相关规范文件的出台以及大数据赋能的透明度提升模式等会推动社会组织在公共生态中发挥更大作用。

(三)能力建设

作为社会组织提升内部治理水平和可持续发展能力的关键途径,社会组织能力建设的核心在于通过系统性、针对性的培训和技术支持,提升组织成员的专业技能、管理能力和技术应用水平。能力建设不仅有助于提高项目执行效率,还能增强组织对外部环境的适应能力。

在能力建设过程中,具体的措施落实十分重要。培训活动是能力建设的重要表现,包括组织管理培训、项目运作培训以及专业技能培训等,这些以需求为导向的专门性活动在社会组织能力建设中十分重要。因此,培训活动应在识别信息缺口与能力缺口的基础上,遵循"理论+实践"的课程设计原则,聚焦组织战略规划,注重基础技能与组织文化认同的分层分类培训模式,及时进行培训效果评估与反馈,以增强社会组织服务的专业性和有效性。

同时,在技术工具赋能组织能力建设以提高组织效率的过程中,可以从信息技术支持与专业技术支持两个方面入手。其一,通过培训社会组织成员使用工具进行数据分析,提高管理效率和增强数据安全性,并协助社会组织搭建官方网站等数字化协作平台,利用网络平台逐步扩大社会组织影响力,以吸引更多的社会资源和关注。其二,通过鼓励组织间技术资源共享,增加与外界专业机构的合作以获得专业技术支持,内外部结合共同助力社会组织的专业化水平和治理效能提升,推动技术落地的适配性优化以推进社会组织长效发展机制的构建。

（四）合作与协同

在社会治理的复杂格局中,政府、企业与社会组织各自扮演着独特的角色,随着社会需求的日益多样化和精细化,社会各主体间的跨界合作成为必然趋势。其中,政府购买公共服务作为政府、企业与社会组织合作的重要形式,旨在通过引入市场机制和社会力量,实现"政府主导、社会参与、多元供给"的协同治理模式,在优化公共服务供给、提升社会治理效能等方面发挥着关键作用。政府通过招投标等方式将公共服务外包给企业或社会组织,依托数字技术建立信息共享平台以解决信息碎片化与信息不对称问题。针对政府—企业—社会组织协同机制在制度保障、技术支撑以及动态反馈方面的表现与要求,应制定服务标准、合同管理规范以及绩效评估体系,同时利用大数据、人工智能等技术实现服务全流程电子化并通过各主体间动态反馈机制以优化跨界合作供给。以上措施可以促进政府购买公共服务的供应链管理专业化、有序化、效率化,以更好地解决跨部门合作协同过程中存在的制度碎片化、信息不对称问题;通过强化顶层设计,推动跨区域、跨层级的政策协同;通过深化区块链、人工智能等在协同合作中的运用,推动社会治理中多元主体间的协作与协同;通过激活社会资本,进一步推动社会组织治理创新,最终实现公共利益的最大化。[①]

第四节 中国社会组织治理的历史沿革与发展趋势

一、中国社会组织治理的历史沿革

（一）传统时期:宗族、行会等传统社会组织的治理模式

传统农耕时期,农耕文明与血缘关系相结合,使得血缘关系对传统社会组织具有深刻的影响。可以说,传统时期的社会组织主要是基于血缘关系而生成,或者说是以血缘组织为主要形态的,如农村中的义仓、义庄、义学等。[②] 城市中也形成了一些社会组织,如明清时期与职业相关的行、帮、会馆、公所等组织形态。这类组织区别于血缘组织,组织内部具有一定的规范,管理方式更接近

[①] 唐任伍,赵国钦.公共服务跨界合作:碎片化服务的整合[J].中国行政管理,2012(8):17-21.
[②] 唐文玉.中国社会组织发展的历史变迁与当代走向[J].学术界,2021(7):50-60.

现代意义上的社会组织。但是这类组织数量相对较少,出现时期也较晚,仍然处在传统封建统治之下,未摆脱血缘关系的支配,组织人员在管理过程中往往受血缘、亲缘影响,宗族意识强于行业意识。

以血缘关系为纽带的社会组织在治理的过程中,受封建宗族观念以及专制统治影响,组织治理以宗族为前提,血缘、亲缘关系影响和制约着组织的治理。宗族或是行业商会的治理模式在一定程度上有利于协调社会关系,促进社会的稳定,并带动传统道德文化的传播与弘扬,但是这种治理模式具有明显的封闭性与局限性,会影响组织内部的创新变革,且不同组织的内部治理规范也不同,难以形成统一的社会管理体系。

(二)计划经济时期:政府主导下的社会组织治理

计划经济时期,国家对经济与社会生活进行全面的控制与管理,国家统一计划、统一号令、统一行动,掌握和控制社会资源的分配与使用,所以这一时期的社会组织具有明显的政治性色彩。这一时期,社会组织是行政机关的一部分,缺乏独立自主性,其负责人一般由党政部门负责人担任,组织活动是国家政治事务的一部分,组织承担着党政机关自上而下的管理职能,如中华全国妇女联合会、中华全国总工会等。[①] 政府主导下的社会组织在活动过程中代表了党政机关,贯彻党政路线、方针、政策,各项活动与国家的政策导向保持一致,甚至国家全权掌控社会组织的行动。

这一时期的社会组织治理,政府作为绝对的管理主体,掌控社会组织的各项活动,通过行政命令的方式直接干预社会组织的活动。这种治理方式有利于高效整合社会资源,高效落实社会组织工作,实现思想统一、行动一致,提升治理的效率与质量,但是政府主导也使得社会组织过度依赖政府,缺乏独立性与积极性,治理的效率以及质量存在地区性差异,不利于社会组织自身的发展。

(三)改革开放后:社会组织治理的多元化与规范化

改革开放之后,基于经济发展与社会转型的需要,国家有意识引导社会组

---

① 韦克难,陈晶环.新中国70年社会组织发展的历程、成就和经验——基于国家与社会关系视角下的社会学分析[J].学术研究,2019(11):46-54,177.

织发展。在经济发展以及社会转型的背景下,我国出现经济发展不平衡、失业、环境污染等问题,社会阶层结构也发生变化,社会矛盾激化。这种情况下,出现了大批关注社会热点问题的本体性的社会组织,如自然之友等。社会组织的数量不断增加,类型不断丰富,针对社会组织治理的方式方法也进一步多元化与规范化。

针对社会组织的治理,国务院批准成立民政部民间组织管理局,专门负责管理社会组织,促进管理工作的专门化;《社会团体登记管理条例》《民办非企业单位登记管理暂行条例》《基金会管理条例》等法律条例的通过或更迭,促进了社会组织管理的规范化;政府、企业、社会公众通过协同治理的方式参与社会组织治理的过程,如政府通过合同委托、特许经营等方式向社会组织购买服务等,促进了社会组织治理的多元化。

(四)新时代:社会组织治理的法治化与现代化

自党的十八大以来,党和政府提出构建社会治理的新格局,对社会组织的关注与支持达到前所未有的高度,社会组织发展进入新阶段。2013年出台的《国务院机构改革和职能转变方案》提出,行业协会商会类、科技类、公益慈善类、城乡社区服务类这四类社会组织可以不需要业务主管单位,直接向民政部门申请登记注册,这一规定推动社会组织成为社会治理的重要主体。之后陆续出台了一系列政策条例,如《关于政府向社会力量购买服务的指导意见》《关于加强社会组织党的建设工作的意见(试行)》《关于改革社会组织管理制度促进社会组织健康有序发展的意见》等文件,进一步促进了社会组织的规范化发展。《中华人民共和国境外非政府组织境内活动管理法》《中华人民共和国慈善法》这两部法律的颁布,极大地推进了社会组织治理的法治化进程,进一步完善了社会组织治理的法律体系。

新时代社会组织治理的手段和方式进一步创新,大数据、云计算、人工智能等数字技术的使用增强了社会组织治理的精准性,如苏州市社会组织总会自主研发组织等级评定线上平台,实现了可追溯的评估。但是数字技术应用在推进社会组织治理现代化的同时,也会催生数据安全、隐私保护、数字鸿沟等问题,社会组织治理仍是一个长期的过程。

二、中国社会组织治理的发展趋势

(一) 法治化:完善社会组织相关法律法规

近年来,中国社会组织治理的法治化进程显著加快,通过完善法律法规体系、强化政策引导、优化监管机制等多维度举措,逐步构建起中国特色的社会组织法治框架。在法治化发展趋势与背景下,完善相关法律法规对于规范社会组织行为、保障其合法权益、促进其积极作用的发挥具有关键意义。

目前,社会组织法律体系以《宪法》为根本,包括《慈善法》《公益事业捐赠法》《境外非政府组织境内活动管理法》等专门性法律以及以"三大条例"——《社会团体登记管理条例》《基金会管理条例》《民办非企业单位登记管理暂行条例》为核心的社会组织登记管理的基本框架。同时,一系列针对社会组织发展的政策性文件也进一步推动社会组织治理法治化转型,在政策驱动的背景下,地方性法规也在细化国家法律、探索制度创新方面发挥着重要作用,如部分省份试点"备案制",极大地降低了社区社会组织登记门槛,体现了"宽进严管"的治理思路。朝着综合化与专业化方向发展的社会组织监管体系也对社会组织的治理与发展起着规范作用。

在此基础上,未来我国社会组织治理法治化发展的方向将更聚焦于推动社会组织统一立法、细化现有法规条款、填补新兴领域法律空白、加强与其他法律体系的衔接,同时加强数字赋能治理,提高信息透明度与舆情应对能力,推动社会组织法律体系的层级化完善,加强政策引导、地方创新并强化监管,不断推动社会组织在法治轨道上实现高质量发展。

(二) 专业化:提升社会组织治理能力与水平

随着社会组织在社会事务中承担的责任日益加重,专业化理念逐渐渗透,社会组织不再满足于一般性的活动开展,而是更加注重以专业的视角、方法和理念来规划与执行各项事务,以实现其治理能力与水平的提升。

在专业化管理制度的完善方面,社会组织管理制度中的许多制度如财务管理制度、项目管理制度、人力资源管理制度等都更加强调专业化的发展。同时,社会组织专业化治理还体现在专业服务领域的拓展与规范化以及专业人才的引入与培养,即社会组织通过人才培育、技术赋能和服务模式革新,不断实现组织治理能力质的飞跃。在人才专业化培养体系构建方面,逐渐成熟的社会工作者职业资格认证以及产学研协同的创新实践也进一步实现了人才培养与行业需求的精准对接。同时,智慧治理工具的应用,如利用 AI 算法实现需求与服务相匹配的动态检测流程管理、通过物联网提高社会组织服务覆盖率,都促进了技术赋能社会服务的精准化与专业化。

随着社会组织治理进一步实现专业化发展,未来的社会组织治理将更聚焦于政社企的跨部门合作能力共建,通过与新兴行业组织的交流合作助力社会组织精准定位能力短板。同时,应参照国际标准,结合我国国情,培育具有国际影响力的专业型社会组织,在常态化社会组织治理体系建设的基础上,重视治理韧性的培育,促进社会组织专业化建设从单一领域转向系统生态构建,做到以制度创新释放主体活力,以技术赋能提升服务效能,以理论突破指导实践深化。

(三) 数字化:利用信息技术提升治理效率与透明度

在信息技术快速发展的背景下,中国社会组织治理也逐步迈入数字化转型阶段,迎来大数据、人工智能、区块链、云计算等技术手段优化社会组织在资源配置、决策执行、信息公开等环节的效能,实现治理流程的标准化、透明化和智能化的时代。这一趋势既是国家"数字中国"战略的重要组成部分,也是社会组织应对复杂治理挑战的必然选择。

2021 年民政部《"十四五"社会组织发展规划》明确提出,采用互联网、大数据等手段,加强社会组织网上活动管理,提升数字化治理社会组织能力。在一系列政策的支持下,信息技术在社会组织治理中的应用场景与模式也不断增加,促使社会组织进行信息的集中化、标准化管理,利用大数据实现决策科学化,从而助力数字化信息管理系统的构建。同时,区块链、云计算以及人工智能的运用也为社会组织透明度的提升,跨部门、跨区域协作,以及组织服务创新提供了发展机会。

综合来看,数字技术在构建信息管理系统、搭建沟通协作平台、驱动决策与服务创新以及提升治理透明度等方面,全面提升了社会组织的治理效率与透明度。随着信息技术的不断发展,数字技术将在技术深度融合、制度同步创新以及社会价值塑造等方面发挥更为重要的作用。

(四)国际化:借鉴国际经验,参与全球治理

随着全球化进程的加速和中国国际地位的不断提升,中国社会组织在国际舞台上扮演着越来越重要的角色。在社会组织治理方面,积极借鉴国际经验并参与全球治理已成为中国社会组织发展的重要趋势。在治理理念方面,借鉴国际先进社会组织的多元共治以及合作协同机制,结合本土国情进行创新,发展诸如"社区—企业—政府"三方联系决策机制,参考"分级监管"产生"信用积分制"等。同时,在管理模式上,参考国际社会组织现代化的项目管理方式和透明的财务管理体系,进一步增强自身管理的科学性和规范性。

在借鉴国际经验的同时,中国社会组织也通过政府间协议框架下的执行伙伴、基于多边合作平台的区域联动以及国际组织深度参与的全球网络进一步参与国际议题讨论,在全球范围内开展众多合作项目,在展现中国社会组织的责任担当的同时,也提升了中国在国际社会的形象。[①]

同时,在国内制度创新与国际规则适应性调整的双重联动下,中国社会组织治理也呈现出主体多元化的新形态、技术融合的新赋能;面对复杂多变的国际形势,我国也将依据"技术赋能全球治理"的新范式,不断加强社会组织能力建设,在提升自身能力的同时,也为全球治理贡献中国力量。

三、中国社会组织参与社会治理的探索

2013年11月,党的十八届三中全会提出"创新社会治理体制",这是社会治理理念的重大转变,更为强调治理主体的多元参与。特别是2017年10月,习近平在党的十九大报告中强调打造共建共治共享的社会治理格局,提出"加强社会治理制度建设,完善党委领导、政府负责、社会协同、公众参与、法治保障的社会治理体制,提高社会治理社会化、法治化、智能化、专业化水平",需要"加强社区治理体系建设,推动社会治理重心向基层下移,发挥社会组织作用,实现政府治理和社会调节、居民自治良性互动"。社会组织作为打造中国特色的社会治理体系的多元主体之一开始走向新的发展阶段,在推动建设共建共治共享

---

① 尹君.中国社会组织参与全球治理的特点、路径与模式研究[J].云南大学学报(社会科学版),2024,23(05):134-144.

的社会治理格局中扮演了重要的角色。总的来看,社会组织参与社会治理可以扮演以下几种角色。

1. 党的追随者

中国社会治理体系和治理能力现代化由中国共产党领导。总揽全局、协调各方既是党的领导权能的核心表现,也是党的领导责任的具体要求。2019年5月20日,民政部公布《关于在社会组织登记管理工作中贯彻落实〈中共中央关于加强党的政治建设的意见〉有关要求的通知》明确了对"将坚持党的全面领导的要求载入有关社会组织的章程"相关事项。社会组织参与社会治理坚持党的全面领导,才能充满活力,才能在打造共建共治共享的社会治理格局的进程中更好地发挥作用。

2. 政府的支持者

"政府负责"强调政府在社会治理工作中的主导地位,要求政府在社会治理体制中发挥好主导和引导的作用。社会组织要充分发挥地处基层的优势,在各级政府的指导与引导下,积极支持政府做好社会治理工作。

3. 社会的协同者

社会组织是公众和社会力量参与社会治理的重要载体。社会组织在参与社会治理过程中,既可以受政府委托提供公共服务,也可以在政府失灵与市场失灵领域替代二者发挥作用,协同社会力量,打造共建共治共享的社会治理格局。

4. 民众的代言者

民众对社会事务有表达和参与的意愿和权利,在此前提下自发形成的社会组织是民众在社会生活中用以表达民意、传达民情、实现民权、维护民生、参与公共事务的组织载体。

5. 法治的保障者

法治是社会治理的内在要求和基本方式,是对"法律至上""法律主治""制约权力""保障权利"的价值、原则和精神的强调。社会组织参与社会治理,可以促进政府规范行政行为、协调政社关系,从而保障法治建设、法治实践以及民主权利的实现。

章节习题

1. 请简述社会组织的内涵与特征。
2. 请论述社会组织治理的主体、客体和内容。
3. 请简述社会组织治理的机制和方法。
4. 请谈谈你对我国社会组织参与社会治理的角色理解。
5. 谈谈你对我国社会组织参与社会治理的看法。

案例材料

基层社会组织参与社会治理的有效途径

为推动深圳市、区两级社会组织的纵向合作升级,解决不同类型社会组织间横向跨区域合作的痛点,深圳积极推动组建园区发展网络,形成具有特色的社会组织创新示范集群效应。通过园区发展网络的资源整合、交流互助、抱团发展,深圳市加速社会组织规范化、专业化发展的进程。已构建"1+7"模式的深圳社会组织园区发展网络,由深圳市社会组织总会运营的1个市级公共服务平台——深圳社会组织创新示范基地,以及龙岗社会创新中心、南山区社会组织创新苑、深圳社会组织总部基地(福田)、宝安区社会组织培育服务中心、罗湖社会创新空间、龙华区社会组织孵化服务中心、盐田区社会组织服务园7个区级社会组织园区共同组成。

建立社会组织园区发展网络有何效果呢?以深圳社会组织创新示范基地为例,近年来,通过发布社会组织和各行业动态信息,对接政府向社会组织购买服务的需求,整合社会组织和政府各部门、各区、街道资源,深圳社会组织创新示范基地实现了政府、社会、市场三方的良性互动,营造了社会治理新格局;同时以创新示范基地为基础,分别与各区社会组织孵化基地、创新空间、创新中心、交流基地等平台建立合作关系,实现了社会组织资源利用最大化。恩派公益组织发展中心在"社会组织园区规范化建设"中,于2006年在全国首创"公益孵化器"概念,目前每年在全国孵化约20家民间公益组织。其最先实践的"公益创投"方式也得到广泛认同,先后与企业、政府合作开展了若干公益创投项目。深圳壹基金旗下"我能实验室"品牌自2015年10月创立以来,积极支持和培养行业组织和个人以创新模式参加公益,目前已在全国范围内吸引882个项目报名,其中98个项目晋级,47个项目获得资助,培育了BeeCo同耕·城市农夫、社区妈妈活力公寓、握手302等一批优质项目,其中两家获得公益企业认证。

再如,龙岗社会创新中心在社会治理创新方面也有不少探索和尝试,其构建的"区级—社区—街道"三级区街联动模式取得了不错的成果。该区街联动模式旨在为龙岗打造一个"良性公益生态圈"。龙岗社创中心不仅致力于社会组织孵化,同时还在深圳市社会公益基金会设立专项基金,建立了一个以党建为引领的组织培育、人才育成、项目提质、资源共享、社会体验等多种服务、多个参与主体的全链条社会治理创新模式。立足龙岗,联动区街,跨部门整合政府、企业、社会组织公共资源和市场资源,建立"总部有资源、街道有平台、社区有服务"的全方位服务体系,打通服务居民"最后一公里",为深圳营造共建共治共享社会治理格局走在全国前列做出了龙岗贡献。

此外,从社区基金会助推社区治理创新的角度看,深圳市光明新区的全国首个区级社区基金会光明社区基金会,为有效整合公益资源、培养专业人才、推进基金会品牌化运营等,提供了新路径。2015年2月,光明新区被成功纳入首批国家新型城镇化综合试点地区,在全国率先展开试点,并于8月在深圳市民政局正式注册成立光明社区基金会,同年12月12日该基金会正式揭牌,成为覆盖光明新区28个社区的区级社区治理平台。多年以来,光明社区基金会致力于打造全国首个关注公益、关爱社区的区级社区基金会,并制定了《光明新区社区基金会管理办法》等一系列制度性文件,建立了理事会治理、财产独立、银行第三方托管、项目民主决策、项目第三方评估等多项机制,确保项目运作阳光规范,公益资金使用效益最大化。基金会开展了"童趣空间""同心计划""青苗计划"等一系列项目,得到了民政部、省、市相关领导、专家学者和主流媒体的广泛关注和高度肯定。光明社区基金会试点成效为全市乃至全国的社区治理现代化探索了新路径、积累了新经验。

案例来源:秦绮蔚.深圳形成"1+7"模式社会组织创新示范集群效应[N/OL].(2019-05-07)[2021-07-10].http://www.dutenews.com/shen/p/179311.html.

思考: 请结合案例说明社会组织参与社会治理的路径有哪些。

第六章　公共安全与危机治理

■ **内容提要**

本章主要以公共安全与危机治理的理论基础为出发点,系统阐述其相关概念、主体、客体、内容以及逻辑关系,深入分析当前公共安全与危机治理的机制与方法,并探讨其历史演变及未来发展趋势。通过本章学习,需掌握公共安全与危机治理的核心概念及内在逻辑关系,明确治理主体、客体与内容,理解治理机制与方法,同时把握新时代背景下公共安全与危机治理的新发展趋势。

第一节　公共安全与危机治理的概念与理论基础

一、概念界定

(一) 公共安全治理的概念

公共安全治理,从宏观角度而言,是政府、社会组织、企业以及公民等多元主体,运用多种手段,对威胁社会公众生命、健康和财产安全的各类风险与危害因素进行全方位把控。其范畴广泛,涵盖了日常生活中各类潜在威胁,诸如社会治安、交通安全、食品安全、生产安全等,旨在构建一个稳定、安全的社会环境,确保民众安居乐业、社会秩序稳定。

(二) 公共危机治理的概念

公共危机治理聚焦于对突然爆发、具有严重威胁性且需要紧急应对的危事件的处理。这类危机事件往往具有突发性、不确定性、紧急性和高度破坏性等特征,如自然灾害(地震、洪水等)、公共卫生事件(如传染病疫情)、社会安全事件(如恐怖袭击、群体性事件)等。公共危机治理的核心在于在极短时间内整合资源,采取有效的应急措施,以减少危机造成的损失,恢复社会正常秩序。

二、理论基础

公共安全与危机治理的理论基础融合了治理理论、危机管理理论和风险社会理论的核心思想,为应对复杂多变的社会风险提供了坚实的理论支撑。这些理论都强调了多元主体协同、风险预警与应对的全流程管理的重要性,为构建科学高效的公共安全与危机治理体系奠定了基石。

(一)治理理论

"治理理论"一词源自古典拉丁语或古希腊语中的"领导和导航",其最初的意思是控制、引导、操作,指的是在指定的范围内行使权力,为了实施某项计划工作,不同领域的利益相关者在执行计划过程中会分工合作,是一种多元化的活动。[1] "治理理论"着重于社会治理的结构和过程,詹姆斯·N.罗西瑙是该理论的推崇者之一。他认为治理与统治不同,政府并非唯一主体,治理手段也不仅仅依赖自上而下的强制力,而是以多元主体的合作为出发点,共同建立协调的治理机制,解决公共问题。治理有四大特征:一是治理不是建立在"支配"之上,而是建立在"调和"之上;二是治理不是一套规则或一项活动,而是一个过程;三是虽然治理不是一项正式的制度,但它确实取决于持续的相互依赖;四是治理涉及公共部门和私有部门。"治理理论"是各个国家、政府在社会、经济、政治和意识形态的发展在理论和实践两个层面上的效果呈现,基于此背景,多中心治理理论诞生了。为了形成自上而下、自下而上或者双向的二维互动,甚至可能是多维的管理过程,多中心治理结构需要国家与社会、政府与市场、政府与公民,以协商合作的伙伴关系形式共同参与公共事务领域。[2]

---

[1] 俞可平.治理和善治:一种新的政治分析框架[J].南京社会科学,2001(9):40-44.
[2] 乐花薇.大数据背景下地方政府公共危机治理能力提升路径研究[D].大连:大连海事大学,2023.

(二)危机管理理论

美国危机管理专家罗伯特·希斯(Robert Heath)于1998年在《危机管理》一书中提出了著名的危机管理"4R理论",即危机管理由缩减(Reduction)、预备(Readiness)、反应(Response)、恢复(Recovery)四个阶段组成。[①]

第一,缩减阶段。缩减是危机管理的核心内容,其目的是节约成本,节省时间,降低危机发生的概率,减轻冲击力。缩减危机的策略要从环境、结构、系统、人员四个方面着手。环境方面,要研判危机发生的环境,识别环境中有利于应对危机的元素,并预测环境变化的可能,制定一个应对环境变化的动态的危机管理计划;结构方面,设计或者采购应对危机的设备,并将其配备到合适的地方,同时保证其简便易操作;系统方面,强化应对危机不同部分之间关联的能力,对不同子系统的可靠性进行评估并且及时修正问题,同时保证不同子系统之间的良好沟通和协调;人员方面,保证合适的人使用合适的设备,并对他们进行必要的支持和保护。

第二,预备阶段。预备阶段要做的工作包括成立危机管理专家团队、制定危机管理计划、开展日常危机管理工作、建立完整有效的危机预警系统、建设训练有素的危机管理队伍。

第三,反应阶段。反应阶段要做的工作包括危机确认、危机隔离、危机处置、危机沟通(媒体沟通、利益相关者沟通)等方面。

第四,恢复阶段。危机被控制或者处置后,管理者应当将人、财产、设备、系统等恢复到正常状态。

希斯的"4R"危机管理理论虽然是针对企业提出的,但后来也被很多国家的政府所采用,如美国联邦政府发布的《全国准备目标》(National Preparedness)将应急管理分为预防、保护、减缓、响应、恢复5个阶段,加拿大安大略省2003年制订的全面应急计划,将灾害治理分为预防与减灾、应对、恢复3个环节,我国的《突发事件应对法》将突发事件的应急管理分为预防与应急准备、监测与预警、应急处置与救援、事后恢复与重建4个部分。上述不同国家的灾害管理过程不论是划分为3个阶段、4个阶段还是5个阶段,其核心内容都是对希斯的4

---

① 罗伯特·希斯.危机管理[M].王成,宋炳辉,金瑛,译.北京:中信出版社,2001.

个阶段的分解或合并,没有超出希斯的"4R"设计。可以说,"4R"模式已经成为企业、政府应急管理或危机管理的通行范本,为各国不同层级政府公共安全治理体系基本框架的设计提供了模板。

(三) 风险社会理论

德国著名社会学家乌尔里希·贝克首次提出了"风险社会"[1]这一概念,将其定义为现代性的一个阶段,并形象地描绘了当今社会所面临的风险状态。基于对风险社会的现实判断和解释,形成了风险社会理论。

首先,学者们一致认为,人类社会已经全部进入风险社会,即人类社会发展进入不可控制且具有很强危害性的社会状态。公共危机是风险社会理论的实践性后果,公共危机事件的危害程度和发生频次表明了风险社会的状态和水平。其次,关于人类社会进入风险社会状态的原因分析,学者们认为,人们无可挽回地进入风险社会是因为现代化所引发的一系列重大变迁,而这些变迁的催化力量则更多是由人为原因所引发。因此,部分学者认为风险社会最大的特征就是被人类制造出来的风险为主要成分的社会状态。最后,学者们认为风险社会的危害与后果是由政治、经济、生态等因素导致,同时这些危害与后果也在一定程度上对政治、经济、生态等层面的发展产生逆反作用,并以此为依据对风险社会中的风险分配逻辑进行了探讨。[2]

我国学者对于风险社会的研究也取得了一定成效,他们认为:"风险社会理论是西方发达国家在面临风险和危机时提出的理论解释,其理论观点既有普遍性一面,又有特殊性一面。"[3]学者们主张立足于我国风险社会产生条件、发展规律和运行逻辑特点进行本土化研究。我国已然进入风险社会,虽然我国的风险社会与西方发达国家在各方面均有所不同,但是西方发达国家的风险社会理论能为我国风险社会的研究提供重要启示和防范经验。[4]

综上,治理理论强调多元主体协同合作,通过制度化、网络化的方式应对危

---

[1] 乌尔里希·贝克.风险社会[M].南京:译林出版社,2004:2
[2] 卢雪瑞.公共危机治理视域下社会公德意识培育研究[D].兰州:兰州大学,2022.
[3] 张广利,黄成亮.风险社会理论本土化:理论、经验及限度[J].华东理工大学学报(社会科学版),2018(2):10-16.
[4] 卢雪瑞.公共危机治理视域下社会公德意识培育研究[D].兰州:兰州大学,2022.

机;危机管理理论侧重于识别、评估和控制潜在威胁,以预防和减少灾害损失;风险社会理论则指出现代社会的不确定性和复杂性,强调对风险进行前瞻性管理和公众参与。这些理论共同构建了公共安全与危机治理的框架,为有效应对各类突发事件提供了理论支撑。

三、公共安全治理与公共危机治理的内在逻辑关系

（一）目标一致

公共安全治理与公共危机治理的根本目标都是保障公众生命财产安全,维护社会稳定和正常秩序。公共安全治理通过日常管理预防安全问题发生,公共危机治理则在危机发生时减少损失、恢复秩序,二者在不同阶段和层面实现这一共同目标。

（二）过程关联

公共安全治理是公共危机治理的基础,良好的公共安全治理可降低公共危机发生的概率和影响程度。通过加强日常风险管控、安全隐患排查、安全文化建设等,可减少危机的诱发因素。公共危机治理是公共安全治理的特殊阶段和强化措施,在危机发生时,公共安全治理体系迅速转化为危机应对体系,集中资源和力量进行危机处置。

（三）功能互补

公共安全治理注重风险预防和常态管理,具有前瞻性和预防性;公共危机治理强调应急响应和事后恢复,具有应急性和恢复性。二者功能互补,共同构成完整的社会安全保障体系。在日常状态下,公共安全治理发挥主导作用;在危机状态下,公共危机治理成为核心任务,二者相互配合,保障社会安全稳定。

总之,公共安全治理与公共危机治理两者之间存在紧密的逻辑关系。公共安全治理是一个常态化、系统性的管理过程,致力于从源头上预防风险的产生,通过日常监管、制度建设、风险评估等手段,将潜在的安全隐患消除在萌芽状态,以保障社会长期稳定发展。而公共危机治理是公共安全治理在危机爆发这一特殊阶段的集中体现与应对方式。当公共安全领域的风险未能在前期得到有效控制,进而演变成为危机事件时,公共危机治理机制便迅速启动。可以说,公共安全治理是公共危机治理的基础与前提,良好的公共安全治理能够有效降

低危机发生的概率与危害程度;公共危机治理则是公共安全治理的关键环节与重要保障,通过成功应对危机,检验和完善公共安全治理体系,提升整体的公共安全治理效能。

第二节 公共安全与危机治理的主体与客体

一、公共安全与危机治理的主体

(一)公共安全治理的主体

盖伊·彼得斯(B. Guy Peters)指出:"不论是公共部门还是私人部门,没有一个个体行动者能够拥有解决综合、动态、多样化问题所需要的全部知识和信息;也没有一个个体行动者有足够的知识和能力去应用所有有效的工具。"[①]因此,多主体的参与和协同对于公共安全治理必不可少。总体而言,公共安全治理的主体可以包括政府、社会组织、企业以及公民。

1. 政府

作为公共产品和服务提供的首要责任者,政府是公共安全治理的重要主体。这里的政府包括各个层级的政府,即中央政府和各级地方政府。政府的优势在于掌握公共权力,在社会事务中具有其他组织不具备的权威,是大规模资源的控制者和信息中枢。作为核心主体,政府承担制定政策法规、提供公共服务、组织协调等职责,如通过立法规范公共安全行为,投入资金建设安全基础设施,组织开展安全检查和执法行动。当公共安全事件发生时,政府需要迅速采取行动,制订并实施有效的应急方案,以预防、控制和减轻危机带来的影响。例如,在2016年上海抗击台风"梅花"的事件中,地方政府改变传统应对方式,打破了单一灾种、单一部门的条块分割应急机制,探索出有效的协同治理模式。[②]

2. 社会组织

各类社会组织也在公共安全治理中扮演着重要且多样化的角色,其作用不

---

① B.盖伊·彼得斯.政府未来的治理模式[M].吴爱明,夏宏图,译.北京:中国人民大学出版社,2001:221.
② 陆文军,李荣,罗争光.一切为了群众的平安——上海应对"梅花"台风纪实[EB/OL].(2011-08-08)[2024-08-20].https://www.gov.cn/jrzg/2011-08/08/content_1921299.htm.

可忽视。如在预防与准备阶段提供预警信息,在处置阶段提供实际援助,在善后阶段进行恢复工作。社会组织拥有丰富的民间资源,并且能够迅速调动资源。社会组织通常具有独特的视角和灵活便捷的管理手段,这使得它们在处理公共安全事件时能迅速反应并提供必要的支持,有效弥补政府和市场的不足。首先,在应对自然灾害和社会运行机制失灵时,社会组织能够提供关键的援助和支持。这种补充作用不仅体现在物质资源上,还体现在信息收集、传播和处理方面。其次,社会组织由于其贴近民众的特点,能够在危机发生时迅速动员社会力量,利用其良好的群众基础来最大限度地调动民间资源。最后,公民的信任结构也为社会组织在公共安全中的参与提供了基础。信任能降低合作成本,使民众更愿意配合社会组织的安全宣传、隐患排查等工作,并且信任赋予社会组织更强的动员能力,使其在应急响应、社区联防中高效发挥作用。此外,信任还能促进信息共享,民众更倾向于向可信的社会组织报告安全隐患,而非被动依赖政府。这种信任关系推动形成了"政府主导—社会协同—公众参与"的良性循环,从而提升公共安全治理的整体效能。

3. 企业

企业是生产经营活动的主体,也是公共安全治理的重要参与者。企业需遵守安全法规,加强安全生产管理,保障员工和公众安全。很多企业尤其是工业生产类的企业,本身也是公共安全责任主体之一。因为其生产的环节本身存在大量涉及公共安全的风险源,比如煤矿、油矿、建筑企业等都是安全事故高发的主体,所以,企业必须对内部的安全风险进行管控,甚至对一定规模和级别的安全事故进行处置。而且,有关公共安全的法律规定,企业在某些特殊状态下必须为维护公共安全秩序履行一定的义务。总体而言,企业在公共安全治理的过程中主要承担如下责任:企业危险源调查与风险评估、安全平台和基础设施建设、应急管理队伍训练、企业安全规划与应急预案制订、企业员工安全培训、一定级别的事故处置、灾害善后管理、为外部灾害提供资金与技术支持等。

4. 公民

公民是公共安全治理的直接受益者和参与者。公民应增强安全意识,遵守安全规定,参与安全监督,举报违规操作,在日常生活中践行安全理念。在公共安全治理的过程中,公民是一股不容忽视的力量。在公共安全事件发生后,公民的自救与互救行动能够在很大程度上减少灾害损失,控制事态发展,这是其他组织不具备的优势。

(二) 公共危机治理的主体

1. 政府

政府在公共危机治理中具有多重角色,不仅充当预防员、信息员、消防员和善后处理员的角色,还需要提升各级政府的公共危机治理能力,以有效应对各类公共危机事件,保障人民生命财产安全和社会稳定发展。此外,政府还应加强与社会其他组织和公众的协调互动,团结合作,共同应对可能发生的风险事件。政府的协作治理能力是应对公共危机的重要保障。完善的政府协作治理机制有助于社会快速有效应对公共危机事件,优化市场环境。总之,政府在公共危机治理中的作用是多方面的,包括制订应急预案、提升管理能力、增强公信力、强化协作治理以及有效应对信息传播等。[①]

2. 军队和警察

在重大危机事件中,军队和警察是重要的救援力量,他们具有专业的救援技能和装备,能够在危机现场执行抢险救灾、维护秩序等任务。军队的作用更多体现在应对大规模灾害上,如地震、洪水等大规模自然灾害发生时,能够迅速集结大量人力和物力资源。在公共卫生危机中,军队可以提供专业的医疗力量和后勤保障。

警察在公共危机治理方面的作用主要在于维护社会稳定。在公共危机现场,警察是最先到达并负责秩序维持的力量之一,承担着救助受伤人员和组织群众疏散的重要职责。如在火灾现场,警察会设置警戒线,疏导围观群众,确保救援通道畅通,防止无关人员进入危险区域;在爆炸、恐怖袭击等事件中,警察会迅速组织力量对受伤人员进行紧急救治,并引导周边群众有序撤离,避免造成更大的人员伤亡。同时,警察在日常工作中与社会各界联系紧密,在公共危机发生时,能够及时收集现场信息,包括危机的规模、发展态势、人员伤亡情况等,并迅速向上级部门和相关机构传递,为决策部门制定应对策略提供准确依据。

---

① 王小荣.基于韧性治理视角的公共危机治理中多主体协同机制研究[J].经济师,2023(9):23-24,27.

3. 企业

企业在公共危机治理中发挥着重要作用。首先,在资源配置与效率提升方面,由于市场机制在资源配置中起决定性作用,能够有效调节经济活动,推动资源的高效配置和效益最大化,因此在公共危机治理中,企业通过其灵活的运营模式和高效的资源调配能力,可以迅速响应需求,提供必要的物资和服务。其次,企业与其他治理主体(如政府、公民个人)共同参与公共危机治理,形成多中心治理下的主体间关系而非主客关系。这种协同治理不仅提高了治理效率,还增强了各主体间的良性互动,促进了信息共享和决策感知。此外,企业通过转变观念,自觉履行社会责任,将社会风险预防作为重要任务,在危机发生时能迅速反应并采取有效措施。

二、公共安全与危机治理的客体

公共安全与危机治理的客体是治理活动的直接对象,涵盖了可能对社会稳定与人民安全构成威胁的各类风险与危机。这些客体主要包括自然灾害(如地震、洪水)、事故灾难(如安全生产事故、交通事故)、公共卫生事件(如传染病疫情)以及社会安全事件(如恐怖袭击、群体性事件)等,具有突发性、复杂性和不确定性,对治理能力提出了严峻挑战。明确治理客体的范围和特征是制定科学应对策略的前提。通过对客体的深入研究,可以更好地识别风险源头、评估潜在影响,并设计有针对性的预防与处置措施。只有准确把握客体的本质与规律,才能实现从被动应对到主动防控的转变,进而实现公共安全与危机治理整体效能的提升。

(一) 自然灾害

自然灾害通常指自然变异或人类活动导致的自然环境中对人类生命和财产安全构成危害的自然变异情形或极端事件。影响自然灾害灾情严重程度的因素包括孕灾环境、致灾因子和受灾体。自然灾害具有区域性、广泛性、频繁性、不确定性、危害性、可预防性、周期性等特点。

自然灾害大概可以分为如下类别:一是气象灾害,主要包括暴雨、雨涝、干旱、干热风、沙尘暴等;二是海洋灾害,主要包括风暴潮、灾害性海浪、海冰、海啸、赤潮、厄尔尼诺现象等;三是洪水灾害,主要包括暴雨洪水、山洪、融雪洪水、冰凌洪水、溃坝洪水、水泥流洪水等;四是地质灾害,主要包括泥石流、滑坡、崩塌、地面下沉、地震等;五是农作物生物灾害,主要包括农作物病害、农作物虫害、农作物草害、鼠害等;六是森林生物灾害,主要包括森林病害、森林虫害、森林鼠害等;七是天文灾害,主要包括高速太阳风、磁暴、电离层扰动、小型天体坠落等;八是其他灾害,主要包括温室效应、土壤退化、臭氧层破坏等。

(二) 事故灾难

事故灾难通常指事故的行为人由于故意或过失的行为,违反治安管理法规和有关安全管理的规章制度,造成物质损失或者人员伤亡,并在一定程度上对社会、内部单位或居民社区的治安秩序和公共安全造成危害的事故。事故灾难具有人为性、因果性、条件性、可预防性、危害性等特点。

事故灾难可以分为如下类别:一是工矿商贸等企业的各类安全事故,主要包括机械伤害事故、触电事故、火灾事故、坍塌事故、爆炸事故、中毒和窒息事故等;二是交通运输事故,主要包括碰撞、坠车、爆炸、失火等;三是公共设施和设备事故,主要包括设备故障、设备或设施水灾或爆炸等;四是环境污染和生态破坏事故,主要包括水污染事故、大气污染事故等。

(三) 公共卫生事件

公共卫生事件是指突然发生,造成或者可能造成社会公众健康被严重损害的重大传染病疫情、群体性不明原因疾病、重大食物和职业中毒以及其他严重影响公众健康的事件。突发公共卫生事件具有成因多样、传播广泛、危害复杂、发生频繁、后果严重等特点。

(四) 社会安全事件

社会安全事件通常是指人民内部矛盾引发,或因人民内部矛盾处理不当而积累、激发,由部分公众参与,有一定组织和目的,采取围堵党政机关、静坐请愿、阻塞交通、集会、聚众闹事、群体上访、绑架劫持、恐怖袭击等行为,并对政府管理和社会秩序造成影响甚至使社会在一定范围内陷入一定强度的对峙状态的事件。社会安全事件一般具有群体性、暴力威胁性、对峙性、随机性等特点。社会安全事件一般包括重大刑事案件、恐怖袭击事件、涉外突发事件、经济安全事件、规模较大的群体性事件、民族宗教突发群体事件、学校安全事件以及其他社会影响严重的突发性事件。

第三节 公共安全与危机治理的机制与方法

公共安全与危机治理机制是指协调公共安全与危机治理各部分的关系,并使其发挥作用的方式。一套协调、灵活、高效的治理机制是对公共安全与危机进行有效治理的必要条件。在新时代背景下,随着科技的快速发展和治理理念的不断创新,公共安全与危机治理的机制与方法也在不断优化,逐步向智能化、精细化、协同化方向发展,为构建更加安全的社会环境奠定了坚实基础。公共安全与危机治理机制主要包括预防和预警机制、应急处置和救援机制、善后恢复和重建机制、协调联动机制等,这些机制的相互配合能够增强治理的系统性和协同性,增强应对复杂危机的能力。

一、预防和预警机制

公共安全预警是根据有关公共安全事件过去和现在的数据、情报与资料,运用逻辑推理和科学预测的方法、技术,对某些安全事件出现的约束性条件、未来发展趋势和演变规律等做出估计与推断,并发出确切的警示信号或信息,使社会公众提前了解公共安全事件可能的发展趋势,以便及时采取应对策略,防止或消除不利后果的一系列活动。预警机制的核心是建立畅通的信息收集和传递渠道、科学的分析和处理模型以及权威的决策机制。[①] 公共安全预警机制由信息收集加工子系统、预测子系统、决策子系统、警报子系统组成。信息收集加工子系统的功能是确定预警的对象和重点,针对可能的风险收集信息,并确定信息的真伪和价值,为分析判断奠定基础。预测子系统的功能是捕获风险转化的征兆并判断其发生概率和影响范围,判断利益相关者的可能反应并提出初步的应对策略。决策子系统的功能是根据临界指标决定是否发出警报和发出警报的级别,并向警报子系统发出指令。警报子系统的功能是根据风险评估的结果,依据决策子系统的指令,向指定的区域和对象发出相应的警报。预警可分为长期、短期和紧急预警,长期和短期预警可以为应对危机留出相应的准备

---

① 宋洁.大数据时代城市公共安全预警体系的构建[J].河南工程学院学报(社会科学版),2015(4):31-36.

时间,而紧急预警则是在灾害、事故或公共安全威胁发生之前,通过权威渠道迅速向公众发布的警示信息,旨在防范风险、指导避险、减少损失,要求立即响应,并启动应急处置系统。四个子系统环环相扣、相互配合,共同对公共安全与危机治理发挥重要作用。

二、应急处置和救援机制

突发性公共安全事件发生时,必须集合所有政府资源开展救援,及时果断采取措施,这样才能快速、有效地遏制危机的发展和升级,控制危机局势,进而迅速解决危机,尽快恢复社会正常秩序。完善应急处置和救援机制的措施包括以下三个方面。

第一,实行政府强制干预,保证社会公共生活正常进行。以色列著名的危机管理专家叶海卡·德罗尔(Yehezkel Dror)指出,在危急状态下,"政府中枢决策系统就必须享有发号施令的权威",并且可以制定和执行带有强制性的政策。[①] 在突发事件发生的危急状态下,出于维护公共利益和快速处置危机的需要,政府有必要依据有关法律规定,采取多种非常态管理措施,及时化解危机。因此,要完善安全与危机管理的法律法规,以实现对各种公共安全与危机事件的依法管理。

第二,信息公开。公共安全事件所涉及的公共信息应该及时、公开、透明地披露,用客观准确的信息稳定公众的信心。要建立公共安全沟通机制和新闻发言人制度,通过召开例行的新闻发布会,公开信息,满足公众的知情权,以避免社会流言传播和恐慌情绪扩散,尤为重要的是政府官员一定要及时地出现在公众面前,向人们展示信心和希望。

第三,发挥社会组织与公众的作用,让社会公众广泛参与社会管理活动。在完善应急处置和救援机制的过程中,充分发挥社会组织与公众的作用至关重要。社会组织具有灵活性强、专业性强、覆盖面广的特点,能够在危机发生时迅速响应并提供专业支持,如医疗救助、心理疏导和物资调配等。同时,公众的广泛参与是社会治理的重要力量,通过加强应急知识普及、技能培训和演练,可以

---

① 吴兴军.公共危机管理的基本特征与机制构建[J].华东经济管理,2004(3):53-55.

提高公众的自救互救能力,形成全民参与的应急文化。此外,建立公众参与的信息反馈机制,鼓励公众及时报告风险隐患,能够有效规避政府监管的盲区。通过政府、社会组织与公众的协同合作,构建多元参与的应急管理体系,能够显著提升应急处置的效率与效果,增强社会的整体抗风险能力。

三、善后恢复和重建机制

突发安全事件的风波过去之后,为尽快恢复经济和社会正常秩序,弥补被耽误的日常工作,必须适时启用善后恢复和重建机制。一般的公共安全善后机制包括恢复重建机制、救助补偿机制、心理抚慰机制、调查评估机制、责任追究机制。善后的具体事项包括:地方政府及时组织和协调公安、交通、铁路、民航、邮电、建设等有关部门恢复社会治安秩序,尽快修复被损坏的交通、通信、供水、排水、供电、供气、供热等公共设施;上级政府提供必要的资金、物质支持和技术指导,或组织其他地区提供资金、物质和人力支援;制定扶持受灾地区有关行业发展的优惠政策;受影响地区的人民政府应当根据本地区遭受损失的情况,制订救助、补偿、抚慰、抚恤、安置等善后工作计划并组织实施,妥善解决因处置突发事件而引发的矛盾和纠纷;奖励表现突出的公民和社会组织;对在应急救援工作中伤亡的人员依法给予抚恤;查明突发事件的发生经过和原因,总结突发事件应急处置工作的经验教训,制定改进措施。

四、协调联动机制

协调联动机制是指在公共安全和危机治理的过程中,通过构建各级政府之间、各部门之间、政府与社会组织之间的协同治理体系,利用大数据技术信息共享平台,传达决策指令,有效地综合调度各方面的资源,在协调沟通的基础上共同采取救援行动,以有效应对公共安全与危机的协同化模式。其中,协调属于方式和方法,联动属于目标和成果。

协调联动机制基于"多中心治理理论"和"协同理论",提倡充分发挥各有关部门的主体作用和优势,促进部门之间的相互协作,在应急管理部门的综合协调下,进一步促进各基层单位、主体之间的协调配合,鼓励和引导利益集团、社会团体、市民社会等多元主体的参与,促成合作最大化。多元主体参与可以整合各方优势、弥补各自短板,实现信息互通与资源共享,促进高效协同与密切配合,从而形成合力,提升公共安全事件的整体处置效能。[①]

协调联动机制包括内部协调联动和外部协调联动。内部协调联动是指在应急管理部门的综合协调下,实现各部门间的相互协作。如通过信息共享平台整合公安、消防、医疗等专业部门资源,明确职责分工与响应流程。内部协调联动的重点包括:构建跨部门预案对接机制,形成标准化应急指令系统;依托数字化平台实现实时数据互通,提升态势研判能力;建立联席会议制度,定期开展联合演练以提升协同效率。这种协调联动方式能有效打破部门壁垒,缩短应急响应时间,确保在突发事件中形成统一指挥、战时联动的管理体系,最大限度提高应急处置效能。

外部协调联动强调政府与社会力量间的协作。其核心在于构建政社企协同网络,整合红十字会、专业救援队、社区志愿者及企业资源,形成"政府主导、多元参与"的应急格局。多主体间的协调联动,一方面能够充分发挥不同主体的优势,实现对社会资源和力量的整合,另一方面也有助于政府将更多的精力用于处理一些全局性、关键性的问题,以便更好地从整体上应对危机,推进公共安全和危机事件的解决。[②]

第四节 公共安全与危机治理的历史沿革与发展趋势

在我国公共安全与危机治理的发展历程中,从新中国成立初期的以政治稳定为核心,到改革开放后的法治化与规范化建设,再到"非典"疫情和汶川地震后的应急体系完善,直至新时代的科技驱动与综合化管理,我国公共安全与危机治理不断适应社会发展的需求,逐步形成了较为完善的体系。这一过程不仅反映了国家治理能力的提升,也体现了党和政府对人民生命财产安全与社会稳定的高度重视。公共危机治理是公共安全治理中的重点,由于我国政府习惯将公共危机治理称为应急管理,因而公共安全与危机治理模式的发展史实际上就

[①] 郑吉友,娄成武.我国公共危机应急管理区域联动机制探究[J].领导科学,2022(1):95-98.
[②] 邢振江,陈佳祺,刘爽.公共安全事件应急协调联动机制探究——以江苏Y城化工园区爆炸事故为例[J].河北科技大学学报(社会科学版),2023,23(01):19-28.

是应急管理体系的发展史。

当前,随着全球化、科技进步和社会结构的深刻变化,公共安全与危机治理面临新的挑战和机遇。自然灾害、公共卫生事件、网络安全问题等新型风险层出不穷,传统的管理模式已难以完全应对。为此,我国公共安全与危机治理正朝着智能化、综合化、国际化和可持续的方向迈进。科技手段如大数据、人工智能、物联网等的应用,正在显著提升预警、监测和响应的效率;公众参与和社会协同的加强,正在构建更加多元的治理格局;国际合作的深化,正在推动全球公共安全治理的共同进步。

一、我国公共安全与危机治理的历史沿革

(一)以政治稳定为核心的公共安全管理(1949—1978)

新中国成立初期,公共安全与危机治理的主要任务是巩固新生政权,维护社会稳定。这一时期应急管理对象比较单一,主要是地震、洪涝、干旱等自然灾害,以及工矿企业安全事故和以血吸虫病、肺结核、鼠疫等传染病疫情为代表的公共卫生事件。为此,党和政府按照职能部门分类管理的原则,从中央到地方成立了地震、水利、林业、气象、卫生、民政等专业性职能机构,负责各自职能管辖范围内不同类型的突发事件。该时期"灾害管理"的概念基本等同于"应急管理"。同时,该阶段实行高度集中的计划经济体制,社会结构比较单一,国家处于中央统摄一切的"总体性社会"状态,政治动员成本较低,维护公共利益、保护公共财产是主流的社会价值观。因此,应急管理主要通过政府自上而下的政治动员,以统一制定政策、集中全国资源的形式开展,且以灾害救助为主,工作重点是应急处置与救援,由此形成了分类管理、条条为主、单灾种应对、事中应急为主要特征的应急管理体系。

该阶段应急管理体系的特征主要有以下几点:

一是在应急管理理念方面,强化人民群众的主体地位。新中国成立初期,党和政府依靠政治动员的方式,彰显了社会主义"集中力量办大事"的优越性和合法性,并在此基础上开展应急管理,以履行对人民群众主体地位的政治承诺。

二是在应急管理体制方面,以分类管理为主,按照突发事件的类型设置职能部门,即不同职能部门负责应对不同类型的突发事件。同时,为了加强应急

管理的跨部门、跨区域协调,作为分类管理的重要补充,成立了若干常设的跨部门协调机构以及少数由高层领导牵头的临时性非常设议事协调机构,如中央防疫委员会、中央救灾委员会、中央地震工作小组等。该阶段需要进行协调应对的突发事件数量不多,因而议事协调机构数量较少,且主要集中在抗震、防汛、救灾、防疫等领域。

三是在应急管理机制方面,纵向上,实行党和政府一元化领导,中央政府是应急管理的唯一责任主体,政府系统内部自上而下具有很强的组织动员能力,依靠中央政府权威,应急协调机制能够有效运行,纵向层级间指挥联络和协调运转比较顺畅;横向上,应急管理相关职责分属多个职能部门以应对不同类型的突发事件,各职能部门的专业化程度较高。① 该阶段由于国家应急资源比较缺乏,特别强调人民群众在应急管理中的主体作用,提倡生产领域中的灾害自救互救。

(二) 议事协调机构与临时机构主导的应急管理体系(1978—2003)

党的十一届三中全会后,我国的经济社会结构发生了显著变化,与之相伴的是社会风险的不确定性与复杂性日益彰显。传统社会风险与新型社会风险交织,各类社会问题增多,突发事件数量剧增且类型多样,新型突发事件不断出现,特别是生产安全、交通事故和社会治安问题突出,事故灾难类、社会治安类突发事件以及国企改革和土地拆迁导致的群体性事件增加迅速,其造成的破坏性影响和后果不断扩大,社会面临的公共安全形势日益严峻。在此背景下,传统的以自然灾害为主要对象、以控制为导向、以分类管理为主的应急管理体系难以有效发挥作用,特别是其缺乏综合协调职能部门的弊端日益凸显。

为适应当时公共安全形势的发展变化,应急管理体系开始进行改革。一方面,开始在生产安全监管、食品药品安全监管、社会治安综合治理等突发事件领域组建新的分类管理职能部门;另一方面,中央开始向地方放权,越来越重视地方政府的属地责任而不是一味强调中央政府作用。同时,国家开始打破应急管理中政府大包大揽的模式,加强多元主体协同,不断设立非常设议事协调机构,

---

① 钟开斌.中国应急管理机构的演进与发展:基于协调视角的观察[J].公共管理与政策评论,2018(6):21-36.

建立以"减灾、防灾、抗灾、救灾"为基础的灾害管理制度体系,提高了灾害管理的综合协调能力、灾害救助能力以及灾害管理工作的水平,形成了"单一灾害管理+部门协调"模式。①

该阶段应急管理体系的主要特征有以下方面:在应急管理理念方面,"稳定压倒一切"的思想牢固树立,中央社会治安综合治理委员会、中央维护稳定工作领导小组办公室等的设立就是鲜明体现;在应急管理体制方面,在强化分类管理的基础上,承担跨部门协调任务的各类议事协调机构数量大量增加,特别是加强了安全生产监管机构和社会治安综合治理机构的建设,如成立国家安全生产监督管理局、维稳治安综合管理机构;在应急管理机制方面,借助议事协调机构的发展势头,依托议事协调机构的应急协调机制逐渐形成。

(三) 以"一案三制"为核心的应急管理体系(2003—2018)

2003年的"非典"严重暴露了我国在公共卫生应急管理体系建设中存在的不足和短板,也反映了整个应急管理体系存在的弊端。单灾种、临时性、非程序化的应急管理体系无法有效应对更加复杂的公共安全形势,"非典"成为中国应急管理体系向现代化转型的关键事件。从某种意义上来说,2003年"非典"之后,中国才开始真正建设现代化应急管理体系,以"一案三制"为核心内容的现代化应急管理体系逐步建立,"非典"事件成为中国应急管理体系建设的里程碑事件。

该阶段应急管理体系的主要特征是:在应急管理理念方面,2009年修订的《安全生产法》首次提出了"安全发展"的理念,2007年颁布实施的《突发事件应对法》强调预防为主、标本兼治的安全发展理念,安全发展理念成为应急管理体系建设的指导理念。在应急管理体制方面,针对权责不清、缺乏协调、职责交叉和管理脱节等弊端,对各类"功能型"应急管理议事协调机构进行精简优化,承担综合协调职能的应急管理办事机构迅速发展,特别是从国务院到各级政府办公厅、办公室设立了专职应急管理的综合协调机构——应急办。2013年11月,中共十八届三中全会决定成立中央国家安全委员会,各级党委书记是第一责任人,实行党政同责,"国家安全委员会+党政同责+部门协调"的应急管理体制逐

---

① 高小平.中国特色应急管理体系建设的成就和发展[J].中国行政管理,2008(11):18-24.

步形成。① 在应急管理机制方面,由主办部门牵头、以自愿合作为基础的部际联席会议制度发展迅速,形成了由议事协调机构和部际联席会议制度共同构成的应急管理协调机制。

(四) 以大部制、综合化为导向的应急管理体系(2018年之后)

以"一案三制"为核心的应急管理体系,较好地结合了常态化治理与非常态化治理的效能优势,也体现了多元主体参与的治理理念。然而,该应急管理体系建立在科层制基础之上,其最大弊端就是因部门、区域之间缺乏协调而陷入"碎片化"困境。虽然设立议事协调机构、部际联席会议、应急管理办事机构等措施在一定程度上化解了协调难题,但由于应急管理职能比较分散以及行政区划的限制,部门间、区域间在应急管理中的协调成本高昂,特别是应急办作为最具权威性的综合协调机构,因掌握的行政资源较少而缺乏足够的权威,难以在应急管理体系中发挥运转枢纽和综合协调的作用。另外,在跨区域合作应急管理中,虽然联席会议是选用最多的方式,但这种方式因其缺乏实体常设机构和专职人员,也缺乏相对强有力的行政束缚力,往往无法长期持续下去,稳定性较差。② 党的十八大以后,为实现应急管理体系和能力现代化的目标,国家开始重构应急管理体系,其最根本的措施就是遵循行政体制大部制改革的方向,通过整合与应急管理相关的11个职能部门和议事协调机构的13项职责,组建了应急管理部。作为国家治理体系和公共安全治理体系的创新举措,应急管理部在行政地位、部门重组、技术创新、治理流程、队伍建设等方面,表现出许多新的变革特征③,其拥有了更高的行政权威和更多的行政资源。可以说,应急管理部的组建标志着我国开始建立由一个强力核心职能部门牵头、各相关职能部门协调配合的应急管理体制,进而形成了以大部制、综合化为导向的应急管理体系,在中国应急管理体系发展史上具有里程碑意义。

该阶段应急管理体系的主要特征是:在应急管理理念方面,以总体国家安

---

① 王郅强,彭睿.我国应急管理体系建设的演进逻辑:溯源与优化[J].江淮论坛,2020(2):12-18.
② 陈安,陈樱花.突发公共卫生事件协同治理研究[J].广州大学学报(社会科学版),2020(4):59-69.
③ 朱正威,吴佳.中国应急管理的理念重塑与制度变革——基于总体国家安全观与应急管理机构改革的探讨[J].中国行政管理,2019(6):130-134.

全观为统领,坚持群众观点和群众路线,打造共建共治共享的应急管理格局,加快建立公共安全治理体系。在应急管理体制方面,加强党的集中统一领导,"党政同责、一岗双责"成为应急管理工作的基本原则,通过组建应急管理部加强综合协调,同时强化地方政府的属地管理责任。在应急管理机制方面,加强跨部门、区域间协调联动机制建设,协调方式更加多样,协调手段更加多元,自愿式协作开始兴起。[①] 同时,加强应急管理的全流程管理,强调风险的源头治理和危机的全过程管理,特别是针对以前应急管理流程被人为切割、不同部门分担流程上各个环节的状况,进行综合性的流程设计,增强应急管理的前瞻性。另外,该阶段开始重视应急管理保障体系建设,加强了基础设施、救援物资、信息等应急资源的优化管理和统筹调度,并整合了应急救援力量,构建了由财政资金、金融资金、保险资金和捐赠资金共同组成的财力投入保障体系。在应急管理方法方面,人工智能、大数据、物联网、卫星遥感监测等现代科学技术与应急管理紧密结合,强化应急管理装备技术支撑和关键技术研发,着力建设国家应急管理信息网络体系,大幅提高了应急管理的科学化、智能化、精细化水平。[②]

二、我国公共安全与危机治理未来发展趋势

随着全球化的深入发展、科技的飞速进步和社会结构的深刻变化,我国公共安全危机治理面临新的挑战与机遇。要实现我国公共安全与危机治理的长效发展,必须解决治理过程中暴露出的"痛点""难点",从压实属地责任、加快数字赋能、推进跨域协同、规范舆情回应着手,推进中国特色应急管理体制的现代化发展。[③]

(一) 建立健全科技驱动的智能管理体系,优化技术赋能应急管理机制

未来,公共安全与危机治理将更加依赖科技手段,尤其是大数据、人工智能、物联网和区块链等新兴技术。这些技术将显著提升预警、监测、响应和恢复

---

① 张玉磊.中国公共危机治理模式的发展演变与变革取向——基于应急管理体系发展史的考察[J].江汉学术,2021(4):34-43.
② 同上。
③ 任宗哲,李笑宇.我国公共危机治理的演进、问题与优化[J].西北大学学报(哲学社会科学版),2022(5):60-72.

的效率。通过大数据分析,政府可以更准确地预测自然灾害、公共卫生事件和社会安全风险。人工智能技术可以用于实时监测和智能决策,例如通过智能摄像头识别异常行为,或通过算法优化应急资源调配。物联网设备可以实时监测环境变化,如地震、洪水、空气质量等,并通过5G网络快速传输数据,实现即时响应,例如,智能传感器可以提前预警山体滑坡或桥梁结构异常。区块链技术可以用于提高应急物资管理和信息共享的透明度与可靠性,确保物资分配的高效性和公平性。

(二)自上而下与自下而上的改革并重,总结和推广各地区改革经验

2018年我国开展的应急管理体制改革遵循的是自上而下的改革逻辑,具有典型的"高位推动"特征。但随着应急管理体制改革的持续深化,改革的重心逐渐下移,加之我国不同地区面临的应急管理形势、任务和要求有所不同,需要正确处理好一般性和特殊性之间的关系,鼓励地方政府积极探索建立与地方应急管理要求相适应的地方特色应急管理体制。因此,我国应急管理体制改革需要坚持自上而下与自下而上并重的逻辑,地方政府既要坚决落实中央关于深化应急管理体制改革的战略部署,也要坚持一切从实际出发,做到实事求是,针对地方应急管理特别是基层应急管理所面临的新形势做好调查研究、综合评估,积极总结经验和吸取教训,科学制订深化应急管理体制改革方案,提升改革的可操作性和实效性。与此同时,在国家层面,应急管理部要积极总结和推广地方政府的有益做法和先进经验,减少地方政府应急管理体制改革试错成本,加快完善中国特色应急管理体制。[①]

(三)建立健全社会应急力量协调机构,优化应急管理统筹协调体制

近些年,在我国各类重大突发事件的处置过程中都可以看到不同社会治理主体的身影,他们在应急处置、物资捐赠、恢复重建等方面发挥着重要作用。随着我国应急管理体系的逐步完善,政府层面应急力量的统筹协调能力将逐步提升,但如何有效统筹协调社会应急力量仍将是构建大安全大应急框架的堵点之一。在此大背景下,应建立健全社会多元应急力量综合协调机构,或者明确由

---

① 任群委.我国应急管理体制的演进历程、基本经验及未来展望[J].云南行政学院学报,2023(4):95-107.

应急管理部门承担这一职责,负责统筹协调社会应急力量。在非应急状态下,应急管理部门要加强同社会应急力量的常态化联系,积极开展共同培训和协同演练,实现对社会应急力量的有效协调与统筹,着力提升社会应急力量参与应急管理的效能,加快构建共建共治共享的应急管理大协同格局,进一步完善我国应急管理统筹协调体制。[1]

(四)构建统分结合、防救结合、条块结合的应急管理职责体系

2018年应急管理体制改革以来,我国应急管理事业取得了长足进步,但应急管理职责划分与有效衔接仍需进一步加强。在统和分方面,新组建成立的应急管理部门在应急管理职责整合方面的能力相对有限,许多应急管理职能仍然分散于其他相关职能部门,不利于形成应急管理整体合力。因此,未来需要在明确应急管理相关部门职责边界的基础上,不断加强部门协作,实现左右协同和上下联动,加快形成应急管理整体合力。在防与救方面,要打破业务壁垒和观念障碍,进一步划清防与救的职责边界,加强防与救的职责衔接,实现防灾与救灾全链条能力的提升。在上与下方面,要谨防压实责任异化为推卸责任,高度警惕"责任往下推、板子往下打"的"二传手"现象,更好地平衡"垂直领导"和"分级负责"的关系,发挥好中央和地方政府两个层面的积极性和主动性,形成上下有效联动的应急管理格局。在明确职责边界和强化职责衔接整合的基础上,构建统分结合、防救结合、条块结合的职责体系,有效落实综合应急管理职能。[2]

(五)建立健全基层应急管理体制,打通应急管理"最后一公里"

当前,我国基层地区特别是乡镇(街道)和村(社区)一级应急管理机构还不健全,在很大程度上影响了基层应急管理工作的有效开展。因此,要加快推进基层应急管理体制改革,围绕提升基层应急管理能力,加强基层应急管理体制改革顶层设计,出台诸如"基层应急管理体制改革指导性意见"的指导性文件,制定基层应急管理机构建设、人员编制、物资装备配备等标准,以标准化推动基层应急管理体制现代化。比如,可在基层乡镇(街道)和村(社区)分别设立"应急站"和"应急服务站",推动编制、人员等应急资源下沉,强化基层应急

---

[1] 任群委.我国应急管理体制的演进历程、基本经验及未来展望[J].云南行政学院学报,2023(4):95-107.

[2] 同上.

管理技术支撑和应急物资装备保障,保障基层应急管理有机构、有队伍、有技术、有制度、有物资,依托现有基层党建、社会治安等微网格,整合组建村(社区)应急管理网格,建立健全基层应急管理体制。①

(六)深化国际合作与技术共享,构建全球公共安全治理新格局

随着全球化的深入,公共安全与危机治理越来越需要国际合作。未来,我国将更加积极地参与全球公共安全治理,推动国际资源共享和技术交流。首先通过参与国际应急演练和合作项目,提升我国应对跨国突发事件的能力。例如,与周边国家建立自然灾害联合预警机制,或参与国际公共卫生应急响应。其次,积极参与技术交流与标准制定,通过加强与其他国家在公共安全技术领域的交流与合作,推动国际标准的制定。例如,在人工智能、大数据等领域与国际组织合作,制定全球统一的应急管理技术标准。

章节习题

1. 如何理解公共安全治理与公共危机治理的概念及逻辑关系?
2. 公共安全与危机治理的主体、客体是什么?
3. 公共安全与危机治理有哪些机制?
4. 我国公共安全与危机治理的未来发展趋势是什么?

案例材料

宁夏银川富洋烧烤店"6·21"特别重大燃气爆炸事故

2023年6月21日20时37分许,宁夏回族自治区银川市兴庆区富洋烧烤民族街店发生一起特别重大燃气爆炸事故,造成31人死亡、7人受伤,直接经济损失5114.5万元。经国务院事故调查组调查认定,这是一起因相关企业违法违规检验、经营,并配送不符合标准的液化石油气瓶,烧烤店在使用中违规操作发生泄漏爆炸,地方党委、政府及其有关部门履职不到位、燃气安全失管失控,造

---

① 任群委.我国应急管理体制的演进历程、基本经验及未来展望[J].云南行政学院学报,2023(4):95-107.

成的生产安全责任事故。

依据有关法律法规,经国务院批准,成立了由应急管理部牵头,公安部、住房城乡建设部、商务部、市场监管总局、国家消防救援局、全国总工会和宁夏回族自治区人民政府参加的国务院宁夏银川富洋烧烤店"6·21"特别重大燃气爆炸事故调查组。同时,邀请燃气、消防、气瓶、管阀、爆炸和建筑等方面的专家参与事故调查。事故调查组通过资料查阅、座谈交流、现场勘验、实地调查、物证鉴定、视频分析、模拟实验、询问谈话、理论计算与分析以及专家评估论证等多种方式,查明了事故经过、发生原因、人员伤亡情况,查明了富洋烧烤店和气瓶检验、充装、配送等单位有关情况和责任,查明了地方有关党委、政府、相关部门在监管方面存在的问题和相关人员的责任;同时,调查组举一反三、以点带面,深入剖析事故暴露的突出问题,总结事故主要教训,提出整改和防范措施建议。

事故调查组查明,事故直接原因是液化石油气配送企业违规向烧烤店配送有气相阀和液相阀的"双嘴瓶",店员误将气相阀调压器接到液相阀上,使用发现异常后擅自拆卸安装调压器造成液化石油气泄漏,处置时又误将阀门反向开大,导致大量液化石油气泄漏喷出,与空气混合达到爆炸极限,遇厨房内明火发生爆炸进而起火。由于没有组织疏散、唯一楼梯通道被炸毁的隔墙严重堵塞、二楼临街窗户被封堵并被锚固焊接的钢制广告牌完全阻挡,严重影响人员逃生,导致伤亡扩大。

针对事故中暴露的问题,事故调查组总结了五个方面的主要教训:该坚守的安全红线没有守住,该有的强烈责任感却放松懈怠,该全链条监管的却掉链断档,该用打非治违的硬措施没有硬起来,该抓实的安全基础没有抓到位。同时,提出六项整改和防范措施建议:统筹发展和安全,狠抓燃气安全大起底;严格市场准入,全面规范行业发展秩序;强化齐抓共管,提高安全监管效能;迅速开展行动,彻底整治餐饮用户隐患;完善法规标准,增强适用性和强制性;狠抓社会末梢,提升基层能力水平。

案例来源:宁夏银川富洋烧烤店"6·21"特别重大燃气爆炸事故调查报告公布[EB/OL].(2024-01-27)[2024-08-08].https://baijiahao.baidu.com/s? id = 1789234109552467379&wfr = spider&for = pc.

思考题:该案例中,各主体采取了哪些措施来应对公共安全事件?

第七章 生态环境治理

■ 内容提要

生态环境治理是推动可持续发展、改善生态环境质量、实现人与自然和谐共生的重要保障。本章围绕生态环境治理展开论述,系统分析生态环境治理的概念、理论基础、主体和对象、治理内容、运行机制与方法,并结合中国生态环境治理的发展历程,探讨其发展趋势。

《中共中央关于进一步全面深化改革、推进中国式现代化的决定》明确提出,"要完善生态文明基础体制,健全生态环境治理体系,健全绿色低碳发展机制"。生态环境治理是推进生态文明建设、促进经济社会可持续发展、维护国家生态安全的重要支撑,也是社会治理体系现代化的核心内容。当前,我国正处于生态文明建设的关键时期,加快构建系统完备、科学规范、运行高效的生态环境治理体系,不断提升生态环境治理能力现代化水平,是实现高质量发展与生态保护协同共进的必由之路。

第一节 生态环境治理的内涵与理论基础

一、生态环境治理的概念与特征

(一)生态环境治理的概念

生态环境治理是指通过制度设计、政策协调、技术创新和社会共治等一系列综合性措施,对自然资源、生态系统和环境污染进行系统性管理和优化,以实现生态环境质量提升、资源可持续利用,促进生态系统的可持续发展和人与自然的和谐共生。生态环境治理与环境管理、环境治理既有联系,又有所区别。

1. 生态环境治理与环境管理

生态环境治理强调多元主体(政府、企业、社会组织、公众)的共同参与,注重系统性、协同性和源头治理,并采用政策激励、法律约束等引导性手段,增强治理的灵活性,提高治理效率。相比之下,环境管理以政府主导的层级垂直管理模式为主,主要关注污染防治和环境质量监控,通过制定和执行环境政策、法规来控制污染源,减少人类活动对环境造成的负面影响,确保环境资源能够持续为当前和未来的需求服务。

2. 生态环境治理与环境治理

从治理范围来看,生态环境治理的覆盖范围更广,不仅包括对环境污染的治理,还涉及对生态系统的保护、修复和管理,强调生态系统的整体性和多功能性。相较而言,环境治理主要针对环境污染问题,通过减少污染物排放和改善环境质量,减少环境污染对人类健康和生态系统的威胁。可见,二者的侧重点存在差异。生态环境治理更注重生态系统的整体健康和可持续发展,而环境治理则侧重于解决环境污染问题,改善环境质量。

(二) 生态环境治理的特征

(1) 目标复合性。生态环境治理不仅是对环境问题的治理,更是对整个生态系统的综合管理。在推动生态保护的同时,需要兼顾经济增长和社会公平,确保其相互促进、协调发展。生态环境治理就是要通过合理规划和科学决策,促使生态、经济、社会各要素有机融合,实现可持续发展和多元目标的有机统一。

(2) 过程动态性。生态环境治理是一个持续性、动态调整的过程。它不仅要解决现有的环境问题,还要建立长期有效的环境监测体系,实时评估环境状况,并依据不断变化的环境态势及时调整治理策略,减少环境风险的发生,实现由"末端治理"向"全过程管理"转变,从源头上预防和遏制生态问题,保障生态系统的长期稳定和可持续性。

(3) 系统复杂性。生态环境治理涉及领域广泛,兼具复杂性和系统性。一方面,生态系统自身的多样性和相互依赖性决定了治理难度;另一方面,经济发展需求、社会结构调整以及人口增长变化都与之相互交织。在治理过程中,需统筹考虑短期污染控制和长期生态恢复,同时兼顾经济效益、社会公平和环境承载力,确保治理措施的科学性和综合效益的最大化。

(4) 主体多元性。生态环境治理的复杂性和人类行为的多样性,决定了生态环境治理不能依靠单一主体完成。政府的政策引导、社会组织的公益推动、企业的责任担当以及公众的积极参与都不可或缺。各方力量协同合作、各司其职,凝聚强大合力,实现治理效果的最大化。

二、生态环境治理的理论基础

(一) 可持续发展理论

可持续发展理论是生态环境治理的核心理论基础。该理论由联合国环境与发展世界委员会(WCED)在1987年《我们的共同未来》报告中正式提出。该报告首次系统性地定义了可持续发展,并指出,"可持续发展是既满足当代人的需求,又不损害子孙后代满足其自身需求的能力的发展"[①]。

可持续发展理论的核心是发展。可持续发展是一种针对传统发展模式弊端提出的新的发展观,旨在促进人类社会更好的发展而不是限制发展。从现实情况来看,要提高一个国家的综合国力,就要靠发展;要进一步提高人民的物质文化生活水平,要靠发展;要解决人们在社会实践过程中产生的思想认识问题,最终也要靠发展。可持续发展理论的目标是使经济与社会发展形成良性循环。可持续发展理论既考虑当前发展的需要,又考虑未来发展的需要,不以牺牲后代人的利益为代价来谋求满足当代人利益,使经济与社会发展步入良性循环。可持续发展理论的道路是走绿色发展之路。可持续发展理论要求经济发展必须有利于资源的持续利用,有利于生态系统的良性循环,要保护好人类赖以生存与发展的大气、淡水、海洋、土地和森林等自然环境和自然资源,防止环境污染和生态破坏,走绿色发展道路。可持续发展理论的前提是转变观念。树立可持续发展观必须转变思想观念和行为规范。在处理人与自然的关系上,要用可

---

① The World Commission on Environment and Development. Our Common Future[R]. New York: General Assembly of the United Nations, 1987.

持续发展的新思想、新观念、新知识改变旧的生产方式、消费方式、思维方式,从整体上转变人们的传统观念和行为规范。

(二)协同治理理论

协同治理理论是生态环境治理的重要理论支撑,主要由协同论和治理论发展而来。协同论由赫尔曼·哈肯(Hermann Haken)于20世纪80年代创立。① 该理论主要研究子系统是如何在时间和空间上相互影响及其工作机制,重点研究以自组织形式运转的结构,旨在找出与子系统无关并支配着自组织过程的一般性原理。② 在人文社会科学研究领域,协同论主要侧重于探究多主体间的交互作用,重点关注多元化主体按照固定规则构成的充满活力、结构稳定、协同互动的理论有机体,主要用于解决公共事务难题。治理理论兴起于20世纪70年代的西方社会,强调在公共事务的处理过程中多元主体的共同作用。全球治理委员会将治理定义为各种公共的或私人的机构和个人管理其共同事务的诸多方式的总和,是使相互冲突的或不同的利益得以调和并采取联合行动的持续过程。③

21世纪初,安塞尔和盖什正式提出协同治理理论框架,将其定义为"政府与非政府利益相关者在共识的基础上进行集体决策的过程,共同制定和实施公共政策的制度安排"④。可见,协同治理理论是政府主体与其他非政府主体的利益相关者,基于特定的社会问题,采用相对正式的机制进行协商、互动、决策和共同行动的过程⑤,强调多主体协作、共识决策和政策共治,为生态环境治理提供了系统性框架。

(三)中国本土化的理论建构

中国生态环境治理立足于中国特色社会主义发展道路,形成了以习近平生态文明思想为核心的理论体系,"两山"理论和"生命共同体"理念为其核心内容。

---

① 赫尔曼·哈肯.协同学:大自然构成的奥秘[M].凌复华,译.上海:上海译文出版社,2001:9.
② 赫尔曼·哈肯.高等协同学[M].郭治安,译.北京:科学出版社,1989:1.
③ Commission on Global Governance. Our Global Neighborhood: The Report of the Commission on Global Governance[M]. Oxford: Oxford University Press, 1995: 23.
④ Chris Ansell, Alison Gash. Collaborative Governance in Theory and Practice[J]. Journal of Public Administration Research and Theory, 2008(4): 543-571.
⑤ 田培杰.协同治理概念考辨[J].上海大学学报(社会科学版),2014(1):124-140.

1. "两山"理论

"两山"理论即"绿水青山就是金山银山"理论,由时任浙江省委书记的习近平于2005年8月15日在浙江湖州安吉考察时首次提出。该理论是习近平生态文明思想的重要组成部分,为中国生态文明建设提供了理论依据,推动形成了中国特色的绿色发展道路,并为实现城乡两元文明共生、城乡均衡发展的中国特色城镇化模式提供了新思路。

"两山"理论的核心思想主要包含"既要绿水青山,也要金山银山""宁要绿水青山,不要金山银山"和"绿水青山就是金山银山"三个层次。其科学内涵主要体现在以下三方面:第一,强调人与自然和谐统一的辩证关系。人类在改造自然的过程中必须遵循自然的发展规律,做到尊重自然、顺应自然、保护自然。第二,突出经济发展与生态保护协同并进。要正确处理好经济发展同自然保护的关系,正确认识到保护生态环境就是保护生产力,就是在积极推进我国经济的稳定健康发展。第三,坚持以人民为中心的生态价值追求。要注重人民的物质与精神需求的满足,让人民大众的美好生活向往得到更大程度的实现。[①] "两山"理论为推进我国生态文明建设、开启全面建设社会主义现代化国家的新征程提供了坚实的理论基础。

2. "生命共同体"理念

习近平总书记在党的十九大报告中指出"人与自然是生命共同体,人类必须尊重自然、顺应自然、保护自然",将人与自然关系在新时代的表现总结为"生命共同体",构建了具有中国特色和全球视野的新型人与自然关系。"生命共同体"以"生命"为基础,以"共同体"为形态,从辩证性、整体性角度深刻阐述人与自然及社会多重要素之间的相互作用与和谐发展状态。

"生命共同体"包含"自然内部制衡的生命共同体""人与自然和谐共生的生命共同体""人与人命运相连的生命共同体"三个方面。[②] 其中,"自然内部制衡的生命共同体"是指将自然界内的动物和山水林田湖草沙等都纳入生命共同

---

① 杨莉,刘海燕.习近平"两山理论"的科学内涵及思维能力的分析[J].自然辩证法研究,2019(10):107-111.

② 耿步健,葛琰芸.习近平关于生命共同体重要论述的逻辑理路、内涵及意义[J].河海大学学报(哲学社会科学版),2019(5):22-27,105-106.

体的范畴,各组成部分与其所处环境构成相互影响、相互制约、相互统一的有机整体。"人与自然和谐共生的生命共同体"是指人类与自然万物之间形成的"共生共荣、相互作用、相互影响"的和谐统一的有机整体。"人与人命运相连的生命共同体"又称"命运共同体",也是"人类命运共同体"的生态向度,是系统整体观在全球生态治理中的具体运用,强调世界各国、各组织是一个有序整体。

第二节 生态环境治理的主体、对象与内容

生态环境治理是一个复杂的社会系统工程,涉及多主体、多领域、多层次的协同合作,其核心是实现生态系统的健康、稳定和可持续发展,促进人与自然的和谐共生。

一、生态环境治理的主体

生态环境治理涉及政府、企业、社会组织和公众多主体,各主体在治理过程中承担不同的职责,共同推动生态环境的保护和修复,以及可持续发展目标的实现。

(1) 政府是核心主导者。政府作为生态环境治理的核心主导者,负责制定政策、统筹规划和进行监管,确保生态治理目标的实现。首先,政府要制定环境保护政策、法律法规和标准。政府通过制定环保法律法规、行业标准和政策,建立生态环境治理的制度框架,确保治理工作的法治化、制度化和规范化。其次,监督执行环境治理政策。政府各级环保机构负责环境执法,确保企业和社会主体严格遵守环保法规,对环境违法行为实施惩戒。最后,推动绿色发展和生态文明建设。通过财政补贴、绿色信贷、税收优惠等政策手段,支持可再生能源、绿色产业发展,推动生态文明建设的实施。

(2) 企业是重要执行者。企业作为生态环境治理的重要执行者,负责履行环保责任、推动绿色发展,并在技术创新和生态修复方面发挥关键作用。首先,企业承担污染防治和生态保护责任。作为污染排放的重要主体,企业需履行环保责任,推行清洁生产、节能减排和绿色技术创新,减少碳排放和污染物排放。其次,支持环保项目和生态修复。企业履行社会责任,积极参与植树造林、湿地

保护、生态修复等环保项目,助力生态系统恢复,提升企业的环境贡献度。最后,参与行业环保标准制定,开展与其他主体的合作。与政府、科研机构、社会组织合作,参与制定行业环保标准,推动绿色经济发展,并积极应用环境管理体系,提升环境绩效。

(3) 社会组织是协同推动者。社会组织作为生态环境治理的协同推动者,在政策优化、社会监督、公众动员等方面发挥重要作用。首先,推动环境政策优化。通过调研、倡议和政策建议,促进政府制定更加科学有效的环保政策,提高环境治理的针对性和执行力。其次,提供环境治理数据支撑。相关学术研究机构和高校开展生态环境研究,提供污染防治技术、数据分析和政策评估,为环境治理提供科学依据。再次,强化社会监督。环保 NGO 和媒体发挥监督作用,披露环境污染问题,提高社会对生态治理的关注度,推动政府和企业履行环保责任。最后,促进基层生态治理。社区组织和基层自治组织在地方层面通过垃圾分类、河道治理、城市绿化等行动,发挥宣传、监督和推动作用,促进公众参与和社会环保意识提升。

(4) 公众是直接参与者。公众作为生态环境治理的直接参与者,其消费行为、生活方式等都对生态环境产生重要影响。首先,公众应践行绿色消费和低碳生活方式。通过选择节能家电、减少一次性塑料制品、使用公共交通等方式,减少碳排放,促进绿色经济发展。其次,积极参与生态环境治理活动。公众通过垃圾分类、节水节能、植树造林等日常环保行动,推动生态环境质量提升。最后,参与环保志愿服务与宣传活动。公众通过环保志愿者活动、环保宣传教育,提高全社会环保意识,推动社会形成良好的生态文化氛围。

二、生态环境治理的对象

生态环境治理的对象主要是治理过程中涉及的自然要素、生态系统以及各类环境问题,涵盖不同层次和范围的生态环境单元。

(1) 自然环境是生态环境治理的基础对象,包括水、土地、森林、矿产等自然资源。其中,水资源包括河流、湖泊、地下水、湿地、海洋等,土地资源包括耕地、草地、荒地等,森林资源涵盖天然林、人工林、经济林等,矿产资源涉及煤炭、金属矿、稀土资源等。

(2)生态系统是生态环境治理的系统性对象,涵盖森林生态系统、湿地与水生生态系统、荒漠生态系统、生物多样性保护等。其中,森林生态系统包括热带雨林、温带森林、寒带森林等,湿地与水生生态系统涉及湿地、红树林、珊瑚礁、湖泊等,荒漠生态系统包括沙漠、半干旱地区,生物多样性保护涵盖濒危物种、生态廊道、自然保护区等。

(3)城市与农村生态环境是生态环境治理的区域性对象,涉及城市化发展与乡村生态保护。城市生态环境治理主要涉及空气污染(如工业废气、机动车尾气、建筑施工扬尘等)治理、水污染(如污水排放、垃圾填埋等)治理、城市绿化等,农村生态环境治理主要包括农村污水处理、垃圾分类和农业污染治理等。

(4)全球环境是生态环境治理的跨区域对象,涉及气候变化、跨境污染、海洋生态等全球性生态问题。气候变化包括全球变暖、极端气候事件、冰川融化、海平面上升等,跨境污染涉及跨境河流污染、大气污染、塑料污染等,海洋生态保护涵盖治理海洋垃圾、塑料污染、石油泄漏等。

三、生态环境治理的内容

生态环境治理的内容主要包括针对不同对象所采取的治理措施、管理方式和政策框架,以实现生态环境质量提升、生态系统修复、资源可持续利用和人与自然的和谐共生。

(一)污染防治

污染防治是生态环境治理的核心内容,旨在减少污染物排放、改善环境质量,主要包括以下几方面。

1. 水污染防治

水污染防治是生态环境治理的重要内容,旨在减少水体污染、改善水环境质量、保障水资源可持续利用。其核心在于控制污染源、提升污水处理能力以及加强流域综合治理。我国水污染防治体系主要包括对工业污水、生活污水和农业面源污染的治理,以及黑臭水体整治和流域水环境的整体改善。我国在水污染防治方面持续发力,实施了一系列重点工程,主要包括:针对城市黑臭水体问题,国家实施了黑臭水体治理专项行动,通过截污纳管、清淤疏浚、生态修复等措施,显著改善了城市水环境;实施流域综合治理工程,如长江经济带生态环境保护修复工程、黄河流域生态保护和高质量发展工程等,通过统筹上下游、左右岸的治理,推动流域水环境整体改善;大力推进城镇污水处理厂建设和升级改造,提高污水处理能力和排放标准,同时推动农村生活污水治理,改善农村水环境;通过推广测土配方施肥、减少化肥农药使用、建设生态沟渠等措施,控制农业面源污染对水体的影响;等等。

2. 大气污染防治

大气污染防治是改善空气质量、保障公众健康的关键举措,其核心在于减少污染物排放、优化能源结构和加强区域联防联控。我国大气污染防治的重点包括控制工业废气、机动车尾气、扬尘污染以及对挥发性有机化合物(VOCs)的治理,同时推动能源结构调整,减少温室气体排放。具体而言,工业污染治理主要通过实施超低排放改造、淘汰落后产能、推广清洁生产技术等措施,减少工业废气排放;机动车污染治理主要通过推广新能源汽车、淘汰高排放车辆、加强油品质量监管等措施,控制机动车尾气污染;扬尘污染治理主要通过加强建筑施工扬尘控制、道路扬尘治理等措施,减少扬尘污染;VOCs治理通过推广低VOCs含量的涂料、胶黏剂等产品,加强VOCs排放企业的监管,减少VOCs污染;能源结构调整主要通过发展清洁能源、减少煤炭消费、推广可再生能源等措施,优化能源结构,减少温室气体排放。

3. 土壤污染治理

土壤污染治理是保障农产品安全、维护生态系统健康的有效措施,通过加强污染源控制、实施土壤修复工程以及提高土壤质量,确保土地资源的可持续利用。我国土壤污染治理的重点工程包括:(1)重金属污染防控工程,即通过加强重点行业企业监管、实施重金属污染源排查和整治等措施,减少重金属对土壤的污染;(2)受污染耕地修复工程,即通过实施农用地土壤污染治理与修复项目,改善受污染耕地的土壤质量,保障农产品安全;(3)工业用地修复工程,即通过实施污染地块风险管控和修复工程,确保工业用地的安全利用;(4)土壤质量提升工程,即通过推广有机肥使用、实施轮作休耕等措施,提高土壤肥力和质量。

4. 固体废弃物治理

固体废弃物治理是实现资源循环利用、减少环境污染的重要途径,其核心在于推进垃圾分类、资源回收和无害化处理。我国固体废弃物治理的重点内容包括:第一,垃圾分类推广,旨在通过实施生活垃圾分类试点和推广,提高垃圾分类覆盖率和资源回收率;第二,危险废弃物治理,旨在通过加强危险废弃物的收集、运输、处置、监管,减少危险废弃物对环境的危害;第三,电子垃圾回收,旨在通过建立电子垃圾回收体系,推动电子垃圾的资源化利用和无害化处理;第四,塑料污染治理,旨在通过限制一次性塑料制品的使用、推广可降解塑料等措施,减少塑料污染;第五,固体废弃物循环利用,旨在通过推动建筑垃圾、工业固体废弃物的资源化利用,促进循环经济的可持续发展。

(二)生态保护与修复

生态保护与修复是生态环境治理的重要内容,旨在维持生态系统的稳定性,逐步恢复生态系统服务功能,主要包括以下内容。

1. 森林生态保护

森林生态保护是维持生态系统稳定性和提升生态服务功能的内在要求。其核心工作包括:第一,天然林保护,通过禁止商业性采伐、加强森林管护等措施,保护天然林资源,恢复森林生态系统;第二,人工造林,通过大规模植树造林,增加森林面积,提升森林生态功能;第三,退耕还林,通过将坡耕地、沙化耕地退耕还林,恢复森林植被,改善生态环境;第四,森林碳汇,通过植树造林、森林抚育等措施,提升森林碳汇能力,助力碳中和目标实现。

2. 湿地与水生生态保护

湿地与水生生态保护是维护生态系统稳定性和生物多样性的内在要求。其治理重点包括:第一,湿地保护区建设,即通过建立湿地自然保护区、湿地公园等,保护湿地生态系统,维护湿地生物多样性;第二,湿地恢复,即通过退耕还湿、湿地植被恢复等措施,恢复退化湿地,强化湿地生态功能;第三,水生生物多样性保护,即通过实施有计划禁渔、水生生物保护区建设等措施,保护水生生物资源,维护水生生态系统平衡。在我国,青海湖湿地、长江十年禁渔等典型案例为湿地与水生生态保护提供了丰富经验。

3. 荒漠化治理

荒漠化治理是改善生态环境质量、保障生态安全的题中之义,其核心在于实施防沙治沙工程,推进草原生态恢复,遏制土地沙化。我国荒漠化治理工程包括:第一,防沙治沙工程,即通过在沙化土地实施植树造林、草方格固沙等措施,遏制土地沙化,改善生态环境;第二,草原生态恢复工程,即通过退牧还草、草原植被恢复等措施,恢复退化草原,强化草原生态功能;第三,"三北"防护林工程,即通过在西北、华北、东北地区建设防护林带,防风固沙,改善区域生态环境。

4. 生物多样性保护

生物多样性保护即通过建设自然保护区、国家公园,加强濒危物种保护,防止外来物种入侵,确保生物的多样性和稳定性。其治理内容包括:第一,通过建立自然保护区、国家公园等,保护珍稀濒危物种及其栖息地;第二,通过实施濒危物种拯救计划、栖息地恢复等措施,保护濒危物种,恢复其种群数量;第三,通过加强外来物种监测和防控,防止外来物种入侵,维护本地生态系统平衡。2022年底,中国作为《生物多样性公约》第十五次缔约方大会(COP15)主席国,推动达成"昆明—蒙特利尔全球生物多样性框架"等一揽子具有里程碑意义的成果文件,开启了全球生物多样性治理新篇章。

(三)绿色发展与低碳转型

绿色发展与低碳转型是生态环境治理的战略导向,主要包括以下方面。

1. 绿色产业发展

绿色产业发展是推动经济社会向绿色低碳转型的核心动力。其核心在于支持新能源、新材料、节能环保等绿色产业的发展,促进产业结构升级,推动经济向高质量、绿色可持续的发展模式转型。其主要内容包括:第一,新能源产业发展。通过支持太阳能、风能、水能等可再生能源的开发与利用,推动能源结构优化。例如,国家实施的光伏领跑者计划和风电基地建设项目,显著增加了新能源的装机容量,提升了新能源的利用效率。第二,节能环保产业培育。通过推广节能技术、发展环保装备制造业,推动传统产业绿色化改造。例如,国家发展改革委等部委发布的节能环保产业发展规划,促进了节能环保技术的研发与应用。第三,绿色金融支持。通过设立绿色发展基金、发行绿色债券等方式,为绿色产业发展提供资金支持。例如,中国人民银行、国家发展改革委、财政部等7部委推出的绿色金融改革创新试验区政策,为绿色产业提供了多元化的融资渠道。第四,绿色技术创新。通过加强绿色技术的研发与推广,提升绿色产业的竞争力。例如,国家重点研发计划中的"绿色制造"专项行动,推动了绿色制造技术的发展与应用。

2. 低碳城市建设

低碳城市建设是推动城市可持续发展的重要路径,旨在通过构建绿色低碳的城市发展模式,提升城市生态环境质量。一般而言,低碳城市建设包括以下举措:第一,绿色建筑推广。推广节能建筑、装配式建筑等技术,降低建筑能耗。例如,国家实施的绿色建筑行动方案,推动了绿色建筑标准的普及与应用。第二,智慧交通建设。发展公共交通、推广新能源汽车、建设智能交通系统,减少交通领域的碳排放。例如,新能源汽车推广应用工程显著提升了新能源汽车的普及率。第三,生态城区建设。即通过建设海绵城市、生态园林城市等,强化城市生态功能。例如,海绵城市建设试点有效改善了试点城市水环境。第四,城市能源结构优化。即通过推广清洁能源、提高能源利用效率,降低城市碳排放。例如,城市清洁能源替代工程促进了城市能源结构的绿色转型。

3. 绿色消费推广

绿色消费推广是推动绿色低碳转型的重要社会基础,其核心在于倡导低碳生活方式,推广绿色产品,鼓励公众践行节能环保行动,促进绿色消费市场的形成。其举措主要有:第一,绿色产品认证与推广。通过实施绿色产品认证制度,推广节能、环保、低碳的产品。例如,绿色产品认证体系就为消费者选择可靠的绿色产品提供了标准。第二,低碳生活方式倡导。通过宣传教育、举办公益活动等方式,倡导节约资源、减少浪费的低碳生活方式。例如,全国节能宣传周活动就有效提升了公众的节能意识。第三,绿色消费市场培育。通过政策激励和市场引导,促进绿色消费市场的形成。例如,节能产品惠民工程通过补贴政策推动了节能产品的普及。第四,公众参与机制建设。通过建立公众参与平台,鼓励公众参与绿色消费行动。例如,绿色生活创建行动就推动了社区、学校等领域的绿色实践

(四)全球环境治理

全球环境治理是生态环境治理的国际维度,是指针对全球性生态问题,通过加强国际合作,推进可持续发展,维护全球生态安全。全球环境治理的内容包括以下几个方面。

1. 应对气候变化

应对气候变化是全球环境治理的核心议题之一,其核心在于推动实现碳达峰、碳中和目标,参与国际气候谈判,加强清洁能源技术合作,促进全球温室气体减排。应对气候变化的典型举措有:第一,2015年通过的《巴黎协定》是全球气候治理的重要里程碑,旨在将全球平均气温升幅控制在2摄氏度以内,并努力限制在1.5摄氏度以内。各国通过国家自主贡献(NDCs)承诺减排目标。我国明确提出力争2030年前实现碳达峰、2060年前实现碳中和的目标,并制订了相应的行动方案。第二,在全球清洁能源转型方面,在全球范围内推动可再生能源的发展,减少对化石能源的依赖。欧盟的"绿色协议产业计划"和美国的"清洁能源计划"都提出了明确的清洁能源发展目标。我国与欧盟合作成立的中欧清洁能源中心,促进了双方在可再生能源领域的合作。第三,碳定价机制,指通过碳税和碳排放交易体系(ETS)等经济手段推动减排。例如,欧盟碳排放交易体系(EU ETS)是全球最大的碳排放交易市场,覆盖了多个行业。第四,技术合作与资金支持。这主要是指国际组织(如绿色气候基金)和多边合作机制通过技术合作和提供资金支持,支持发展中国家应对气候变化。例如,全球环境基金(GEF)为发展中国家提供了大量资金支持。

2. 跨境污染防治

跨境污染防治是全球环境治理的重要领域,其核心在于建立区域环境合作机制,共同治理跨境河流、大气污染、塑料污染等问题,加强国际生态环境合作。全球跨境污染防治的措施包括签署区域协议,开展联合监测、技术交流和提供资金支持等,旨在推动区域生态环境的协同治理。我国在跨境污染防治方面的重要举措有:第一,跨境河流治理,即通过与周边国家合作,共同治理跨境河流污染问题。例如,我国与东南亚国家的"澜沧江—湄公河环境合作中心",有效推动了流域生态环境的协同治理。第二,大气污染联防联控,即通过与周边国家和地区合作,共同治理跨境大气污染问题。例如,我国与韩国、日本合作,就东北亚大气污染形成的治理机制促进了区域空气质量改善。第三,塑料污染治理,即通过参与全球塑料污染治理倡议,推动塑料污染的减量化与资源化。例如,我国积极参与《巴塞尔公约》塑料废物修正案,加强了塑料废物的跨境管理。第四,区域环境合作机制,即通过建立区域环境合作平台,推动生态环境治理的协同发展。例如,我国与东盟国家合作的中国—东盟环境合作论坛,促进了区域环境合作的深化。

3. 海洋环境保护

海洋环境保护是全球环境治理的重要组成部分,旨在通过加强海洋生态保护,减少海洋垃圾污染,防止过度捕捞,维护海洋生态安全,保护海洋生物多样性,以实现海洋资源的可持续利用。海洋环境保护是一项系统工程,涉及海洋生态保护、海洋垃圾治理、渔业资源管理、国际合作等多个方面。国际上的重要举措包括:其一,《联合国海洋法公约》为全球海洋治理提供了法律框架,明确了各国在海洋环境保护中的责任和义务。其二,建立海洋保护区保护海洋生态系统。例如,南极海洋生物资源养护委员会(CCAMLR)推动了南极海洋保护区的建立。其三,通过全球倡议和区域合作治理海洋垃圾污染。例如,联合国环境规划署(UNEP)的清洁海洋运动推动了全球海洋垃圾的治理。其四,渔业资源管理方面,通过签署国际协议和区域合作防止过度捕捞。例如,《联合国鱼类种群协定》促进了跨界鱼类种群的管理。

第三节 生态环境治理的机制与方法

一、生态环境治理的机制

生态环境治理机制的核心在于构建科学合理、权责清晰、高效协同的治理体系,以实现生态环境保护与经济社会发展的有机统一。

(一)协同机制

协同机制是生态环境治理的重要模式,强调跨区域、跨部门、跨领域的协同合作,通过整合各方资源、协同各方行动,形成多层次、全方位的生态治理格局。

1. 顶层设计机制

顶层设计是协同机制的"指挥棒",旨在明确生态环境治理的战略目标、政策框架和执行路径,为生态环境治理提供系统化的支撑,通过设立跨区域协调机构、加强央地政策协调等方式,确保生态环境治理的统一性和协调性。如,国家对长三角各类专项性的区域协作组织(如大气污染防治协作小组、水污染防治协作小组等)进行整合优化,建立统一的生态环境治理领导组织——长三角区域生态环境保护协作小组及办公室,负责统筹区域内的生态环境保护行动,协调治理政策,推动生态治理任务落实。[1]

2. 主体参与机制

主体参与是协同机制的"动力源",强调构建政府主导、企业担责、社会监督、公众参与的共治格局,以充分调动各方力量共同推进生态环境治理。政府通过政策引导、法律约束和财政支持发挥主导作用,为各类主体提供保障和支持。企业作为主要污染主体和技术创新主体,承担环境保护责任,应推进绿色技术应用和绿色产业发展。社会组织和公众则通过监督举报、舆论引导、志愿活动等方式,促进政策落地。如由北京守望者环保基金会开发的"巡河宝"小程序,通过提供学习答题、河流评测、河流巡护、发现问题、公众活动等服务,为公众参与河流保护提供数字化工具。

(二)补偿机制

补偿机制是生态环境治理的利益调节枢纽,通过合理的资源配置与利益补偿,确保生态治理目标的有效实现,主要包括纵向和横向补偿机制。

1. 纵向补偿机制

纵向补偿机制主要包括分类补偿、差异化补偿和资金统筹使用。[2] 首先,分类补偿是指将重要生态环境要素进行分类,中央财政部门根据这些分类制定具体补偿方式,并根据财政事权和支出责任确定地方政府的补偿责任,保障生态保护工作的系统性与稳定性。其次,差异化补偿是指依据区域生态功能的差异,对重点生态功能区、生态保护红线和自然保护地实施不同的补偿标准,以增强地方政府保护生态的动力,并助力生态保护红线的有效落实。最后,资金统筹使用强调资金的专款专用与生态优先原则。地方政府要确保生态保护补偿资金专款专用,并优先用于生态治理和保护项目。此外,专项资金要根据本地区实际需求和生态保护效益进行统筹,以确保资金高效使用,提升整体生态保护成效。

---

[1] 陈兴宇,高晓红.协同治理:长三角生态环境治理的理论基础与机制创新[J].苏州大学学报(哲学社会科学版),2024(6):31-41.

[2] 于文轩,孙啸宇.生态保护补偿的三大实现机制[J].中国发展观察,2024(5):41-46.

2. 横向补偿机制

横向补偿机制侧重于不同区域间基于生态联系的平等协商与合作,推动受益地区与保护地区共建成本分担与利益共享规则,促进流域、区域协同治理。具体而言,横向补偿机制通过推动流域、跨省、跨区域之间的合作,共享生态保护成果,帮助生态功能较弱的地区得到相应的保护补偿,以解决生态保护中的权责不平衡问题。地方政府通过协议、合作框架等形式,协商分配资源,确保生态补偿的公平性与可持续性,最终实现区域内生态环境质量的整体提升。

（三）激励机制

激励机制是生态环境治理的动力引擎,是指通过市场调节与政策引导双轮驱动,激活各主体的内生动力,推动绿色低碳经济从"外部约束"转向"自主发展"。

1. 市场激励机制

市场激励依托价格信号与交易机制,将环境成本转化为经济杠杆,驱动企业主动减排降耗。政府通过碳排放权交易、排污权有偿使用、绿色电力证书交易等市场化手段,为环境资源定价,倒逼高排放行业优化资源配置。同时,绿色金融工具如绿色债券和绿色基金为环保项目提供融资支持,推动实现可持续发展。通过这些机制,市场在推动绿色转型和生态保护中发挥了重要作用,助力实现"绿水青山"向"金山银山"的转化。

2. 政策激励机制

政策激励通过制度性红利引导全社会绿色转型,推动构建激励机制兼容、多元主体互动的治理生态系统。政府通过绿色信贷、环保专项基金等方式,向环保企业提供低成本融资支持,同时对采用节能减排技术的企业给予税收减免,降低其转型成本。此外,政府通过鼓励企业加大对可再生能源和节能环保产业的投资,促进产业结构优化升级,推动绿色产业的蓬勃发展。

（四）督察机制

督察机制是生态环境治理的刚性约束,通过常态化监督、精准问责与问题整改闭环管理,破解"政策空转""地方保护"等执行难题,确保治理目标落地见效,主要包括中央权威督察和地方精准督察两种形式。

1. 中央权威督察

中央权威督查以中央生态环境保护督察组为主要机构,确保国家生态环境政策和决策部署落实。中央生态环境保护督察组定期对各省份及重点区域开展全面深入的督察工作,督察内容涵盖地方党委和政府贯彻落实国家生态环境保护决策部署情况、生态环境保护责任落实情况、突出生态环境问题解决情况等。督察组通过进驻式督察,查阅大量文件资料、深入基层实地调研、广泛收集群众举报线索,对地方生态环境治理工作进行全面"体检",对发现的问题提出整改要求并持续跟踪,督促地方政府切实履行生态环境保护主体责任,推动解决了一系列长期难以解决的生态环境问题,在全国范围内形成强大的督察威慑力和示范效应,引领全国生态环境督察工作的方向和标准。

2. 地方精准督察

地方精准督察是中央政策和要求在地方落地的重要保障,是生态环境保护工作落实的基础。各地通过建立健全生态环境保护督察运行机制,确保地方生态环境治理工作精准到位。这一机制从组织架构、工作流程、责任落实等多方面进行系统构建。在组织架构上,成立由地方政府主要领导挂帅,生态环境、自然资源、水利等多部门参与的生态环境保护督察领导小组,明确各部门在督察中的职责分工,避免推诿扯皮。工作流程方面,制订详细的督察计划,涵盖日常巡察、专项督察、定期考核等多种形式。日常巡察是常态化的,对重点企业、流域、区域进行的定期检查;针对大气污染防治、饮用水水源地保护等突出问题开展专项督察;定期对下级政府和相关部门的生态环境保护工作进行量化考核。在责任落实上,建立严格的问责制度,对督察中发现的履职不力、整改不到位的单位和个人严肃问责,确保督察工作的权威性和实效性,切实提升地方生态环境治理水平。

二、生态环境治理的方法

生态环境治理通过系统性、综合性的措施,实现生态环境质量改善、生态修复和可持续发展,主要运用以下方法。

(1)政策法律手段。政策法律手段为生态环境治理提供了制度框架与法律保障。首先,完善的法律法规体系是治理的基础。以《中华人民共和国环境保护法》为核心,覆盖各领域的"1+N"法律网络(如表7-1所示)能确保治理措施依法推进。其次,制定绿色发展政策,即通过出台生态补偿、绿色信贷等措施,推动绿色产业发展,划定生态保护红线,实施"三线一单"(生态保护红线、环境质量底线、资源利用上线,生态环境准入清单),优化生态环境管理,保障生态环境目标的实现。

表7-1 我国生态环境治理代表性法律法规

《中华人民共和国环境保护法》（2014年修订）	《中华人民共和国长江保护法》（2020年）
《中华人民共和国大气污染防治法》（2018年修正）	《中华人民共和国黄河保护法》（2022年）
《中华人民共和国水污染防治法》（2017年修正）	《中华人民共和国海洋环境保护法》（2023年修正）
《中华人民共和国土壤污染防治法》（2018年）	《中华人民共和国森林法》（2019年修正）
《中华人民共和国噪声污染防治法》（2021年）	《中华人民共和国草原法》（2021年修正）
《中华人民共和国自然保护区条例》（2017年修订）	《中华人民共和国清洁生产促进法》（2012年修正）
《中华人民共和国野生动物保护法》（2022年修正）	《中华人民共和国循环经济促进法》（2018年修正）

（2）技术与工程治理。技术与工程治理是生态环境治理的支撑,依赖科技创新和工程项目来解决污染问题和重塑生态系统。技术治理常用技术包括末端治理技术、过程控制技术和源头预防技术。末端治理技术如污水处理和废气净化技术、过程控制技术如清洁生产和循环经济模式、源头预防技术如绿色产品设计和替代材料研发,在减少污染物产生和排放方面起到关键作用。工程治理方面,生态修复工程(如防护林、海绵城市)增强生态系统稳定性,污染治理工程(如污水处理厂、垃圾焚烧厂)则促进污染物的集中处理和达标排放,推动生态环境的改善。

（3）产业转型。产业转型是推动生态环境治理的经济基础,通过结构调整和绿色产业发展,减少环境负荷,建设绿色低碳产业体系。高污染产业的转型要求严格控制钢铁、水泥、化工等高污染行业的排放,推动其向低碳、智能化方向转型,淘汰落后产能。与此同时,发展绿色产业需要扶持新能源、新材料、节能环保等行业,如光伏、风能、氢能等可再生能源产业的建设,推广新能源汽车和智能电网等绿色技术,促进经济向低碳、高附加值方向转型。循环经济则通过"减量化、再利用、资源化"模式,推动废旧产品回收、再生资源利用,减少污染和资源浪费,促进可持续发展。

(4)社会参与。社会参与是生态环境治理的重要保障,主要包括教育宣传、公众监督、社区行动等多元方式,共同推动生态环境保护。首先,生态文明教育和环保宣传活动可以提高公众的环保意识,引导低碳生活方式。其次,环保数据的透明化、污染举报平台的搭建和社交媒体等都为公众监督提供了便利,进而促使政府和企业履行环境责任。企业社会责任的履行也在推动环境保护方面起到积极作用,企业可通过设立环保基金、投资可再生能源项目等方式践行社会责任。最后,社区行动则通过垃圾分类、植树造林、海洋净滩等志愿服务活动增强基层环保意识,形成全社会共同治理的良好局面。

(5)数字化治理。数字化治理利用先进的科技手段提高生态环境治理的智能化、精准化和高效化。智能监测网络通过人工智能、大数据、物联网等技术,实现对污染源的实时追踪和环境监测,支持精准的污染治理。如智慧环保平台和自动化水质监测系统可实时收集和分析数据,对污染事件及时预警。人工智能决策则通过污染预测模型和生态系统模拟优化污染治理策略,提高政策执行效率,确保治理措施的科学性和有效性,推动生态环境治理向更加智能和精细化的方向发展。

第四节 中国生态环境治理的历史沿革与发展趋势

一、中国生态环境治理的历史沿革

中国生态环境治理的历史是一部人与自然关系不断调整、生态智慧逐步积累、治理体系持续完善的演进史。新中国成立、改革开放、中国加入WTO和党的十八大是中国生态环境治理的重要时间节点。据此,中国生态环境治理大致可以分为以下五个阶段。

(一) 生态治理思想的萌芽与实践阶段(新中国成立前)

1. 传统生态智慧与早期实践

中国古代生态思想以"天人合一"和"道法自然"为核心,儒家强调人与自然和谐共生,道家主张顺应自然规律,这些理念在生态理论与实践层面均得到充分体现。[①] 在理论层面,《礼记·月令》提出"以时禁发"的资源利用原则,要求根据季节限制砍伐和渔猎,体现了对自然规律的尊重;《齐民要术》则详细记载了梯田修建、水土保持等农业技术,展现了古人对生态系统的科学认知。在实践层面,古代中国通过水利工程(如都江堰、灵渠)和梯田系统(如云南哈尼梯田)调节水资源分布,有效防止水土流失,黄土高原的淤地坝工程可以拦截泥沙、增加耕地,这些技术不仅显著提升了农业生产力,还维持了区域生态平衡。

2. 近代工业化初期的环境挑战

19世纪末至20世纪初,中国进入工业化萌芽阶段。煤矿开采、纺织业发展导致资源过度消耗,如山西煤矿的无序开发引发地表塌陷和地下水污染,上海、天津等城市的工业废水排放使黄浦江、海河等河流水质恶化。城市化进程也加速了环境问题的产生,如北京城区的燃煤污染和南京秦淮河的垃圾堆积,成为早期城市污染的缩影。这一阶段的生态破坏暴露了工业化与环境保护的矛盾,为后续治理提供了历史教训。

(二) 环境治理的奠基阶段(1949—1978)

1. 工业化与环境问题的进一步显现

新中国成立后,我国实施了重工业优先发展战略,这一战略有效推动了经济腾飞,但同时也带来了显著的生态压力。以鞍钢、包钢等大型工业基地为例,其大规模的烟尘排放导致局部地区大气污染问题严重;而在"大跃进"时期的"大炼钢铁"运动中,森林被大量砍伐,导致水土流失加剧,生态环境遭受严重破坏。

---

① 麦拉苏,乌日陶克套胡,包凤兰.北疆多民族生态文化融合与共生[J].民族学刊,2024(4):40-49.

在这一过程中,环保意识也逐渐萌芽并付诸实践。1956年的"绿化祖国"运动标志着我国开始在全国范围内开展植树造林活动。截至1978年,累计造林面积已达3.3亿亩,这一举措不仅有效缓解了北方地区的风沙危害,也为后续的生态保护工作奠定了基础。① 尽管重工业发展带来了环境挑战,但早期的环保实践也为我国生态文明建设积累了宝贵经验。

2. 政策与法律的初步框架

1973年,第一次全国环境保护会议召开,这次会议是中国环保事业从理念到实践的重要转折点,标志着中国环境保护事业迈出了制度化的重要一步。周恩来总理在会上提出"全面规划、合理布局、综合利用、化害为利"的治理方针②,首次将环境保护提升至国家战略高度,为中国现代环保事业的发展奠定了思想基础。会议通过的《关于保护和改善环境的若干规定》明确了"三废"(废水、废气、废渣)治理目标,强调从源头控制污染,推动资源综合利用。同时,国务院环境保护领导小组的成立,为环保政策的实施提供了组织保障。③ 这一系列举措不仅回应了当时工业化进程中日益突出的环境问题,也为后续环保法律法规的制定和完善提供了重要依据。④

(三)探索阶段(1978—2000)

1979年《环境保护法(试行)》的颁布标志着中国环境保护事业进入法治化轨道。该法首次以法律形式确立了"预防为主、防治结合"的原则,为后续环境治理提供了制度保障。此后,《大气污染防治法》《水污染防治法》等专项法律出台,初步形成了中国环境保护法律体系,为污染治理奠定了法律基础。在治理实践方面,1978年启动的"三北"防护林工程横跨13个省区,截至2023年11月,"三北"工程共完成造林种草608.07万亩,有效遏制了北方土地沙化扩张,被誉为"绿色长城"。与此同时,上海、沈阳等城市率先试点大气污染监测网络,

---

① 周宏春,戴铁军.人与自然和谐共生:中国式现代化的内涵特征与时代意义[J].生态经济,2023(1):13-24.
② 秦书生,王艳燕.新中国成立以来我国环境法制建设的发展历程[J].岭南学刊,2024(1):84-93.
③ 俞可平.中国治理变迁30年(1978—2008)[J].吉林大学社会科学学报,2008(3):5-17.
④ 郑晓花.生态环境保护视域下行政管理体制改革理论与实践——评《生态系统方式下的我国环境管理体制研究》[J].科技管理研究,2023(17):247.

初步形成了环境数据采集与分析能力,为全国环境监测体系的完善提供了经验。通过政策突破、治理实践与典型案例的结合,中国环境保护事业逐步从局部治理走向系统化、法治化,为生态文明建设奠定了坚实基础。

(四)法治化阶段(2001—2012)

2002年《环境影响评价法》的公布标志着中国环境治理从末端治理转向源头防控,该法要求重大项目必须通过环评审批,有效降低了开发活动对生态环境的负面影响。[①] 2008年修订的《水污染防治法》引入排污许可制度,进一步强化了企业污染治理责任,为水环境质量的改善提供了法律保障。[②]

在综合治理方面,截至2023年,全国累计实施退耕还林还草5.08亿亩,退耕还林工程区森林覆盖率平均提高4个多百分点,显著改善了水土流失问题。[③] 天然林保护工程覆盖19个省区,使长江、黄河泥沙量减少30%,为流域生态安全提供了重要支撑。太湖治理通过"引江济太"工程和蓝藻防控技术,成功将水质从Ⅴ类提升至Ⅲ类,成为湖泊治理的典范。

在国际合作领域,中国自2001年加入WTO后,积极履行《京都议定书》减排承诺,推动清洁发展机制(CDM)项目落地,累计减少二氧化碳排放量13亿吨。这不仅展现了中国在全球环境治理中的责任担当,也为国内绿色低碳发展提供了技术支持和资金保障。

(五)生态文明新时代(2012年至今)

1. 生态文明建设的顶层设计

自2012年以来,中国生态文明建设进入了一个新的历史阶段,其标志性理念"绿水青山就是金山银山"深刻改变了中国的发展范式。这一理念不仅是对传统发展模式的反思,更是对可持续发展路径的积极探索。在国家层面,生态文明建设被纳入"五位一体"总体布局,成为国家发展战略的重要组成部分。通

---

① 余泳泽,尹立平.中国式环境规制政策演进及其经济效应:综述与展望[J].改革,2022(3):114-130.

② 沈坤荣,金刚.中国地方政府环境治理的政策效应——基于"河长制"演进的研究[J].中国社会科学,2018(5):92-115,206.

③ 王苓,孔凡斌,徐彩瑶.二十年来退耕还林生态补偿研究进展——基于CiteSpace文献计量分析[J].中国林业经济,2022(6):19-27.

过一系列顶层设计,如"大气十条""水十条""土十条"等政策的实施,中国在环境治理方面取得了显著成效。2013—2022年,全国PM2.5平均浓度下降57%,重污染天数下降92%,这些数据不仅反映了环境质量的显著改善,也为全球环境治理提供了中国方案。[①]

2. 科技创新驱动环境治理

科技创新是推动生态文明建设的重要引擎。近年来,中国在环境治理领域大力推动科技创新,取得了显著成效。例如,通过智慧环保系统的推广,中国实现了对339个城市的PM2.5实时监测网络全覆盖,这不仅提升了环境治理的精准度,还增强了公众的参与感和监督意识。此外,在荒漠化治理方面,科技创新也发挥了关键作用。以新疆塔克拉玛干沙漠为例,通过筛选梭梭、沙拐枣等高抗逆性植物,建成了长达3046千米的"绿围脖"防护带,固沙面积达242.82平方千米,有效遏制了沙漠扩张,为全球荒漠化治理提供了宝贵经验。

3. 生态产业化与可持续发展

生态产业化是实现绿色发展的重要路径。近年来,中国通过生态产业化探索出了一条生态保护与经济发展双赢的道路。以库布齐沙漠为例,通过"光伏+治沙+产业"模式,该地建成了全球最大的光伏治沙基地,年发电量达40亿千瓦时,不仅有效治理了沙漠化,还带动了10万人脱贫,实现了生态与经济的双重效益。此外,塞罕坝林场的成功经验也为生态价值转化提供了标杆案例。通过多年的植树造林,塞罕坝的森林覆盖率从12%增至82%,碳汇交易收益超过1亿元,充分展示了生态产业化的巨大潜力。[②]

4. "双碳"目标下的转型路径

中国积极践行"双碳"承诺,即力争2030年前实现碳达峰、2060年前实现碳中和。为实现这一目标,中国在能源结构优化、碳市场建设等方面采取了一系列措施。2021年,全国碳市场正式启动,首个履约周期覆盖了2162家企业,累计成交额达76亿元,成为全球最大的碳市场。与此同时,中国在可再生能源领域也取得了显著进展,预计到2025年,可再生能源装机占比将超过50%。此

---

① 夏德强.生态环境保护概论[M].北京:化学工业出版社,2024:258.
② 侯彦杰,邢瑜辉.新时代塞罕坝精神内涵之解析[J].知与行,2019(3):92-96.

外,绿氢、储能等技术的突破为零碳园区建设提供了技术支撑,为中国实现"双碳"目标奠定了坚实基础。①

二、中国生态环境治理的发展趋势

(一)从"末端治理"到"源头防控"的转变

中国生态环境治理实现了从"末端治理"到"源头防控"的深刻转变,治理理念从"先污染后治理"升级为"预防为主、防治结合",生态环境保护全面融入经济社会发展进程,绿色发展成为主流价值观。党的十八大以来,生态文明建设被纳入"五位一体"总体布局,"绿水青山就是金山银山"理念深入人心。② 在政策工具上,中国不断创新和完善治理机制,环境影响评价制度覆盖全国重大建设项目,有效降低了开发活动对生态环境的负面影响;排污许可制度全面实施,截至2021年已核发排污许可证34万余张,覆盖主要污染行业,强化了企业治污责任。同时,环境治理目标从单一污染物控制转向多目标协同治理,"大气十条""水十条""土十条"等政策的实施,推动了空气、水、土壤污染的协同治理,为生态环境质量的整体改善提供了制度保障。③

(二)从"粗放管理"到"精准治理"的转型

中国生态环境治理正从"粗放管理"向"精准治理"转型,科技创新成为核心驱动力,大数据、人工智能、区块链等技术的应用显著提升了治理效率和精准度。智慧环保系统的普及推动环境治理从"经验驱动"转向"数据驱动",如生态环境大数据平台,整合了全国监测数据,实现了污染源的精准识别与动态监管。同时,治理手段从"一刀切"向差异化、精准化转变,针对重点区域和行业实施差异化管控。如京津冀及周边地区通过"一市一策"精准治霾,2022年PM2.5浓度较2013年下降57%;2021年全国钢铁行业改造完成率超过80%,污染物排放量大幅下降,为行业绿色转型树立了标杆。④

---

① 孟翔宇,陈铭韵,顾阿伦,等."双碳"目标下中国氢能发展战略[J].天然气工业,2022(4):156-179.
② 吴舜泽.深刻理解"绿水青山就是金山银山"发展理念的科学内涵[J].党建,2020(5):18-20.
③ 徐慧,刘希,刘嗣明.推动绿色发展,促进人与自然和谐共生——习近平生态文明思想的形成发展及在二十大的创新[J].宁夏社会科学,2022(6):5-19.
④ 夏德强.生态环境保护概论[M].北京:化学工业出版社,2024:258.

（三）从"单一治理"到"系统协同"的演进

中国生态环境治理正从"单一治理"向"系统协同"演进，区域与流域协同治理成为重要方向。长江经济带通过"共抓大保护、不搞大开发"的理念，推动11省市协同治理，2021年长江流域水质优良断面比例达97.1%；黄河流域生态保护和高质量发展战略的实施，进一步提高了流域综合治理能力。① 同时，城乡环境治理一体化加快推进，通过统筹规划与资源整合，城乡环境基础设施差距逐步缩小。在治理主体上，环境治理从政府单一主导转向政府、企业、社会组织、公众多元共治。企业环境责任意识显著增强。截至2022年，陕西省1088家省重点排污单位向社会公开环境信息269 512条，公开率达到100%；公众参与渠道不断拓宽，截至2024年，12369环保举报平台累计登记受理投诉举报670余万件；社会组织在环境公益诉讼和环保宣传中发挥重要作用，2021年全国环境公益诉讼案件数量同比增长25%，多元共治格局日益成熟。②

（四）从"国内治理"到"全球贡献"的拓展

中国深度融入全球环境治理机制，从规则接受者转变为规则塑造者。2023年，中国签署《海洋生物多样性协定》，推动达成"昆明—蒙特利尔全球生物多样性框架"，主导建立昆明生物多样性基金并支持涉及15个国家的9个项目。在气候治理领域，中国不仅提前完成碳强度下降目标，更推动全球最大碳市场运行，并向42个发展中国家提供气候援助，覆盖减缓和适应项目、技术转让等领域。同时，中国通过参与清洁发展机制等项目，累计减少二氧化碳排放13亿吨，为全球碳减排做出重要贡献。在全球化进程中，中国深度参与全球环境治理，履行国际环境协议，推动绿色"一带一路"建设，截至2023年已与有关国家及国际组织签署50多份生态环境保护合作文件，并在绿色"一带一路"框架下建设了巴基斯坦卡洛特水电站、埃塞俄比亚阿达玛风电场等一批绿色基础设施项目，为共建国家提供了绿色发展的中国方案，展现了在全球环境治理中的责任与担当。③

---

① 韩艳旗,吕惠,史金平.互联网发展、环境规制与高技术产业绿色创新效率——以长江经济带为例[J].长江流域资源与环境,2022(11):2382-2592.
② 冯莉.环境规制法律制度的法经济学分析[M].北京:中国政法大学出版社,2023:307.
③ 中华人民共和国国务院新闻办公室.新时代的中国绿色发展[EB/OL].(2023-01-19)[2025-04-08].https://www.gov.cn/zhengce/2023-01-19/content_5737923.htm.

章节习题

1. 请简述生态环境治理的内容与特征。
2. 请简述生态环境治理的主体及其在治理中的作用。
3. 请简述生态环境治理的主要方法。
4. 请简述中国生态环境治理的发展脉络。

案例材料

案例一：从荒漠到绿洲：塔克拉玛干沙漠锁边工程的生态与经济效益协同之路

塔克拉玛干沙漠锁边工程是中国应对荒漠化挑战、探索生态效益与经济效益协同发展的标志性工程。作为中国最大的沙漠和世界第二大流动沙漠，塔克拉玛干沙漠的扩张长期威胁着新疆南部的生态环境与经济发展，沙尘暴频发、土地荒漠化加剧，导致农田被吞噬，居民生活受到严重影响。为遏制沙漠扩张、恢复生态平衡，中国政府于21世纪初启动了这一工程，通过综合技术手段实现生态修复与经济发展的双重目标。工程的核心技术包括生物固沙和光伏治沙：通过筛选梭梭、沙拐枣等高抗逆性植物，构建了3046公里的"绿围脖"防护带，固沙面积达242.82平方公里，有效减缓了沙漠扩张速度；同时，创新性地引入光伏治沙模式，在沙漠边缘建设光伏电站，不仅提供了清洁能源，还通过减少水分蒸发为植被生长创造了有利条件，并为当地居民提供了就业机会。此外，工程还通过发展生态旅游和特色农业，带动了区域经济发展，形成了生态修复与经济效益的良性循环。阶段性成果显示，沙漠扩张速度明显减缓，沙尘暴频率大幅降低，植被覆盖率显著提升，生态系统逐步恢复，光伏电站和生态旅游成为当地经济新增长点，为全球荒漠化治理提供了中国方案。

案例二：长江经济带生态修复：流域系统性治理的中国经验

长江经济带生态修复是中国推动流域系统性治理、实现生态与经济协调发展的重大工程。作为中国第一大河，长江经济带覆盖11个省市，是经济社会发展的重要引擎。然而,长期过度开发、污染排放和生态破坏导致流域生态环境恶化,水生生物资源锐减,水质下降,沿岸化工企业污染问题突出。为扭转这一局面,中国政府于2016年启动长江经济带生态修复工程,提出"共抓大保护、不搞大开发"的战略方针,通过系统性治理恢复长江生态功能。主要措施包括:实施"十年禁渔"政策,该政策自2021年起覆盖长江干流、重要支流和湖泊,涉及23万渔民,旨在恢复水生生物资源,保护濒危物种如长江江豚、中华鲟等;推动沿岸化工企业搬迁与改造,截至2021年,沿江1千米范围内8000多家化工企业完成搬迁或关闭,同时推广清洁生产技术,减少污染物排放;开展流域系统性治理,在上游实施水土保持工程,中下游推进湿地修复,全流域推广河长制,强化水资源管理与保护。截至2021年,工程取得显著成效:长江干流水质优良断面比例达97.1%,较2012年提高了10.9个百分点;水生生物资源逐步恢复,长江江豚数量回升;沿岸化工企业污染得到有效控制,环境风险显著降低;流域生态系统功能逐步恢复,生态安全屏障初步形成,为全球大河流域治理提供了中国经验。

思考:

1. 这两个案例的成功经验为其他地区的生态修复提供了哪些借鉴?
2. 以上治理经验在推广过程中可能面临哪些挑战?

第八章　新质生产力与科技创新治理

内容提要

本章重点讲述了新质生产力与科技创新治理的内涵、关系与理论基础，介绍了包含治理主体、治理对象和治理手段的科技创新治理体系基本框架，阐述了产学研深度合作机制、市场主导的创新要素配置机制、动态激励机制、创新绩效评价机制、科研诚信与伦理监督机制等五种治理机制，最后讲述了中国近现代科技创新治理的历史沿革与发展趋势。

第一节　新质生产力与科技创新治理概述

一、新质生产力与科技创新治理的内涵

（一）新质生产力的内涵

人类社会的进步取决于社会生产力的发展，其中科技是第一生产力，是先进生产力的重要标志。从人类社会文明发展进程来看，传统生产力的动力来源于要素投入，而新质生产力的动力来源于科技创新[1]，是在创新驱动下摆脱传统

---

[1] 亿欧智库.新质生产力引领下的八大场景变革[EB/OL].(2024-01-23)[2024-01-17]. https://www.iyiou.com/research/202401231306.

经济增长方式、生产力发展路径的先进生产力质态①。新质生产力的本质是以颠覆性、突破性、引领性创新为核心驱动力②③④,以全要素生产率的大幅提升为核心标志,通过技术革命性突破、生产要素创新性配置、产业深度转型升级,突破传统生产力增长的边际递减规律,从而带来生产力的重大跃迁,乃至生产关系变革,进而引发国家实力的兴衰和社会形态更迭。

马克思将科学技术与现代工业资本主义生产关系以及社会发展等纳入研究视域,充分肯定了科学技术的革命性。马克思从人和自然关系的历史前提出发,把科学和技术看作社会发展的产物,指出资本家将科学技术大规模地应用到社会生产实践中,并使科学技术"表现为自然力本身,表现为社会劳动本身的自然力"⑤,深刻揭示了科技的社会本质问题。正如马克思的论断,从历次科技革命的实践来看,现代科技革命究其实质,是生产力革命⑥,技术体系结构的根本变革往往作用于经济场域,带来生产力的跃迁和持续竞争优势。生产力的构成包括劳动者、劳动资料和劳动对象。从劳动者要素来看,科技创新能够通过深化分工、增加人力资本和补偿劳动时间来提高劳动力质量;从劳动资料要素来看,新知识和新技术渗透到了生产工具和其他劳动资料中,改善着各要素的形态和功能,同时带动组织、管理、服务等要素的功能创新;从劳动对象要素来看,科技创新拓展了劳动对象的种类和规模,一些原来无法被利用的资源会因新技术的发明和普及而为人们所用,特别是在当前"资源诅咒"和全球气候变化的背景下,科技创新能够将绿色要素引入生产过程,极大地减轻能源消耗和环境污染,创建新的生产生活方式。生产力的飞跃推动生产关系、社会关系甚至消费结构等发生变革,以适应生产力的发展。

科技创新是引领发展的主要动力,而颠覆式技术创新是实现新质生产力跃

---

① 习近平在中共中央政治局第十一次集体学习时强调加快发展新质生产力 扎实推进高质量发展[N/OL].(2024-02-01)[2025-04-13].https://china.huanqiu.com/article/4GPOPj0dn9r.
② 周文,许凌云.论新质生产力:内涵特征与重要着力点[J].改革,2023(10):1-13.
③ 黄群慧,盛方富.新质生产力系统:要素特质、结构承载与功能取向[J].改革,2024(2):15-24.
④ 梁炜,朱承亮.颠覆性创新生态系统视角下新质生产力的逻辑内涵及监测框架[J].西北大学学报(哲学社会科学版),2024(3):38-47.
⑤ 马克思恩格斯全集:第48卷[M].北京:人民出版社,1985:41.
⑥ 李醒民,胡新和,刘大椿,等."科学、技术与社会发展"笔谈[J].中国社会科学,2002(1):20-30,205.

迁的关键引擎。在"世界新一轮科技革命和产业变革同我国转变发展方式的历史性交汇期",党的十九大报告首次强调"颠覆性技术创新"等是建设科技强国的有力支撑,党的二十大报告明确要求"加快实现高水平科技自立自强",在当前工业4.0方兴未艾和全球经济竞争愈加白热化的格局下,"只有把核心技术掌握在自己手中,才能真正掌握竞争和发展的主动权"[①]。

(二)科技创新治理的内涵

人们普遍认为,"科学"是对自然规律的发现和认识,"技术"是将自然规律转化为物质力量的手段。"科学"与"技术"既相互区别,又互相联系。随着创新理论的不断演进,"科技创新"越来越成为世界各国经济发展实践及学界研究的焦点,原因有二:一是随着经济高度发展,不只是企业,越来越多的主体参与到了创新体系中,包括高校、科研机构等,"技术创新的源泉更多地来源于科学的发明"[②],这就延长了创新路线,衍生出不同的创新活动和创新阶段;二是随着科技不断演化发展,"基于科学的技术和关于技术的科学同时并存,科学的技术化和技术的科学化同步发展"[③],科学和技术之间的边界越来越模糊,二者互相渗透、互相结合、互相转化,形成了新的关系。科技创新活动具有的显著的正外部性、强外溢性、非排他性、高风险性和长周期性等特征,决定了科技创新的准公共物品属性,在市场机制自发运行的过程中容易引发市场失灵的问题,即市场主体往往以追求自身利益最大化为导向,私人部门对于具有广泛外溢效益但短期经济效益不明显的科技创新投入往往低于社会最优水平[④],导致科技创新资源难以得到最优配置。为有效应对市场失灵,必须从宏观层面强化对科技创新的治理[⑤],通过政府引导、政策扶持、制度规范等手段,确保科技创新活动得以持续、稳健地推进,充分释放其推动社会进步与经济发展的巨大潜能。科技创

---

① 习近平.在中国科学院第十七次院士大会、中国工程院第十二次院士大会上的讲话[M].北京:人民出版社,2014:8.
② 洪银兴.科技创新与创新型经济[J].管理世界,2011,(7):1-8.
③ 张来武.科技创新驱动经济发展方式转变[J].中国软科学,2011(12):1-5.
④ Kenneth Arrow. Economic Welfare and the Allocation of Resources for Invention[M]// National Bureau of Economic Research. The Rate and Direction of Inventive Activity: Economic and Social Factors, 1962: 609-626.
⑤ 张来武.科技创新的宏观管理:从公共管理走向公共治理[J].中国软科学,2012(6):1-5.

新治理源自"科技—产业—社会"的相互作用,同时也是科技的社会本质属性的集中体现,其核心目标在于借助相关规则和制度,厘清创新主体之间的关系,掌握科技创新生态系统的变化动态,提升科技创新体系整体效能。[①]

科技创新治理是社会治理在创新领域的延伸,也是社会治理体系的重要组成部分。科技创新治理依据科技与社会关系的动态演变趋势,借助组织管理优化、战略需求部署、政策安排引导以及制度设计创新等多元手段,从政府、市场和社会三个维度为科技治理体系构建提供支撑,紧密围绕科技创新过程、科技成果转化、创新收益分配、创新体系构建等组织开展工作,进而将科技成果转化为社会经济效益,达成创新驱动发展的良好效果。一般认为,科技创新治理包含三层含义:一是政府对科技创新活动实施治理行为的动态运行过程,二是在科技创新治理活动中所依据的规则、制度,三是由科技创新治理主体、制度、机制等所构成的系统。[②] 当经济社会体制及其运行机制发生重大变化时,势必要求科技创新治理体制、机制随之转变,以成为新体制及其运行机制中的一个有机组成部分;同时,当科技创新的爆发式增长与既有治理体系的适配性矛盾日益凸显时,同样要适时对科技创新治理体系进行系统性、前瞻性的调整,从而破解"技术—制度"协同滞后的困境,赋能新质生产力的跃迁式发展。

二、新质生产力与科技创新治理的关系

新质生产力的形成并非单纯的技术演进过程,而是"技术—经济"范式与社会治理制度等因素之间深度耦合的产物。科技创新治理通过要素配置、秩序规范和风险管理等,实现知识创新、技术创新与生产力实体性要素相互结合[③],降低交易成本,为新质生产力的培育和发展提供基础性制度安排,从而更好更有效地激发创新主体的创新活力与动力。

---

① 王倩倩,陈强,荣俊美,等.面向新质生产力发展的科技创新治理:理论框架、实践特征与风险应对[J].科学管理研究,2024(6):2-11.
② 蔡跃洲.中国共产党领导的科技创新治理及其数字化转型——数据驱动的新型举国体制构建完善视角[J].管理世界,2021(8):30-46.
③ 北京市习近平新时代中国特色社会主义思想研究中心.健全科技创新治理体系提升整体效能[N].经济日报,2021-06-23(06).

（一）要素配置

科技创新治理主体通过系统性的制度设计破解新质生产力发展中的要素错配难题，实现知识、资本、人才等要素的帕累托最优配置。新质生产力的培育并非单一个体的孤立行为，而是知识、技术、人才、资金等创新要素在协同演进和相互作用中实现价值创造的动态过程。通过建立知识共享的激励相容机制、风险—收益共担的协同创新体系和差异化的知识产权及权益归属机制，能够打破传统创新体系的组织边界与制度壁垒，解决要素流动中的信息不对称、产权模糊与交易成本刚性等所导致的效率低下问题，有效整合构建跨领域、跨层级的要素流动通道，实现知识溢出的加速化、技术转化的高效化以及技术—经济协同演进的快速迭代。

（二）秩序规范

科技创新治理通过制定规则与监管措施规范各类创新主体行为，营造公平竞争秩序，为新质生产力发展提供良好的外部环境。首先，市场主体追求利益最大化的行为可能引发其市场支配地位滥用以及各类不正当竞争行为，有效的科技创新治理手段能够在抑制市场扭曲与保护创新激励间达成动态平衡；其次，企业在研发投入与市场竞争策略选择上，若没有知识产权保护等规则限制，可能会倾向于模仿甚至是"山寨"而在短期内获取收益，但这有可能导致整个创新生态陷入低水平竞争，而完善的知识产权保护制度能够改变创新主体的博弈策略，促使企业提升自主创新水平；最后，公平竞争的市场环境有助于构建良好的社会网络关系，促进创新主体间的协同创新，企业、高校、科研机构等创新主体基于共同的创新目标与利益诉求，更愿意进行知识共享、技术合作与人才交流，形成创新合力。

（三）风险管理

科技创新治理通过构建风险识别、评估与防控的全周期管理体系和监管框架，实现技术正向价值与社会公共利益的均衡，为科技安全和新质生产力的可持续发展提供制度保障。首先，伦理审查机制能够规范技术研发边界。新兴技术（如人工智能、基因编辑、脑机接口等）一旦不受控制地使用，会引发一系列伦理风险，因此，可从制度层面构建前置性的监管法规体系和治理框架，明确规定新兴技术在不同阶段的应用边界,同时配套严厉的惩罚机制,对违规开展违背伦理的实验、擅自扩大技术应用范围的行为予以重罚,发挥有力的警示作用。其次,分级监管框架能够统筹平衡创新激励与风险防控。针对技术迭代速度快、后果不确定的特点,治理模式需从"一刀切"式管控转向动态适应性监管,通过制度弹性化解创新伦理悖论,即以风险能级为轴心建立动态分类体系,将技术应用场景按社会敏感度、系统关联性和损害不可逆性划分多级风险阈值,依据技术成熟度指数进行阶段性校准。最后,国际协同治理能够有效应对技术风险的全球化。颠覆性新兴技术的风险外部性具有非对称扩散特征,传统的科技创新治理在应对"算法殖民""数据虹吸"等跨国负外部性时面临集体行动困境,亟须建立有效的多边治理机制,包括技术标准互认体系、风险共担协议和数据主权协调框架等,通过有效的制度安排降低制度性交易成本,使全球范围内技术红利分配与技术风险承担形成正相关关系,实现全球科技创新治理的纳什均衡。

三、新质生产力与科技创新治理的理论基础

(一) 创新理论

"创新"是一个非常宽泛的概念,涉及经济学、法学、政治学、理学、军事学、管理学、社会学甚至文学等多个研究领域。创新概念的明确提出,最早见诸熊彼特(J. A. Schumpeter)的《经济发展理论》,该概念在其之后的论著中被进一步拓展,并形成了一套完整的理论构架。熊彼特认为,"创新"就是"建立一种新的生产函数",把一种从来没有过的关于生产要素和生产条件的"新组合"引入生产体系。他认为创新在经济和社会变迁中起着重要的作用,提出这种重新组合资源的活动是"企业家的核心职能"。[1] 在熊彼特的早期研究中,创新就是对特定问题持新思路的个体企业家和社会惯性之间在一定历史时期持续斗争的结果,而且社会惯性具有内生性(熊彼特Ⅰ型);在后来的研究中,他强调有必要对大公司中的"合作型"企业家精神进行系统研究(熊彼特Ⅱ型)。[2] 他将创新划分为五个不同的类型,包括新的产品、新的生产方法、新的供应源、新的市场和新的企业组织方式。这就是说,创新活动不仅包含技术活动,同时也涵盖了组

---

[1] 詹·法格博格,戴维·莫利,理查德·纳尔逊.牛津创新手册[M].柳卸林,等,译.北京:知识产权出版社,2008:5-28.

[2] 同上.

织创新、市场创新等一系列提高要素配置效率的活动。熊彼特创新理论的提出,是经济理论上的重大突破,成为后续创新研究的奠基石。随着全球科技进步和经济飞速增长,创新理论吸引了越来越多经济学家、学者的关注和研究,并在不同领域得以延伸。现代创新理论按照研究内容可以分为知识创新、技术创新、产业创新、制度创新、金融创新、组织创新和创新扩散等,按照研究领域可以分为国家创新系统、区域创新系统和企业创新等。

(二) 马克思主义生产力理论

最早提出"生产力"概念的是重农学派的魁奈(Francois Quesnay),他提出"和庞大的军队会把田地荒芜相反,大人口和大财富,则可以使生产力得到很好的发挥"[1],其中"生产力"蕴含着人类改造和征服自然的能力。与古典政治经济学家将生产力视作孤立的存在不同,马克思、恩格斯以唯物史观的视角,从生产力与生产关系的联系出发,将生产力视为推动人类社会发展的根本动力。[2]

马克思主义认为,生产力由劳动者、劳动资料和劳动对象构成。劳动者是具有一定生产经验、劳动技能和知识,能够运用劳动资料作用于劳动对象、从事生产实践活动的人,是生产力中最活跃的因素;劳动资料是劳动者在劳动过程中用来改变或影响劳动对象的一切物质资料或物质条件,其中生产工具是劳动资料的主要内容,它的发展水平是衡量生产力发展水平的客观尺度;劳动对象是劳动者在生产过程中所加工的一切物质资料,包括自然界直接提供的自然物以及经过劳动加工的原材料。马克思将科学技术视为历史的有力杠杆和最高意义上的革命力量。[3] 马克思在辨析机器、工人阶级、资产阶级、工业、社会之间的复杂关系后,对科技的革命性作用予以高度评价,明确指出"生产力中也包括科学"[4],充分肯定了科学技术的革命性,指出"手推磨产生的是封建主的社会,蒸汽磨产生的是工业资本家的社会"[5]。在资本主义制度下,机器是生产力发展的产物,作为生产资料被资本家牢牢控制了其所有权,机器的使用缩短了必要劳动时间,却进一步剥削和挤压了工人的剩余价值。

---

[1] 魁奈经济著作选集[M].吴斐丹,张草纫,选译.北京:商务印书馆,1979:61.
[2] 马克思恩格斯文集:第一卷[M]. 北京:人民出版社, 2009:533.
[3] 马克思恩格斯全集:第十九卷[M].北京:人民出版社,1963:372.
[4] 马克思恩格斯全集:第四十六卷(下)[M]. 北京:人民出版社,1980:211.
[5] 马克思恩格斯选集:第一卷[M]. 北京:人民出版社,1995: 142.

(三) 制度经济学理论

人类经济活动是要嵌入社会制度情境的。创新主体交互联结所形成的制度逐渐成为研究的焦点。制度本质上被视为一个社会的博弈规则,即人为设计的、形塑行动主体互动关系的约束。这一约束涉及正式的规则、非正式的约束(包括行为规范、惯例和行动准则等),以及两者的实施特征,并通过长期复杂的互动塑造创新行动者的惯习,最终获得社会整体层面的合法性。由此,制度对于国家经济增长和社会发展的决定性作用受到各方重视,制度创新也成为技术创新之外驱动国家发展的重要基础。在我国,社会主义经济体制改革经历了从机制到体制、从体制到制度的深入探索过程,是在改革开放和社会主义现代化建设实践中的重大创新,实现了有效市场和有为政府的更好结合和优势互补。而如何在中国特色社会主义新时代全面推动制度经济学与创新发展融合,如何使支持创新发展的基础制度更具中国特色,如何更加全面发挥我国既有优势、系统构筑前沿优势等,要回答这些问题,需要彻底融通从制度经济学到社会主义市场经济制度的相关理论探索。[①]

第二节 科技创新治理体系的基本框架

科技创新治理是超越科学技术本身的系统性命题,它绝非对创新的束缚,而是通过完善制度环境、优化资源配置、划定风险底线、平衡多元价值,从而不断扩展科技创新赋能人类社会发展的可能性空间。十八大以来,强化科技创新治理、推进国家和地方科技创新治理体系建设成为党和国家发展科学技术的战略方针。科技创新治理体系是国家治理体系的重要组成部分,是国家治理体系在科技创新治理领域的具体体现和延伸,承担着推动科技创新、促进科技与经济社会深度融合等特定功能。随着科技创新的主要驱动力逐渐由兴趣驱动向经济社会发展需求驱动转变,与科技革命、产业变革和国家战略导向等需求相适应的科技创新治理体系,成为保障和促进科技创新活动的重要支撑。[②]

[①] 陈劲,朱子钦,杨硕,等.全面创新:制度视角的概念、框架与政策启示[J].创新科技,2023(10):1-12.
[②] Jakob Edler, Luke Georghiou. Public Procurement and Innovation: Resurrecting the Demand Side[J]. Research Policy, 2007(7): 949-963.

一、科技创新治理体系的含义及其构成

科技创新治理体系是指在科技创新活动中,为了实现科学技术的有效创新、合理应用和可持续发展,由多元主体遵循一定的治理原则,通过一系列制度、机制和工具所构成的,对科技创新全过程进行协调、引导、监督和管理的有机整体。[①] 经济社会发展需求的动态性决定了科技创新治理的价值目标和重点内容也在不断变化,随着创新范式由传统的线性模式向非线性的多维螺旋模式跃升[②],基于线性思维的科技创新管理难以适应创新发展的新形势和新需求,而基于创新生态系统的科技创新治理体系能够更好地响应当前科技创新活动所呈现出的复杂系统属性,即多尺度涌现性、路径依赖突破以及拓扑化知识流动特征。这种治理范式的迭代是创新理论、复杂适应系统理论和公共管理理论在科技创新治理领域不断发展的映射。

按照治理理论,治理的逻辑是围绕"治理什么""由谁来治理"和"怎样治理"三个核心维度展开的,因此,科技创新治理体系包括治理主体、治理对象和治理手段三个主要构成要素(见图8-1)。

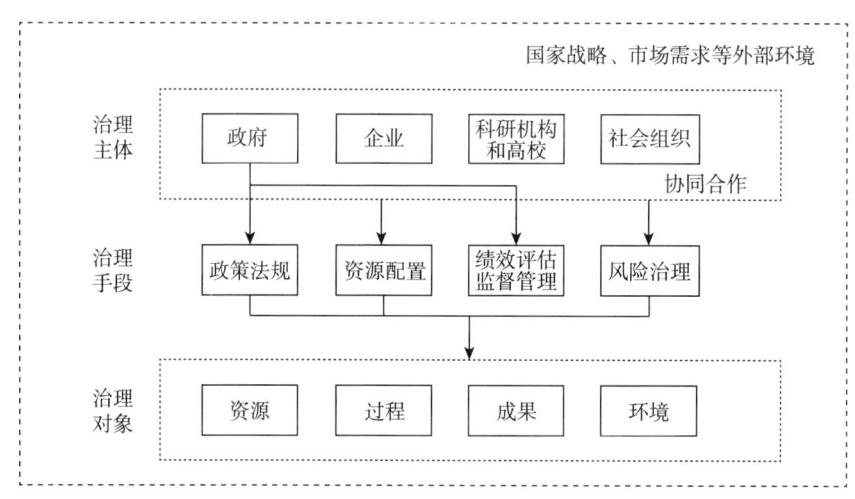

图 8-1 科技创新体系的基本框架和构成要素

---

① 樊春良.国家科技治理体系的理论构架与政策蕴含[J].科学学与科学技术管理,2022(3):3-23.
② 梁炜.用科技创新共创后疫情时代美好世界[N].陕西日报,2022-06-30(08).

从治理主体来看,政府、科研机构、高校、企业以及社会组织等多元主体构成了协同创新网络。政府作为顶层设计者,通过政策制定与制度保障划定创新边界;科研机构与高校则通过基础研究与人才培养支撑创新生态;企业作为科技创新的重要主体,通过研发投入与技术迭代推动产业升级;社会组织则通过标准制定与公众参与消除治理盲区。

从治理对象看,治理对象涵盖科技创新全链条中的关键环节与资源,包括科技创新资源、科技创新过程、科技创新成果及科技创新环境,是科技创新活动的核心因素。在科技创新资源方面,需合理调配人力、物力、财力和信息资源,提升创新资源利用效率;在科技创新过程中,要全程把控从基础研究到产业化的各个环节,保障其连贯高效;对于科技创新成果,要着重保护知识产权、制定技术标准并进行市场推广;在科技创新环境上,要积极营造良好的政策、市场、文化和社会氛围,为创新活动提供适宜的外部条件。

从治理手段看,治理手段是实现治理目标的具体工具,包括政策法规、资源优化配置、绩效评估与监督管理、风险治理,是多维工具的协同应用。在政策法规方面,要不断完善与科技创新相关的政策法规,增强政策的合理性;在资源优化配置上,要综合运用市场机制和政府调控,提高资源利用效率;在研发经费管理中,要规范经费预算编制、严格监督经费使用情况,确保经费合理使用;在风险治理时,要建立健全风险预警和应对机制,有效防范技术风险、市场风险和伦理风险等。

二、科技创新治理的主体

科技创新治理的主体是指在科技创新活动中发挥主导作用、承担主要责任的多元组织与机构。科技创新治理须依赖政府、企业、科研机构、高校和社会组织等多元主体的协同参与,通过角色分工与资源互补实现最优治理。

(1)政府在科技治理中处于核心引领地位,承担着政策制定、资源统筹与风险监管的职能。从政策制定的角度看,政府依据国家战略规划与发展需求,制定了一系列科技创新政策及法律法规,为科技创新活动提供制度保障和发展环境。在资源统筹方面,政府利用财政资金、科研项目招标等方式,引导资源向科研重点领域和关键技术研发方向倾斜,确保科技创新资源的高效配置。同时,政府还肩负着风险监管职责,对科技创新活动进行全程监督,保障创新活动能够合理合法地开展,维护市场公平。

(2)企业作为科技创新的重要主体,其创新能力在一定程度上直接关系到国家的科技竞争力。在市场竞争的驱动下,企业通过持续加大研发投入、引进先进技术以及开展自主创新活动,将科技成果转化为实际生产力,不断推动技术进步和产业升级。以华为公司为例,多年来华为在5G通信技术、芯片研发等领域投入大量资源,凭借自主创新打破国外技术垄断,不仅提升了自身在全球市场的竞争力,也为我国通信产业的发展做出重要贡献。以此来看,企业贴近市场的特性使企业能够敏锐地捕捉到市场变化,将科技创新与市场需求紧密结合,加速科技成果的商业化。

(3)科研机构与高校是科技创新的重要源泉,在基础研究、技术开发与人才培养方面发挥着不可替代的作用。科研机构专注于前沿科学研究和关键技术突破,高校则在开展基础研究的同时,履行人才培养与知识传播的职责。两者通过开展各类科研项目,为科技创新提供了强大的理论支持和丰富的技术储备。此外,高校和科研机构拥有丰富的人才资源和完善的人才培养体系,能够源源不断地为科技创新以及科技创新治理输送专业人才,为相关活动提供持久的人力支持。

(4)社会组织在科技创新治理中扮演着桥梁和纽带的角色,涵盖非政府组织、慈善机构、社区组织和技术经理人等多种类型。社会组织凭借其专业性和灵活性,通过提供专业服务、搭建交流平台和推动公众参与等方式,促进科技创新主体之间的沟通与协作,进而消除政府与市场的治理盲区。值得注意的是,技术经理人作为社会组织中的重要角色,通过技术评估、知识产权运营来匹配市场需求,进而加速科技成果的转化。同时,社会组织与技术经理人在公众参与层面还发挥了协同作用。社会组织通过科普活动、创新工坊等形式引导公众参与科技创新,而技术经理人则通过社区技术培训、创业辅导等提高公众的科学素养,共同营造了良好的社会氛围。

三、科技创新治理的对象

科技创新治理的对象是指科技创新活动中需要规范和管理的各类要素和

环节,基于"创新价值链"理论①进行系统性划分,具体包括以下维度:

(1) 科技创新资源是科技创新活动的基础支撑,包括人力、物力、财力和信息资源等。在当前科技创新的复杂性和不确定性逐渐增强的背景下,优化资源配置、提高资源利用效率成为科技创新治理的关键课题。在人力资源方面,高素质的科研人才是科技创新的核心驱动力,其数量和质量在一定程度上能够直接决定科技创新的成效。物力资源涵盖了科研设备、实验场所等硬件设施,先进和完备的科研设备能为科研工作的开展提供强有力的保障。财力资源是科技创新得以持续推进的重要保障,科研经费是否充足也影响了科研项目的开展规模和进度。信息资源则为科技创新提供了知识基础和创新思路,能够及时地为科技创新主体提供准确、有效的信息,避免重复研究,提高创新效率。

(2) 科技创新过程是基础研究、技术开发、成果转化、产业化的复杂链条,具有非线性和不确定性的特征。基础研究是科技创新的根基,其目的在于探索新知识、发现新原理,为后续的应用研究和技术开发提供强有力的理论依据;技术开发是将研究成果转化为实际可用的技术和产品;成果转化则致力于将技术和产品推向市场,实现其商业价值;产业化是成果转化的进一步拓展,是实现产品大规模生产和广泛应用的过程。在这个过程中,各个环节紧密相连,任何一个环节出现问题都可能影响到整个创新进程。

(3) 科技创新成果是科技创新活动的最终产出,贯穿于基础研究到产业化的全过程,包括新技术、新产品、新工艺和新服务等多种形式,对科技创新成果的治理是科技创新治理的核心任务之一。在基础研究阶段,可能尚未形成能直接面向市场的产品或服务,但产出了新知识、新原理和新理论等,这些成果是整个科技创新链条的根基,为后续研究奠定基础。进入技术开发阶段后,基于前期基础研究的成果,产生了具有实际应用价值的新技术和新工艺。此时,对科技创新成果治理的关键在于知识产权保护。成果转化阶段的科技创新成果主要体现在新产品和新服务的雏形上。在这个阶段,需要制定科学合理的技术标准,以便规范市场竞争,提高产品和服务质量,促进科技成果的广泛应用。最后在产业化阶段,科技创新成果实现大规模的生产和广泛应用,形成了完整的产

---

① Morten T. Hansen, Julian Birkinshaw. The Innovation Value Chain[J]. Harvard Business Review, 2007(6): 121-130.

业链。市场推广活动是这一阶段科技创新成果治理的重点,通过有效的市场推广,科技成果能够更好地对接市场需求,实现其经济和社会价值。

(4)科技创新环境是创新活动的外部支撑,包括政策环境、市场环境、文化环境和社会环境等。良好的创新环境是科技创新活动能够顺利进行的重要保障,需要政策协同、文化包容与市场开放的共同塑造。例如,深圳"敢为天下先"的创业文化,推动了当地科技企业从"跟跑"向"领跑"转型;杭州通过优化多方面的创新环境,助力"六小龙"企业成为行业创新的引领者,并且带动了当地乃至全国相关产业的科技创新发展。

四、科技创新治理的手段

科技创新治理的手段是治理主体作用于治理对象的具体路径,需要多维工具的综合运用来实现治理目的。

(1)政策法规体系是引导和规范科技创新活动的重要基石,通过明确科技创新导向与行为边界,为多元主体的相关活动提供强有力的保障。如美国通过重组国家科学基金会(NSF)和设立技术理事会,优化了人工智能、量子计算等前沿领域的战略布局。[①] 此外,跨部门协同机制和区域政策衔接也进一步增强了政策执行的协同效应,确保了科技创新活动在法治轨道上健康发展。

(2)资源的高效配置是科技创新的物质基础。要平衡市场机制与政府调控,从人力、物力、财力三方面统筹规划。在人力方面,通过"高精尖缺"人才引进计划和本土的人才培养方案,逐步优化人才结构。同时,合理调配科研人才,根据其专业技能和创新能力将其分配到适宜的岗位上,避免人才浪费。在物力资源方面,应加强科研设备的共享与管理。可以通过引入人工智能技术实现对设备使用率的动态监测,优化设备配置,提高设备的利用率。财力资源的优化配置则主要体现在对科研经费的合理分配上。科研经费对科技创新至关重要,其分配要兼顾投入精准性和使用透明性。在经费投入方面,政府可以通过增加基础研究预算、设立专项基金等保障创新主体的长期性研究,确保资源投入能转化为实际生产力。

---

① 樊春良.国家科技治理体系的理论构架与政策蕴含[J].科学学与科学技术管理,2022(3):3-23.

（3）绩效评估与监督管理是科技创新治理的关键组成部分，可以确保科技创新活动的质量与效益。评估指标应多元全面，涵盖成果创新性、社会经济效益等方面。在评估过程中，可以借助大数据、人工智能技术对科技创新过程进行动态监测，例如欧盟的"地平线欧洲"计划通过数字化平台实时跟踪科研项目进展，并及时调整资源分配和目标偏差。[①] 而监督管理应贯穿全程，以规范项目实施、资金使用和成果转化，并对违规违法行为严肃处理，从而保障创新活动合法合规地进行。

（4）新兴技术的快速发展伴随着伦理、安全及市场等诸多风险，因此，风险治理是科技创新治理中不可或缺的环节，需要构建分级分类的治理框架。例如，我国通过成立国家科技伦理委员会强化了基因编辑、AI算法等领域的伦理审查。同时，需建立跨境风险联防机制，如国际原子能机构（IAEA）的技术援助网络，应对核技术扩散等全球性挑战。

第三节　科技创新治理的机制

科技创新治理的机制是实现科技创新治理目标的具体路径和工具，它的核心在于通过多元主体的协同作用，运用科学的管理手段和制度安排，确保科技创新活动的有效性和可持续性。

一、产学研深度合作机制

新质生产力的发展是推动经济社会进步的关键动力，而这一发展进程迫切需要打破传统线性创新模式的束缚，构建起"政府引导—市场驱动—社会参与"的协同机制。在科技创新治理体系中，产学研合作机制作为核心枢纽，发挥着不可替代的重要作用。在科学研究范式历经深刻变革、学科交叉融合趋势日益显著的时代背景下，强化产学研深度融合，对于提升国家创新体系效能、推动产业创新能力升级具有至关重要的意义。

在政府引导层面，需要构建制度化的政策支持体系。政府通过制定政策、

---

① European Commission. Horizon Europe Strategic Plan 2021-2024[M]. Luxembourg：EC Publications, 2021.

搭建平台等方式,促进产学研之间的信息共享、人才流动和资源整合,为科技创新以及创新要素流动提供了制度保障。一方面,政策制定是政府引导创新的强力手段。通过出台研发费用加计扣除、高新技术企业税收优惠等激励政策,政府为企业、高校及科研机构减轻创新成本压力,激发其研发积极性。另一方面,政府积极搭建创新平台,促进产学研深度对接。国家级高新技术产业开发区、科技成果转化交易平台等,逐渐成为高校、科研机构与企业共享资源、交流合作的重要阵地。

市场驱动机制的核心在于构建具有共同价值的系统。企业作为科技创新治理的主体之一,凭借其市场资源和产业化能力,将科研成果转化为实际产品和服务。企业身处市场前沿,对消费者需求、行业痛点感知最为敏锐。例如华为公司与清华大学、北京大学等国内高校深化科技合作和人才交流,合作方向既包含数学等基础科学领域,也包含智能汽车、5G、大数据、ICT等多个应用科学领域。同时,市场竞争压力促使企业不断加大研发投入,提升自身的创新能力。在智能手机市场,苹果、小米等企业为争夺市场份额,持续投入巨额资金用于芯片研发、影像技术创新等,带动整个产业链不断向高端化迈进,在激烈的市场角逐中推进了新质生产力的提升。

社会参与需要培育多主体协同的创新网络。高校和科研机构应专注于基础研究和前沿技术开发,为科技创新提供理论基础和技术储备。在基础研究方面,高校和科研机构聚焦于探索自然规律、揭示科学原理,为后续技术研发筑牢根基;而前沿技术开发着力于开拓新兴技术的应用边界,不断深挖新兴产业和技术可以作用的领域。在基础研究和前沿技术开发的双重驱动下,高校和科研机构可以源源不断地为科技创新提供理论支撑与关键技术储备。社会组织则通过搭建技术交易平台、举办各类创新型比赛等方式促进知识流动,营造全社会尊重创新、鼓励创新的良好氛围,进一步激发公众参与创新的热情。

面向未来,还需要不断探索"概念验证中心—中试基地—产业园区"三级体系的构建。在这一过程中,产学研深度合作机制也将通过制度创新、模式创新、技术创新三重驱动,成为新质生产力发展的核心引擎,为构建现代化产业体系提供持久动力。

二、市场主导的创新要素配置机制

科技创新要素的高效配置是驱动创新体系运转的核心动力。市场主导的创新要素配置机制强调通过价格信号、竞争机制和供需关系引导人才、资本、技术等要素向最具创新潜力的项目和领域流动。

首先,要素价格市场化改革释放创新活力,时刻精准捕捉科技创新领域供需关系的细微变化。一旦市场对某类创新产品或技术需求激增,其价格便会随之上涨;反之,若某类产品或技术供大于求,其价格会呈现下跌趋势,企业也会收缩相关业务,将资源转移到更具潜力的创新方向上,以此推动资源在不同创新领域间灵活、高效流转。

其次,竞争中性原则保障了多元主体平等参与。在良性竞争的环境下,科技企业为在激烈竞争中脱颖而出,不断挖掘自身潜力,探索创新路径,以此提高产品的竞争力。而竞争也促使企业不断优化资源配置,将更多资源集中于核心技术研发与产品创新,进而推动整个行业的技术进步与产品升级,实现资源向更具竞争力的创新项目汇聚。

最后,要素流动壁垒的破除加速创新网络形成。资本市场通过风险投资、技术交易市场等渠道,将资金精准投向有潜力的创新领域;技术交易市场推动了高校、科研机构与企业对接,促进技术、资本与产业融合;人才流动受市场供需影响,新兴科技领域利用优厚待遇不断吸引人才跨行业流动。

在此过程中,政府扮演着"规则制定者"与"服务供给者"的角色。一方面,政府通过"数据二十条"等相关政策确立要素流通规则;另一方面,政府通过建设国家技术转移体系消除信息不对称。政府还需要通过建立技术标准体系、开放公共数据平台、完善反垄断规制等手段,维护市场公平竞争环境。

三、动态激励机制

激发创新活力是推动科技创新进步的关键,而动态激励机制为科技创新注入了持续的生命力,确保在科技创新的不同阶段,激励措施都能精准发力。"政府—市场—社会"协同发力,在激励过程中共同发挥作用。

在政府层面,财税优惠与知识产权保护制度是降低创新成本的有效手段,并依据创新产业发展态势、企业成长周期灵活调整相关政策与制度。在新兴科技产业萌芽阶段,加大税收减免力度,助力企业度过艰难初创期;随着企业发展壮大,逐步调整优惠侧重点,引导企业拓展创新领域。知识产权保护制度同样要不断优化:依据技术迭代速度,及时更新保护范围与标准,对新兴技术如人工智能算法、基因编辑技术等的知识产权予以明确与提供有力保护,确保创新者的权益在快速变化的科技环境中始终得到捍卫。

市场层面的风险投资与技术交易市场等金融工具也需要遵循动态调整原则,以分散创新风险。风险投资机构要敏锐感知科技发展趋势,及时调整投资策略:在前沿科技领域发展初期,大胆布局,以高风险高回报的投资模式助力早期项目成长;当某一技术领域逐渐成熟,投资重点则需要转向技术优化与市场拓展环节。在技术交易市场层面,要根据技术供需关系的动态变化,不断完善交易规则与服务体系。

在社会层面,科技奖励体系同样需要进行动态调整。奖励标准应与时俱进,除了关注传统科研成果的学术价值,更要重视科技成果的社会影响力、市场转化价值。随着科技创新对社会发展渗透力的增强,设立一些新型奖项,激励科研人员关注不同领域的创新需求。同时,奖励形式也应多样化,除了传统的奖金、荣誉证书,还可以增加提供国际交流机会、科研资源优先调配权等奖励方式,满足科研人员在不同阶段的多元需求。

激励政策需要与创新阶段相匹配,对基础研究的支持侧重长期性与稳定性,而应用研究则需强调其市场导向。[①] 这种分阶段、动态化的激励策略,能够全方位地契合科技创新的复杂进程,精准配置资源,持续激发创新活力,为科技创新的持续突破与长远发展筑牢根基。

四、科技创新绩效评价机制

科技创新活动的多维价值输出需要建立超越传统量化指标的评价体系。创新绩效评价机制遵循"分类评价、过程管理、价值导向"的原则,通过构建多维度、全周期的评价框架,引导创新活动向国家战略需求聚焦。OECD 提出的"负

---

① OECD. The Innovation Imperative: Contributing to Productivity, Growth and Well-Being[R]. Paris: OECD Publishing, 2015.

责任创新"评价模型①,将社会效益、伦理合规性等纳入指标体系,为我国科技创新的评价体系提供了理论参照。

党的十八大以来,党中央决策部署推进科技评价体系改革,聚焦"四个面向"的科技成果评价导向逐步确立。以此为依据,我国不再单纯以论文数量、项目承担数量等量化指标作为评价依据,而是更加注重科技成果的实际价值和对经济社会发展的贡献。在评价主体方面,加快构建了政府、社会组织、企业、投融资机构等共同参与的多元评价体系,积极发展市场化评价,规范第三方评价,充分调动各类评价主体的积极性,使评价结果更加客观、全面。在评价体系方面,健全了分类评价体系。针对基础研究、应用研究、技术开发和产业化等不同类型成果,形成了细化的评价标准②:基础研究成果以同行评议为主,强调原创性和科学价值;应用研究成果以行业用户和社会评价为主,关注技术的实用性和市场潜力;技术开发和产业化成果以用户评价、市场检验和第三方评价为主,突出成果的产业化应用和经济效益。在评价方法方面,加强了中长期评价、后评价和成果回溯,更加重视科研的渐进性和成果的阶段性规律,同时,积极探索科技成果评价的理论和方法,利用新技术手段开发信息化评价工具,推广标准化评价,以增强评价的科学性和准确性。然而,关于创新绩效评价需要重点解决的问题依然存在,未来还需要不断改进和完善评价机制,提升创新治理效益。

五、科研诚信与伦理监督机制

科技创新活动的健康可持续发展必须以伦理规范为基石。国际科学理事会(International Science Council)将科学家"从事负责任的科学实践和行为"写进了《国际科学理事会章程和议事规则》。③ 党的十八大以来,我国印发《关于进一步加强科研诚信建设的若干意见》《关于进一步弘扬科学家精神 加强作风和学风建设的意见》《关于加强科技伦理治理的意见》《负责任研究行为规范指引(2023)》等文件,要求科研人员践行科学家精神,坚守学术诚信,开展负责任

---

① OECD. Responsible Innovation[EB/OL].[2025-04-25].https://www.oecd.org/en/topics/responsible-innovation.html.

② 刘垠. 健全分类评价体系 从源头力促科技成果转化[N]. 科技日报,2021-08-04(03).

③ ISC. International Science Council Statutes and Rules of Procedure[R/OL].[2025-04-13].https://council.science/wp-content/uploads/2025/03/ISC_Statutes_RulesProcedure_30jan2025_EN.pdf.

研究。科研诚信与伦理监督机制通过制度约束、技术监管和文化塑造"三位一体",构建覆盖"事前防范—事中控制—事后追责"的全链条治理体系。在事前评价阶段,对重大科技项目的技术可行性与社会影响进行预判,例如对基因编辑技术进行伦理审查,以防范潜在风险;在事中监测阶段,利用大数据平台如国家科技管理信息系统动态追踪研发进展与资源使用效率,以确保项目按计划推进并高效利用资源;在事后评价阶段,引入第三方机构对成果转化率、经济贡献率等指标进行量化考核,以全面评估科技创新活动的实际成效。这种全链条的监督评价机制可以有效保障科技创新的规范性、高效性和可持续性。

如今,我国在科技创新领域已建立三层监管架构:在法律层面,《科学技术进步法》就科研诚信进行了规定;在制度层面,42个学科领域发布伦理审查指南;在操作层面,建成了覆盖2000家机构的科研诚信信息系统。同时,技术赋能显著提升了监管效能:借助大数据分析技术,监管部门能够实时收集、整合海量数据,大大增强了监管的科学性与精准性。

通过法律制度的刚性约束、技术工具的精准防控、文化生态的柔性培育,科研诚信与伦理监督机制不仅为科技创新划定了清晰的伦理边界,更在全球科技创新治理中贡献了中国方案,让科技创新向成为造福人类文明的可持续力量不断迈进。

第四节 中国近现代科技创新治理的历史沿革与发展趋势

纵观中国科技创新治理的百年征程,从被动适应到主动引领,从学习模仿到自主创新,生动诠释了中国科技从追赶者到引领者的跨越。从晚清"师夷长技以制夷"的被动回应,到新时代"自立自强"的主动突围,中国科技治理历经百年变革,始终以市场需求为核心,不断探索科技与制度的协同发展。这一过程既体现了我国从技术模仿到自主创新的路径跃迁,也展现了中国共产党领导下"集中力量办大事"的惊人力量。当前,面对全球科技博弈升级,中国正以新型举国体制为基石,探索科技治理现代化与全球化协同推进的中国方案。

一、中国科技创新治理的历史沿革

新中国成立以来,我国科技创新治理体系经历了从初步探索到逐步完善,再到不断创新的发展过程,在不同历史时期呈现出不同的特点。

(一) 早期探索:西学东渐与实业救国(1840—1949)

中国近代科技治理的萌芽始于晚清"师夷长技以制夷"的实践。洋务运动时期,江南机器制造总局、福州船政局等官办企业引进西方技术,通过《海国图志》等著作,初步构建"中体西用"的技术框架。[①] 民国时期,中央研究院和北平研究院的成立标志着现代科研体系初具雏形,但受限于战乱频发和财政匮乏的时局,其发展面临诸多挑战,科研工作的连续性和稳定性受到严重影响。

(二) 举国体制的奠基(1949—1978)

新中国通过制度化重构奠定科技治理基础。在1956年"向科学进军"的口号下,《1956—1967年科学技术发展远景规划》首次系统部署57项重大任务,确立"重点发展,迎头赶上"的方针。[②] 1964年到1970年,"两弹一星"工程的伟大实践印证了"集中力量办大事"的举国体制的惊人的力量,形成了"任务导向型"的科研组织模式。1949—1978年,从中国科学院和国防科委等机构的组建,到"十二年科技规划""十年科技规划"的实施,最终形成了计划经济时代我国科技治理的举国体制,核心在于运用行政力量自上而下迅速构建科技体系,部署国家重点项目,为国防和国民经济建设提供有力支撑。[③]

(三) 市场机制的激活(1978—2012)

1978年全国科学大会提出"科学技术是生产力",市场化改革进程也由此开启。于1985年发布的《关于科学技术体制改革的决定》推动了拨款制度、人事管理制度等五大改革,同时,中关村科技园等试验区探索出了"自筹资金、自由组合"新模式。之后,2006年发布的《国家中长期科学和技术发展规划纲要》将自主创新上升为国家战略,研发投入从1995年的占GDP总额0.57%提升至2012年的占GDP总额1.98%。这一举措显著增强了我国的自主创新能力,推动了科技与经济社会的融合,为实现我国从技术引进到自主创新的转变奠定了坚实基础。

---

① 王兆祥."中体西用"再论[J].广西社会科学,2008(8):129-132.
② 武衡,杨浚.当代中国的科学技术事业[M].北京:当代中国出版社,1991:91-92.
③ 蔡跃洲.中国共产党对国家科技创新的领导作用[J].世界社会主义研究,2019(9):29-38,94.

(四)新时代的战略引领和协同创新(2012年至今)

党的十八大以来,中国特色社会主义进入新时代,科技创新成为国家发展的全局核心。面对全球科技与产业变革以及国内高质量发展的需求,科技创新治理体系逐渐升级。2015年《中共中央 国务院关于深化体制机制改革加快实施创新驱动发展战略的若干意见》发布,推动了"中国制造2025""互联网+"等战略的实施,促进了科技与产业融合。在治理方面,形成了政府、企业、高校等多元主体协同创新格局,各方发挥自身优势推动创新事业不断升级。此外,我国还积极参与了全球科技创新治理,不断加强国际合作,持续提升国际影响力。

二、中国科技创新治理的发展趋势

在全球格局深刻变革与科技迅猛发展的时代背景下,中国科技创新治理呈现出一系列重要发展趋势,这些趋势相互交织、相互影响,共同塑造着未来科技创新的新局面。

多方利益主体的演化博弈愈发复杂多元。随着创新生态复杂化,中国科技创新治理正从传统的"政府主导"模式转向"多元共治"模式。科技创新活动涉及的政府、企业、高校、科研机构和社会组织等多方利益主体诉求各异,在资源分配、成果共享、风险治理等方面的互动与博弈更加频繁。政府在宏观层面把控科技创新方向,制定政策并提供资金支持,推动国家整体科技实力提升,实现战略目标;企业作为创新的关键力量,聚焦市场需求,追求商业利益最大化,通过创新获取竞争优势;高校和科研机构专注知识创造与技术突破,注重学术声誉和科研成果的产出;社会组织则凭借自身的灵活性和专业性,致力于搭建沟通桥梁、促进资源共享以及推动科技创新成果的公平分配。各方在科技创新过程中既相互依赖,又存在利益冲突,这种复杂的博弈关系促使科技创新治理机制不断优化。

数字化转型逐渐成为科技创新治理的关键路径。在数字经济蓬勃发展的当下,数据已成为重要生产要素,科技创新治理对数据驱动范式和数字技术的依赖程度日益加深。借助大数据分析技术,能够更加全面、精准地洞察科技创新趋势、评估创新项目潜力,为政策制定提供科学依据;同时,利用人工智能算法,可以优化科研资源分配,提高资源利用效率。但是,数字化转型也暴露了一些深层矛盾:一是"数据孤岛"问题,如78%的省级重点实验室数据仍未接入国家科学数据中心。二是算法伦理风险。据统计,全国检察机关2022年共立案办理个人信息保护公益诉讼案件6000余件,涉及利用人脸识别侵害消费者合法权益等多种损害社会公共利益的行为。① 为此,国家适时出台一些新的政策,以此来平衡创新激励和风险管控。

全球化与自主创新的平衡至关重要。在经济全球化的浪潮下,中国科技创新治理面临"开放合作"与"安全可控"的双重考验。一方面,中国积极融入全球科技创新网络,加强与世界各国的科技交流与合作,不断引进国外先进技术、人才和创新理念,借助全球资源提升自身创新能力。另一方面,面对外部技术封锁和竞争压力,中国在一些关键领域的"卡脖子"问题仍然存在。例如,半导体设备国产化率不足20%,高端光刻机对外依存度超95%。为此,中国需要在开放合作与自主创新之间找到平衡,既要充分利用全球资源提升创新能力,又要加速关键核心技术的国产化替代进程,确保产业链和供应链的自主可控。

绿色科技创新治理逐渐从边缘议题发展为战略核心。在"双碳"目标的驱动下,绿色科技创新成为应对气候变化、资源短缺等全球性挑战的关键手段。中国将绿色发展理念贯穿于科技创新治理全过程,加大对绿色技术研发的支持力度,其支持范围涉及可再生能源开发、节能减排技术创新、资源循环利用等多个领域。在技术突破层面,2022年全球57%的太阳能电池专利、43%的锂电池专利来自中国;在制度创新方面,科技部和上海市政府牵头成立的"绿色技术银行",聚焦国家科技重点专项生态环保相关技术成果,面向市场提供转移转化服务,并开发了绿色技术应用评价体系②;2018年初开始推动"碳足迹标签"计划;2024年政府工作报告中明确提出了"建立碳足迹管理体系"的任务,标志着我国碳足迹管理体系建设已进入实质性阶段。

当前,人类文明正处于科技创新突破和新科技革命的前夜。在经历长达70

---

① 闫晶晶,宁中平.深化个人信息保护检察公益诉讼——最高检第八检察厅负责人就个人信息保护检察公益诉讼典型案例答记者问[N].检察日报,2023-03-01.
② 朱军浩.绿色低碳新赛道:绿色航运燃料产业的培育——绿色技术银行[J].华东科技,2023(3):74-76.

年的"科学的沉寂"之后,全球科技创新进入史无前例的密集活跃时期,信息、生命、制造、能源、深地、深海、深空等领域的技术创新层出不穷,人工智能、量子技术、可控核聚变技术、生物技术、基因编辑、区块链等颠覆性新兴技术正加速迭代,为我国突破传统生产力发展瓶颈、发展新质生产力提供了难能可贵的历史契机。然而,激烈的国际科技竞争以及一些发达国家的"技术出口管制"使我国面临关键核心技术供给风险,暴露出我国基础研究能力、关键核心技术依赖、创新环境和体制机制等方面的短板①,须加快构建面向新质生产力的科技创新治理体系,形成支持新质生产力形成和发展的体制机制,这是我国实现高水平科技自立自强、加快建设科技强国的制度保障,也是当前和今后一个时期我国推动科技体制改革、全面提升科技供给能力、推动经济高质量发展、改善人民日常生活的根本要求。

章节习题

1. 请简述新质生产力与科技创新治理的内涵和关系。
2. 请简述科技创新治理主体、对象和手段。
3. 请简述科技创新治理的五种机制。
4. 请简述党的十八大以来,我国科技创新治理的主要特点。

案例材料

"六小龙"火爆出圈,央媒:为何是杭州,从这几件事说起

习近平总书记指出,推进中国式现代化,科学技术要打头阵,科技创新是必由之路。在这一时代浪潮中,浙江杭州成为2025年第一个因科技创新而走红的城市。DeepSeek震动全球AI圈,宇树科技的人形机器人跳着秧歌,火遍全国,再往前看,《黑神话:悟空》开启国产3A游戏新纪元,而这几家企业均来自杭州。有科技观察者还梳理出杭州一批科技新锐,并称之为"杭州六小龙"。当我们"解剖"杭州这只麻雀,看到的是整个中国涌动的创新活力。当前,中国正以

---

① 闫瑞峰.科技创新新型举国体制:理论、经验与实践[J].经济学家,2022(6):68-77.

前所未有的力度投资未来,培育新质生产力。2024年,中国全球创新指数排名升到第11位,是近十年来创新力提升最快的经济体之一。最新数据显示,2024年我国全社会研究与试验发展(R&D)经费总量超过3.6万亿元,比上年增长8.3%,投入总量稳居世界第二位。

在创新的赛道上,各地都在全力奔跑。这段时间对"为何是杭州"的持续追问,正体现了全国各地这股奋勇争先的干劲。事实上,推动科技创新,从来不是某个城市的一枝独秀,而是百花齐放、万紫千红。北京的国家高新技术企业、国家级专精特新"小巨人"企业、独角兽企业数量均居全国各城市首位。北京日前召开的"新春第一会"指出,要强化国家战略科技力量,集中攻克"卡脖子"技术。上海打造了28个未来产业试验场,去年全社会研发经费支出相当于全市生产总值的4.4%左右。接下来,上海将重点布局细胞基因治疗、脑机接口、6G、量子计算、聚变能源等战略前沿领域。在深圳,国家级高新技术企业数量已突破2.5万家,国家级制造业单项冠军企业累计95家。下一步,深圳强调,要加快打造热带雨林式的创新创业生态,以形成更强的创新能力和更多的创新成果。此外,安徽合肥在量子信息、聚变能源、深空探测等领域,技术创新一日千里;陕西西安布局建设了光子、智能网联、氢能等7个产业创新聚集区;江苏南京作为全国科技体制综合改革试点城市,落地了首个全国高校区域技术转移转化中心;四川成都作为我国西部地区重要的科技创新中心,着力破解高校院所科技成果确权难、转化难问题……培育新质生产力,重在因地制宜。要追问"为何是杭州",学习可用的经验;更要思考"如何是自己",久久为功,走好自己的路。以创新"出圈"的城市,杭州之后,还会有更多。

资料来源:谢玉洁."六小龙"火爆出圈,央媒:为何是杭州,从这几件事说起[N/OL].(2025-02-17)[2025-04-13].https://www.thepaper.cn/newsDetail_forward_30173593.

思考: 地方政府在培育颠覆性创新、发展新质生产力中应发挥什么职能?

第三篇

社会治理工具

第九章 党的全面领导与元治理

■ 内容提要

本章主要探讨党的全面领导与元治理的关系、内涵,以及党的全面领导的功能,分析党的全面领导在社会治理中的运行机制和在实践中的具体运用与发展趋势。通过对浙江"最多跑一次"改革、北京"街乡吹哨、部门报到"机制创新等典型案例的剖析,揭示党的全面领导与元治理如何在实践中相互融合、相互促进,推动社会治理不断迈向新高度。同时,从制度化纵深、法治化升级、智能化跃迁和全球化拓展四个方面探讨党的全面领导与元治理发展趋势,并提出未来演进的战略支点,帮助学生深入理解党的全面领导与元治理在社会治理中的重要作用。

第一节 党的全面领导与元治理概述

中国共产党领导是中国特色社会主义最本质的特征,坚持党的领导是推进国家治理体系和治理能力现代化的根本保证。元治理作为现代社会治理理论中的高阶概念,强调治理体系的顶层设计与统筹协调,与党的全面领导在目标、方法和路径上高度契合。在中国社会治理的实践中,党的全面领导通过元治理机制实现对政府、市场、社会多元主体的统筹协调,以推动治理方向与政治方向的一致性发展和治理效能的最大化提升。本节将从党的全面领导与元治理的互动关系、内涵解析以及党的全面领导的功能发挥三个方面进行阐述。

一、党的全面领导与元治理的双向互动关系

党的全面领导与元治理在社会治理中的关系体现为领导核心与治理中枢的辩证统一关系。中国共产党是最高政治领导力量,坚持党中央集中统一领导是最高政治原则。党的领导在元治理框架中具有"政治—治理"的双重属性;元治理机制实质上是党领导社会治理的制度化传导系统,通过整合多元主体、协调各方利益、优化治理机制,实现政治权威向治理效能的范式转化。这种双向互动关系既保持了政治系统的统合优势,又释放了治理系统的创新动能。

(一)党的全面领导对元治理的引领和统摄

党通过制定大政方针,明确社会治理的目标和任务,为元治理提供方向指引,确保元治理始终沿着正确的政治方向前进,符合国家发展战略和人民根本利益。同时党通过价值引领,将社会主义核心价值观贯穿于社会治理全过程,凝聚社会共识,为元治理奠定坚实的思想基础。在组织层面,党通过建立健全各级党组织和优化党员干部队伍,发挥基层党组织的战斗堡垒作用和党员的先锋模范作用,将党的组织优势转化为治理优势,为元治理提供有力的组织保障。

(二)元治理对党的全面领导的反馈和优化

元治理机制本质上构成党领导社会治理的制度化中介系统,通过整合多元主体、协调各方利益,为党的全面领导在社会治理领域落地生根提供了有效的平台和抓手,使党的领导能够贯穿于社会治理的全过程和各环节。在实践过程中,元治理通过优化治理机制、提升治理效能,将党的决策转化为具体的治理行动,确保党的领导在社会治理中得到有效落实。同时元治理机制能够促进多元主体的协同参与,形成共建共治共享的社会治理新格局,为党的全面领导提供广泛的社会基础和群众支持,夯实党的执政基础和群众基础。

二、党的全面领导与元治理的内涵解析

中国共产党领导是中国特色社会主义最本质的特征,坚持党的领导是推进国家治理体系和治理能力现代化的根本保证。元治理作为现代社会治理理论中的高阶概念,强调对治理过程本身的治理,致力于优化和整合治理机制。二者的内涵在中国治理现代化的实践逻辑中实现统一,共同塑造了中国特色的治

理范式。

党的全面领导贯穿于国家治理的各领域和全过程,涵盖政治、思想和组织等多个维度。习近平总书记在党的十九届三中全会第二次全体会议上指出:"党的领导必须是全面的、系统的、整体的,必须体现到经济建设、政治建设、文化建设、社会建设、生态文明建设和国防军队、祖国统一、外交工作、党的建设等各方面。"在社会治理领域,党不仅是方向的引领者,更是行动的组织者和"元治理者"[①]。通过科学的决策机制、有效的组织协调和严密的监督体系,党的全面领导确保社会治理的目标与国家发展战略相一致,凝聚社会共识,整合各方资源,推动社会治理的高效运行。从政治维度来看,党通过制定国家发展战略和规划,明确社会治理的目标和任务,提供明晰的发展方向和坚实的政治保障,确保社会治理始终沿着正确的政治方向前进;在思想维度上,党的全面领导通过宣传马克思主义科学理论和社会主义核心价值观,引导社会成员树立正确的世界观、人生观和价值观,为社会治理提供共同的思想基础和价值遵循;在组织维度上,党的全面领导通过加强各级党组织和党员干部队伍建设,发挥基层党组织的战斗堡垒作用和党员的先锋模范作用,将党的政治优势、组织优势转化为治理效能,确保党的理论和路线方针政策在社会治理各领域全过程得到完整准确贯彻,为构建系统完备、科学规范、运行有效的社会治理体系提供坚强组织保证。

"元治理"理论是对治理理论的完善。鲍勃·杰索普最早提出"元治理",目的是解决治理失灵问题,他认为元治理强调对治理过程本身的治理。[②] 元治理的核心在于通过制度设计、机制创新和资源整合,协调多元主体之间的关系和利益,形成协同治理的格局,但并非取代传统的治理主体,而是通过更高层次的协调和监督,确保治理行为的合法性、有效性和公正性。同时元治理更加强调治理过程的动态性和适应性,能够根据社会发展的变化灵活调整治理策略,以实现公共利益的最大化。元治理的制度设计旨在构建科学合理的治理体系,

---

① 罗思东,杨奕晖.构造"核心":党领导基层治理的运行逻辑——以元治理理论为分析框架[J].中共福建省委党校(福建行政学院)学报,2022(4):79-85.
② 鲍勃·杰索普,程浩.治理与元治理:必要的反思性、必要的多样性和必要的反讽性[J].国外理论动态,2014(5):14-22.

明确各治理主体的职责和权限,形成有效的治理结构,通过制定和完善相关法律法规和政策制度,为治理主体提供明确的行为规范和操作指南,确保治理过程的合法性和规范性。机制创新是元治理的重要内容,通过创新治理机制,激发治理主体的活力和创造力,如引入市场机制、社会参与机制等,促进政府、市场和社会的协同治理,提高治理效率和质量。资源整合是元治理的关键环节,通过整合政府、市场、社会等各方资源,实现资源的优化配置和共享利用,促进各治理主体之间的合作与协同,形成治理合力。

党的全面领导与元治理的内涵在中国治理现代化的实践逻辑中实现了统一。党的全面领导为元治理提供了政治合法性与制度供给能力,确保元治理始终沿着符合国家和人民利益的方向发展。元治理则为党的全面领导提供了实践路径和机制保障,通过整合多元主体的力量,将党的决策转化为具体的治理行动。党的全面领导赋予元治理以政治优势和制度优势,而元治理则为党的全面领导提供了科学的治理工具和方法。党的全面领导确保元治理的政治方向和价值取向,为元治理提供政治支持和制度保障。元治理通过优化治理机制和整合资源,将党的全面领导落实到具体的治理实践中,提高治理效能和水平。二者的有机结合,既避免了西方治理理论中"去政治化"的实践困境,又超越了传统治理模式的刚性约束,形成具有显著制度韧性的独特的中国治理范式。在中国治理现代化的进程中,党的全面领导与元治理相互促进、相辅相成,共同推动中国社会治理不断迈向新的高度。

三、党的全面领导在中国社会治理中的地位与功能发挥

中国共产党是中国特色社会主义事业的领导核心,处在总揽全局、协调各方的地位。党的全面领导与元治理模式构成中国社会治理现代化的重要特征,突破了西方治理理论中"国家—社会"二元对立的思维局限,通过政治系统与治理系统的深度耦合,将制度优势转化为治理效能。

(一)构建现代化国家治理体系

现代化国家治理体系是国家治理的制度基础和框架结构,其建立与完善对于国家的长治久安和社会的和谐发展具有重要意义,中国共产党的全面领导在这一过程中发挥着不可替代的领导作用,具体体现在以下两个方面。

第一,党的全面领导为现代化国家治理体系的建立提供了根本的政治保障。党的领导确保了国家治理体系的建设始终沿着社会主义方向前进,符合国家的战略规划和人民的根本利益。在国家治理体系的设计和构建过程中,党通过制定宏观政策和战略规划,引领国家治理体系发展,保证国家治理体系的建设坚持正确方向,确保各项制度和机制的设计与国家的整体发展战略相一致,为国家的长期稳定和发展奠定坚实的基础。

第二,党的全面领导还体现在对国家治理体系各要素的统筹协调上。国家治理体系包括经济、政治、文化、社会、生态文明等多个领域的制度和机制,党能够有效整合这些要素,形成协同治理的合力。例如,在推动经济体制改革的过程中,党同时关注社会领域的改革,通过完善社会保障制度、教育制度等,确保经济改革的成果能够惠及全体人民,维护社会的稳定和公平。在生态文明建设方面,党统筹协调经济发展与环境保护的关系,推动形成绿色发展方式和生活方式,促进经济社会发展与生态环境保护的良性互动。这种统筹协调作用,使得国家治理体系的各个要素能够相互配合、相互促进,形成一个有机整体,提高了国家治理的整体效能。

(二)引领调适战略目标

党的全面领导不仅体现在国家治理体系的构建与完善上,更关键地体现在党能够依据时代发展需求,明确不同阶段治理的总体目标、基本方针以及重大战略,为社会治理提供清晰的方向指引和战略规划,这一点在国家发展的各个阶段均有着鲜明的体现。

回顾新中国成立初期,百废待兴,党迅速确立了恢复国民经济、巩固新生政权的治理目标,通过并实施了一系列稳定社会秩序、发展经济的方针政策。例如,土地改革运动彻底废除了封建土地制度,使广大农民成为土地的主人,不仅解决了长期以来困扰农民的土地问题,也为后续的农业发展和国家工业化发展积累了重要资源。这一时期的战略决策为新中国的经济社会发展奠定了坚实基础。

进入改革开放新时期,党再次精准把握时代脉搏,将治理目标转向经济建设,在党的十四大正式确立社会主义市场经济体制的改革目标,开创了社会主义制度与市场经济相结合的发展道路。从农村家庭联产承包责任制的推行到城市国有企业改革的逐步深入,从沿海经济特区的设立到全方位对外开放格局的形成,一系列重大战略举措的实施,使中国经济实现了高速增长,社会生产力得到极大解放,国家综合实力显著提升,人民生活水平也日益改善,中国逐渐融入全球经济体系,开启了现代化建设的快速通道。

在新时代背景下,党的全面领导在治理领域继续发挥着关键作用。面对国内外环境的深刻变化,党中央立足"两个大局",完整准确全面贯彻新发展理念,科学谋划"五位一体"总体布局和"四个全面"战略布局。党的十八大提出在中国共产党成立一百年时全面建成小康社会的阶段性目标,党的十九大提出到2035年基本实现社会主义现代化、到本世纪中叶建成社会主义现代化强国的奋斗目标,并将实现中华民族伟大复兴的中国梦贯穿于治国理政全过程。这一系列重大决策部署,无不彰显着党的全面领导在明确治理目标、方针和战略方面的科学性与前瞻性。

党能够精准洞察社会发展趋势,结合国情与民情,制定出符合实际且具有前瞻性的治理目标与战略。在国际形势复杂多变、国内社会主要矛盾发生深刻变化的当下,党又适时提出了构建新发展格局、推动高质量发展等战略部署,引领中国在实现自身可持续发展的同时,也为全球治理贡献中国智慧与中国方案,持续书写着中国社会治理的新篇章。

(三) 构建法治规范体系

在中国社会治理体系中,各类主体的活动规范与否直接关系到社会秩序是否稳定与社会发展是否有活力。中国共产党作为执政党,其全面领导贯穿于立法、执法、司法等各个环节,在制定和执行规范各类主体活动的法律法规过程中发挥着核心引领作用。

在立法环节,党的全面领导主要体现在对立法工作的统筹规划和方向指引上。党通过深入调研、科学分析和民主协商,确定立法工作的重点领域和关键环节,为立法机关制定法律法规提供明确的方向和目标。在立法过程中,党注重发挥专家学者的作用,组织专业力量对法律法规草案进行深入研究和论证,确保法律法规的科学性和可行性。此外,党还通过领导立法机关,加强对法律法规的审查和监督,确保法律法规与党的路线方针政策保持一致,与国家发展战略相契合。

在执法环节，党的全面领导主要体现在对执法工作的监督和指导上。党通过领导行政机关，建立健全执法体制和机制，加强对执法工作的组织协调和监督指导。党注重提高执法人员的素质和能力，加强执法队伍建设。通过开展执法培训、加强执法监督等方式，提高执法人员的法律素养和执法水平，确保执法工作的公正性和有效性。同时，党还通过领导行政机关，推动执法工作的公开透明，接受社会监督，提高执法工作的公信力。

在司法环节，党的全面领导主要体现在对司法工作的支持和保障上。党通过领导司法机关，确保司法机关依法独立公正行使职权，保障司法公正。党注重加强司法监督，通过建立健全司法监督机制，加强对司法工作的监督和管理，推动司法工作的规范化和制度化，确保司法工作的公正性和权威性。党还通过领导司法机关，推动司法改革，提高司法效率和质量，为社会提供更加优质的司法服务。

（四）协调多元主体关系

国家与社会、政府与市场之间的关系是影响经济社会发展的重要因素。中国共产党通过元治理机制，制定实施相关政策和法律法规，发挥着协调国家与社会、政府与市场关系的关键作用。

从国家与社会的关系来看，党通过政策和法律法规的制定，明确了国家在社会发展中的职责和作用。国家通过制定教育、医疗、社会保障等领域的社会政策，保障社会成员的基本权益，如九年义务教育制度保障所有适龄儿童和少年接受基本教育的权利，促进社会公平正义。同时，国家通过法律法规的制定，规范社会组织的行为，如《社会团体登记管理条例》就起到规范社会团体登记管理，促进社会团体健康发展，发挥社会团体在社会服务、社会管理中功效的积极作用。

在政府与市场关系方面，党通过重大决策部署和制度性安排，科学界定并动态优化政府在市场经济中的职能作用。党的十八届三中全会通过的《中共中央关于全面深化改革若干重大问题的决定》（以下简称《决定》）明确提出"使市场在资源配置中起决定性作用和更好发挥政府作用"，这一重大理论创新被载入党的十九大、二十大报告，成为新时代处理政府与市场关系的根本遵循。根据《决定》确立的改革框架，政府职能聚焦宏观调控、市场监管、公共服务、社会管理、环境保护等关键领域,在《中华人民共和国国民经济和社会发展第十四个五年规划和2035年远景目标纲要》等顶层设计的指引下,"有效市场与有为政府更好结合"的制度体系得以构建。

党的全面领导还体现在通过对政策和法律法规的调整,使其适应经济社会发展的变化,不断优化国家与社会、政府与市场之间的关系,确保国家与社会、政府与市场之间的协调运行。

（五）领导各项社会事业

国有企业、事业单位、民营单位和社会组织等,在中国特色社会主义市场经济发展中扮演着重要角色。党通过各级党组织和政府相关部门,对这些单位进行具体的领导和管理,推动其在经济社会发展中发挥积极作用。

对于国有企业,党的全面领导主要体现在确保国有企业坚持社会主义方向,贯彻党和国家的方针政策,实现国有资产的保值增值。党组织在国有企业中发挥领导核心作用,通过参与企业重大决策、推荐领导班子成员、开展党风廉政建设等方式,确保国有企业在经济社会发展中发挥支柱作用。

对于事业单位,党的全面领导主要体现在确保事业单位坚持公益属性,服务社会公众,并不断提高公共服务水平。党组织在事业单位中发挥政治核心作用,通过加强思想政治工作、推进内部制度改革、监督领导班子履职等方式,确保事业单位在经济社会发展中发挥服务保障作用。

对于民营单位,党的全面领导主要体现在引导民营企业坚决拥护党的领导,贯彻党和国家的方针政策,进而促进企业健康发展。党组织在民营企业中发挥政治引领作用,通过加强党员教育管理、开展党员活动、协调企业与政府和社会的关系等方式,确保民营企业在经济社会发展中发挥积极作用。例如,在民营企业中,党组织通过开展"党员先锋岗""党员责任区"等活动,发挥党员的先锋模范作用,推动企业技术创新和管理创新,提高企业的市场竞争力。

对于社会组织,党的全面领导主要体现在引导社会组织坚持正确政治方向,服务社会公众,参与社会治理。党组织通过加强党的建设、监督社会组织依法依规开展活动、协调社会组织与政府和社会的关系等方式,发挥政治核心作用,推动社会组织在经济社会发展中发挥积极作用。

第二节 党的全面领导在社会治理中的运行机制

在社会治理中,中国共产党的全面领导是通过制度化、组织化、常态化的实践路径,将政治优势转化为治理效能。本节将从纵向贯通机制、横向协同机制和动态调适机制三个方面,系统阐释党的全面领导在社会治理中的运行机制,三者相互配合、相互促进,形成了中国特色的治理范式,推动社会治理的高效运行和持续发展。

一、纵向贯通机制

党的全面领导在社会治理中的纵向贯通机制体现的是从中央到地方的决策传导和执行反馈过程。党中央通过顶层设计,制定国家发展战略和规划,明确社会治理的总体目标和基本方针,这些决策通过各级党组织逐级传导,确保在不同层级的治理中得到贯彻落实。基层党组织直接面对群众,能够让政策精准落地,将政策执行过程中遇到的问题和群众的反馈及时上报,为上级党委和政府调整决策提供依据,形成一个从上到下,再从下到上的完整闭环,确保决策的科学性和有效性。

党内法规与国家法律的衔接协同是纵向贯通机制的重要保障。依规治党与依法治国相互促进,党内法规为党组织和党员在社会治理中提供了行为准则,国家法律则为全体公民和各类组织的活动设定了规范。《中国共产党政法工作条例》明确规定了党对政法工作的绝对领导,确保政法机关在社会治理中始终沿着正确的政治方向前进,党内法规与国家法律相互补充、相互促进,既保证了党的全面领导在社会治理中的贯彻落实,又维护了法治的统一和尊严。

二、横向协同机制

党的全面领导在社会治理中的横向协同机制是通过跨部门议事协调机构和统战与群团组织纽带,实现不同部门和社会力量的协同合作。领导小组机制是横向协同机制的重要方式之一,是指通过跨部门议事协调机构实现统筹功能,如中国共产党中央全面依法治国委员会通过定期召开会议、制定政策文件、开展调研督导等方式,统筹协调立法、执法、司法、守法、普法等各个环节,推动全面依法治国各项任务在社会治理领域的落实。

统战与群团组织纽带在横向协同中发挥着重要作用,通过政协、工会等整合社会力量。统战部门通过政协等平台,广泛听取各民主党派、工商联、无党派人士的意见和建议,凝聚各方智慧,为社会治理献计献策。群团组织如工会、共青团、妇联等则通过联系和服务广大职工、青年、妇女等群体,发挥桥梁纽带作用。例如,工会组织通过开展劳动竞赛、职工培训等活动,提高职工素质,促进企业发展;共青团组织通过组织青年志愿者服务、创新创业大赛等活动,引导青年积极参与社会治理;妇联组织通过开展家庭文明建设、妇女维权等活动,维护妇女儿童合法权益,促进家庭和谐稳定。

三、动态调适机制

党的全面领导在社会治理中的动态调适机制通过政策试点与扩散和监督评估体系,助推治理效能的持续提升。政策试点与扩散是动态调适机制的重要内容,通过在局部地区或特定领域先行先试,积累经验后再逐步推广,如自贸区改革通过在上海、广东等地设立自由贸易试验区,探索贸易自由化、投资便利化、金融创新等方面的经验,为全国范围内进行改革提供了可复制、可推广的模式;"河长制"从浙江省长兴县率先推行,逐步扩展到全国31个省市,有效加强了水资源保护、水污染防治、水生态修复等工作。

监督评估体系是动态调适机制的重要保障,通过巡视巡察、绩效考核等方式推动治理责任有效落地。巡视巡察制度是党内监督的重要方式,通过定期对各级党组织开展巡视巡察,及时发现和纠正政治偏差,确保党的路线方针政策在社会治理中得到贯彻落实;绩效考核制度则通过设定科学合理的考核指标,对各级政府部门和社会组织的工作成效进行量化评估,考核结果与干部任用、资金分配等挂钩,以有效推动社会治理各项工作的开展。

第三节　党的全面领导与元治理的实践运用与发展趋势

新时代党的全面领导与元治理的实践运用,有助于推动中国社会治理体系现代化进程。在改革开放纵深推进与社会转型叠加共振的背景下,中国共产党通过制度创新与实践探索,形成了中国特色的社会治理模式,推动社会治理实现从被动应对向主动引领、从单一管理向多元共治的深刻转变。本节结合典型案例,深入剖析党领导元治理的实践逻辑与创新突破,并系统阐释其发展趋势与战略支点。

一、党的全面领导与元治理的实践运用

中国共产党作为中国特色社会主义事业的领导核心,其全面领导与元治理机制的实践运用,是新时代推进国家治理体系和治理能力现代化的重要路径。本节以浙江"最多跑一次"改革、北京"街乡吹哨、部门报到"机制、上海"城市大脑"数字化转型为典型案例,系统阐释党的全面领导如何通过元治理机制在制度层面实现"顶层设计与基层创新"的有机衔接,在组织层面构建"政治势能与治理动能"的转化通道,在技术层面达成"工具理性与价值理性"的动态平衡。

(一) 浙江"最多跑一次"改革

浙江"最多跑一次"改革是党的全面领导引领行政体制改革的典型实践,其核心在于通过党委统筹破除传统治理体系的制度性障碍,以系统性制度重构实现治理效能的整体跃升。这一改革是以群众需求为导向,聚焦行政流程的碎片化、部门协同的低效化等深层次矛盾,通过顶层设计与基层创新的有机联动,探索出的一条破解"条块分割"困境的治理路径。

改革的核心机制为党委主导的跨部门协同治理。省委通过成立专项领导小组强化政治引领,系统梳理分散于多个职能部门的民生高频事项,针对部门间数据壁垒、审批冗余等症结问题,构建起"一窗受理、集成服务"的新型运行框架。在数据治理层面,依托省级政务平台整合公安、社保、市场监管等关键领域数据资源,打通信息孤岛,实现跨部门数据共享与业务协同;在流程再造层面,

推动审批权限向综合服务窗口下沉,建立"前台综合受理、后台分类审批、统一窗口出件"的标准化流程,重构行政服务的供给逻辑。通过制度性变革,浙江省有效压缩了群众办事的环节与时间成本,显著提升了政务服务的便捷性与满意度,为全国"放管服"改革提供了示范样本。党的元治理通过政治势能打破行政壁垒,以系统性制度创新重塑治理结构;通过数据赋能推动技术治理,以数字化手段优化公共服务供给;通过流程再造强化效能导向,以标准化建设规范权力运行。党的元治理通过顶层设计与基层创新的有机结合,有效破解了"条块分割"的制度困境,实现了治理体系的结构性优化。

(二)北京"街乡吹哨、部门报到"机制创新

北京市"街乡吹哨、部门报到"机制是党的全面领导在基层治理领域的创新实践,其本质在于通过党建引领跨层级、跨部门的协同治理体系的重构,破解基层治理"权责失衡"与"执行梗阻"的结构性矛盾。这一机制以问题导向为逻辑起点,聚焦基层治理中"看得见管不了"与"管得了看不见"的权责错配问题,通过制度性赋权与系统性整合,探索形成"党建引领、属地统筹、部门联动"的协同治理范式。

该机制的核心在于重构基层治理的权责配置与运行逻辑。北京市委通过制度性赋权强化街乡党组织的统筹协调功能,赋予其跨部门治理任务的发起权与调度权。当基层出现涉及多领域、多层级的复杂治理问题时,街乡党组织可启动"吹哨"程序,直接调动城管、市场监管、公安等专业执法力量下沉协同处置,打破传统科层制下"条块分割"的行政壁垒。为确保协同效能,配套建立动态考核评价体系,将部门响应效率、问题解决质量、群众满意度等核心指标纳入绩效考核,形成"责任绑定—压力传导—效果反馈"的闭环管理机制,有效整合了属地管理的灵活性与专业部门的权威性,实现治理资源精准投放与治理行动快速响应。

(三)上海"城市大脑"的数字化转型

上海"城市大脑"建设是党的全面领导驱动城市治理数字化转型的典型范例,该改革的本质在于通过技术治理的系统性重构,破解超大城市复杂系统中的数据壁垒、协同低效与场景应用难题,以技术赋能为手段,以制度创新为内核,探索出的一条技术逻辑与治理逻辑深度融合的现代化路径,彰显了党的元

治理在数字时代的前瞻性引领作用。

该机制创新的核心在于构建"党委统筹—数据驱动—场景牵引"的协同治理框架。上海市委通过顶层设计打破传统行政壁垒,建立跨层级、跨部门的数据整合与共享机制,推动分散的政务数据资源向治理中枢聚合,形成全域联动的数字治理基座。在规则建构层面,率先制定数据开放与安全管理规范,明确党组织在数据确权、流通、应用中的统筹角色,既能保障数据要素的治理价值释放,又可规避技术异化风险;在场景落地层面,聚焦城市运行的关键领域,开发覆盖疫情防控、交通调度、应急响应等核心场景的智能应用体系,实现从数据聚合到决策支持的闭环转化。党的全面领导能够有效驾驭技术革命的复杂效应,在技术赋能中坚守价值理性,在制度创新中激活治理效能,为全球特大城市数字化转型提供了"技术向善"的中国方案。

二、党的全面领导与元治理的发展趋势

新型中心国家的治理能力所带来的制度供给能力,决定着未来世界政治走向。[①] 中国作为新型中心国家,党的元治理模式是指基于国家治理现代化的深层需求,通过制度动能与治理能级的双重提升,构建起的具有前瞻性和韧性的治理体系。其发展趋势集中体现为以下四个维度的深度融合与创新突破。

(一) 制度化纵深

党的全面领导在制度化纵深发展方面呈现出不断强化和完善的趋势。从国家治理体系的整体架构来看,党的领导制度体系日益系统化和精细化:一方面,纵向层级间的制度衔接更加紧密。从中央到地方各级党组织的领导职责和权限通过一系列制度规范得以明确界定,层层递进与反馈,确保政令畅通无阻。另一方面,横向领域间的制度协同不断加强。不同部门、不同行业在党的统一领导下,通过跨部门的协调机制和联合行动方案等制度安排,打破条块分割和部门壁垒。

党内监督制度也在不断深化,巡视制度、审计制度等多种监督手段相互配合,形成全方位、多层次的监督体系。这不仅保障了党自身的纯洁性和先进性,

---

① 杨光斌.中国共产党与人类文明新形态[J].中国人民大学学报,2021 (6):8-10.

也使得党的全面领导能够更加有效地落实到国家治理的各个环节,通过严格的监督制度,及时发现和纠正领导过程中的偏差和失误,确保党的领导始终符合人民利益和国家发展的长远需求。

(二)法治化升级

法治化升级是党的全面领导与元治理发展的关键趋势之一。第一,党领导立法的机制更加科学化。党通过对国家发展方向和重大战略的把握,提出立法建议,引导立法机关制定符合时代发展需求的法律法规;在立法过程中,充分征求社会各界意见,通过民主协商和专家论证等方式,提高立法质量,确保法律法规既能体现党的意志,又能反映人民意愿。

第二,党保证执法、支持司法的制度安排更加完善。行政机关作为执法主体,在党的领导下严格执法,做到有法必依、执法必严。同时,党通过加强司法体制改革,保障司法机关依法独立公正行使职权,为国家治理提供公正的司法保障。

第三,法治宣传教育在党的全面领导下得到全面加强。通过开展全民普法活动,提高全体公民的法治意识,形成尊法、学法、守法、用法的良好社会氛围,这不仅有助于规范公民的行为,也使得国家治理能够在法治的框架内有序运行。党的全面领导与法治化升级相互促进,法治为党的领导提供规范和保障,党的领导为法治建设提供方向和动力。

(三)智能化跃迁

随着科技的飞速发展,党的全面领导与元治理在智能化方面实现了重大跃迁。在信息收集与处理环节,大数据、人工智能等技术被广泛应用,通过建立庞大的数据库,收集来自各个领域的信息,包括经济数据、社会舆情、环境监测数据等,再利用智能分析算法,对这些海量数据进行挖掘和分析,为党的决策提供科学依据。

在社会治理方面,智能化技术发挥了重要的监测和预警作用。如在公共安全领域,利用视频监控、物联网传感器等设备,实时监测社会治安状况和自然灾害风险。一旦出现异常情况,智能系统能够迅速发出预警,并通过指挥调度平台协调相关部门进行应急处置,有效保障了人民群众的生命财产安全。党的全面领导在智能化跃迁过程中,注重引导科技向善,确保智能化技术的发展始终服务于人民福祉和国家治理目标;通过加强对智能技术的监管和伦理引导,防止技术滥用和数据泄露等问题,保障公民的合法权益。

(四) 全球化拓展

在全球化背景下,社会治理的国际化趋势日益明显。在国际事务方面,中国共产党积极推动构建人类命运共同体,在全球治理中发挥着越来越重要的作用;在经济领域,通过"一带一路"倡议等国际合作项目,加强与共建国家的经济联系和贸易往来,不仅促进了中国自身经济的发展,也为共建国家提供了发展机遇,推动了全球经济的共同繁荣。

在应对全球性问题方面,中国在党的领导下积极参与国际合作。如在新冠疫情防控中,中国及时向世界分享抗疫经验,提供抗疫物资,为全球抗疫做出了巨大贡献;在气候变化领域,中国积极履行国际承诺,推动绿色发展,通过技术创新和政策引导,努力实现碳达峰、碳中和目标,为全球生态环境治理提供中国方案。

在全球化拓展过程中,党的全面领导始终坚持以国家核心利益为底线,同时秉持开放、合作、共赢的理念,推动构建更加公正合理的国际秩序,为世界和平与发展贡献中国智慧和力量。

三、党的全面领导与元治理的战略支点

党的全面领导与元治理的未来演进中,战略支点的构建至关重要。这些战略支点将为党的全面领导与元治理的持续发展提供关键支撑,以保证在复杂多变的社会环境中,治理体系能够保持稳定性和适应性,以及社会治理向更高水平迈进。

(一) 系统性风险防控的范式突破

在复杂多变的社会环境中,系统性风险防控成为社会治理的重要任务。党的全面领导与元治理不断推进系统性风险防控的范式突破,形成更加科学、有效、灵活的风险防控体系,使党的全面领导与元治理的风险防控能力不断提高,为社会稳定和安全提供更加有力的保障。通过不断完善风险防控体系,可以更好地应对各种风险挑战,维护社会稳定和安全,同时,系统性风险防控的范式突破还将促进党的全面领导与元治理的风险防控体系和其他风险防控体系的协

调和衔接,形成更加系统、完善的社会治理风险防控体系。例如,通过建立和完善风险预警机制、风险评估机制、风险应对机制等,可以更好地对风险进行早发现、早预警、早处置。

(二) 规则治理与价值引领的辩证统一

规则治理与价值引领是社会治理的两个重要方面。党的全面领导与元治理将不断推进规则治理与价值引领的辩证统一,形成更加科学、合理、有效的社会治理模式,更好地保障各类主体的合法权益,维护社会公平正义。同时,规则治理与价值引领的辩证统一还将促进党的全面领导与元治理的社会治理模式与其他社会治理模式的协调和衔接,通过制定和完善社会治理规则,可以更好地规范各类主体的行为,维护社会秩序和公平正义,形成更加系统、完善的社会治理模式体系。

(三) 超大规模治理的韧性建构

随着社会规模的不断扩大,超大规模治理成为社会治理的重要挑战。党的全面领导与元治理将通过不断完善社会治理体系,推进超大规模治理的韧性建构,形成更加科学、合理、有效的社会治理体系,以更好地应对超大规模治理的挑战,提高社会治理的效率和水平。同时,超大规模治理的韧性建构还将促进党的全面领导与元治理的社会治理体系与其他社会治理体系的协调和衔接,形成更加系统、完善的社会治理体系。

党的全面领导与元治理的实践发展,本质上是在马克思主义指导下对中国传统治理智慧的创造性转化。从"民为邦本"到全过程人民民主,从"礼法合治"到依法治国与以德治国相结合,党的元治理始终保持着战略定力与创新活力的辩证统一。随着数字文明时代加速到来,党的元治理将通过制度、组织、技术等多维度创新,持续为社会治理注入可持续性的动能,开创具有历史穿透力和时代引领性的治理新格局,为人类政治文明发展提供新的可能性空间。

章节习题

1. 简要阐述党的全面领导在中国社会治理中的地位与功能发挥主要包括哪些方面。

2. 结合浙江"最多跑一次"改革,分析党的全面领导与元治理在实践中的具体运用及其产生的治理效能。

3. 讨论分析数字化背景下党的元治理能力面临的挑战与应对策略。

案例材料

"4Fu 工作法则"构建基层社会治理共同体
——南山街道案例

一、案例背景

深圳市南山区南山街道作为治理"大巨人",面临工地密集、货运车辆多、人口基数大等治理难题。2019年起,南山街道党工委以党建引领,探索推出孵化、扶持、辅导、赋力"4Fu"社会组织培育法,着力破解超大城市基层治理"小马拉大车"难题,构建人人有责、人人尽责、人人享有的基层治理共同体。

二、主要做法

(一) 精准孵化培育

(1) 需求导向:依托社区社会组织能量站,精准孵化社区社会组织。如荔芳社区网红餐饮店密集,重点培育食品安全自治会;南园村是快递小哥聚居地,筹建南园骑手互助会并建立骑手党支部;月亮湾花园货车司机扎堆,成立物流协会、拖车队。

(2) 专业赋能:引进专业力量,制定和实施《南山街道社会组织服务中心三年服务规划》,社会组织增至197家,6家完成注册,1家获评省级示范试点。

(3) 党建融合:探索社区社会组织"孵化+党建"双培育机制,在章程中写入党建工作,已有104个组织配备488名党员,57家负责人为党员,17家建立党支部。

(二) 多维扶持发展

(1) 资金支持:坚持把公益创投作为扶持社区社会组织发展壮大的重要抓手,连续举办三届治理创新大赛,投入42万元扶持26个项目,开展活动180场,服务16万人次。

(2) 资源整合:建立联盟党支部和志愿者联合会,依托二者向社区社会组织提供支援和定向输送各类资源。

（3）阵地保障：把社区党群服务中心作为社区社会组织的共享阵地，面向货车司机、网约车司机和卡嫂群体打造月亮湾社区"师傅·家"阵地，为其提供休息活动场所；开辟70平方米荔林社区关爱中心，供社区社会组织办公使用。

（4）激励机制：建立"街道—社区"两级表彰体系，评选年度十佳组织及新锐骨干，2023年街道把社会组织中的党组织和党员以及部分治理能人纳入表彰对象，累计5个组织、个人获街道党工委表彰。

（三）多方联动辅导

（1）制度辅导：出台评星定级制度，设置活跃度、规范化、覆盖率、影响力4维度评价体系，强化政治理论学习。

（2）体系辅导：横向建立"支部+中心+联盟"协同平台，纵向形成"1+13+N"联动网络，使13个社区能量站下沉资源。

（3）学堂辅导：创设社会组织公益学堂和全国首个社区社会组织党支部书记工作室，培育39名社区能人，工作室牵头人获评市级优秀党员。

（四）深度治理赋力

（1）赋融合力：通过定期通报党委重点工作，引导组织找准治理结合点。安全自治会配合三年攻坚行动，开展夜查202次，整改隐患421个。

（2）赋治理力：打造小区党支部引领的治理联合体，学府社区年均排查隐患100余个，举办消防演练11次。

（3）赋服务力：开展"公益微行动"300场，建立固定服务日机制，推动文体组织转型，开展交通劝导、垃圾分类等服务。

三、案例成效

（1）"量"的变化：截至2024年5月，南山街道社区社会组织数量从82个增加到197个，组织功能从单一的文体类向慈善公益类、生活服务类、社区事务类等多元化发展。

（2）"质"的变化：居民积极参与社区社会组织。截至2023年12月，街道社区社会组织成员总数已达3883人。

（3）"知"的变化：街道党工委、社区党委和社区社会组织自身对社区社会组织的认知都发生了变化，更加重视其作用。

(4)"行"的变化:社区社会组织从被推着做转为自主做,成为基层党委、政府和群众的连心桥,在基层治理中发挥了重要作用。

资料来源:中共广东省深圳市南山区南山街道工作委员会.广东深圳市南山区南山街道:"4Fu工作法则"构建基层社会治理共同体[EB/OL].(2024-05-09)[2025-04-11]. http://dangjian.people.com.cn/n1/2024/0509/c458448-40232223.html.

思考题:

请结合南山街道案例,思考在元治理理论框架下,党的全面领导如何通过"4Fu"模式实现对社会组织引导与赋权的动态平衡。

第十章 公共参与和协商合作

内容提要

本章关注社会治理中的公共参与和协商合作。通过本章学习,应当掌握公共参与和协商合作的关系、内涵与功能,重点学习我国社会治理公共参与的渠道,了解我国社会治理公共参与和协商合作发展态势,关注知识、理性等因素对公共参与和协商合作的作用,把握现代化情境下跨部门协商合作、网络治理等新趋势及其对我国社会治理的启示。

第一节 社会治理公共参与和协商合作的关系、内涵与功能

党的二十大报告立足新的时代背景和历史阶段任务,作出了"发展全过程人民民主,保障人民当家作主"的重要部署。在国家治理现代化的宏观背景之下,我国社会治理也逐渐向现代化迈进。作为践行党的二十大精神、推进社会治理全过程人民民主的重要工具,公共参与在推动社会治理走向现代化的过程中发挥了不可替代的作用。

一、公共参与和协商合作的关系

公共参与和协商合作是现代社会治理过程中不可或缺的要素。公共参与和协商合作呈现出紧密的相互依存和相辅相成的关系,二者共同促进社会治理的民主化和有效化。首先,公共参与为协商合作提供了广泛的民意基础。通过

公共参与,公众能够直接或间接地表达意见和诉求,从而为协商合作带来多元化的视角和更具代表性的利益诉求。其次,协商合作增强了公共参与的有效性,也使其更有深度。协商合作通过对话、妥协和共识构建,将多方利益相关者纳入社会治理过程,使公共参与不再停留于表面形式,而是深入治理的实质阶段。最后,公共参与和协商合作相互促进,共同推动社会治理的良性发展。二者有机结合能增强社会治理的科学性、公信力和社会认可度,有助于构建包容、公平和可持续的社会治理体系。

二、公共参与和协商合作的内涵

(一) 公共参与的内涵

公共参与是广泛应用于政治学、公共管理学、社会学等学科的术语,与政治参与、公众参与、民间参与等具有相近的内涵。在西方,公共参与多表述为political participation、public involvement、public citizen engagement 等,包含了积极的公民资格、凝聚的公共精神、共识的公共利益、高度的参与能力等内涵,在一定程度上指出了民主治理的方向。[①] 20 世纪 70 年代以来,随着西方新公共管理运动的兴起和发展,公共参与再次成为国外学者聚焦的重点议题。我国学者对公共参与概念的界定与西方观点类似,比如陶东明等学者认为:公共参与主要指公民依据法律所赋予的权利和手段,采取一定方式和途径,自觉自愿地介入国家社会、政治生活,从而影响政府决策的政治行为。[②] 本书认为,社会治理中的公共参与是公民、社会组织等社会生活主体,通过各种有效途径参与社会治理活动,充分表达意见、形成合意,进而影响社会治理活动的过程。

社会治理公共参与是由诸多要素构成的。一般而言,环境、主体和客体是三个核心要素。

第一,环境要素。社会治理公共参与的环境要素,是指对社会治理公共参与的运行和发展形成制约关系的各种条件的总和。社会治理公共参与的环境要素主要包括政治环境、社会环境和文化环境。政治环境包括政治体制、政府管理运行、政治历史传统等。政治环境对我国社会治理公共参与的发展具有决

---

① 石路.政府公共决策与公民参与[M].北京:社会科学文献出版社,2009:14.
② 陶东明,陈明明.当代中国政治参与[M].杭州:浙江人民出版社,1998:104.

定性作用。社会环境涉及范围更广,如人文、地理、风俗习惯等,其中社会阶级和利益关系对社会治理公共参与影响最大,例如社会阶级分化差异程度、社会分配方式等会影响和改变社会治理公共参与的形态。文化环境熏陶和影响着社会治理公共参与的形成和发展,文化因素中影响较大的是政治文化。阿尔蒙德将政治文化分为地域型、依附型和参与型文化①,参与型政治文化影响下的社会治理公共参与往往是活跃和积极的。

第二,主体要素。社会治理公共参与的主体要素是指引起和推动社会治理改变的能动性要素,主要包括组织主体和个体主体两类。组织主体以组织团体的形式参与社会治理,包括社会组织、专业或职业团体、企业、政党等。个体主体往往以个人形式参与社会治理。社会治理公共参与主体虽然多样,但也存在共同诉求和特征,比如关心社会事务、具有责任感和义务感、讲求政治效能等。

第三,客体要素。社会治理公共参与的客体要素是指社会治理公共参与主体试图影响的方向与活动,主要为社会治理的决策活动。比如社会治理公共参与主体可以参与的公共安全决策、社区事务决策、贫困治理决策等。但需要注意的是,有些社会治理事务涉及国家机密等特殊情况,应当把握公共参与深度与界限设定以保证决策安全。

(二) 协商合作的内涵

习近平总书记在党的二十大报告中强调,协商民主是实践全过程人民民主的重要形式。协商合作实际上包含了两个核心内涵:协商民主与合作治理。中国传统的"和"文化、民本思想、治道思想,西方的多元主义、民主政治等思想,都是协商民主的理论源泉。协商民主的核心要义是协商与共识。社会治理中的协商民主是促进社会治理有序化的一种有效探索。合作治理是治理理论的重要组成部分,是后工业社会重要的社会治理方式,"我们倾向于把后工业社会看作合作的社会,与这个合作的社会相适应的和能够满足社会治理要求的将是一种合作治理"②。社会治理中的合作治理是政府与社会通过在策略、技术、关系、

---

① 加布里埃尔·A.阿尔蒙德,西德尼·维巴.公民文化:五国的政治态度和民主[M].马殿军,阎华江,郑孝华,等,译.杭州:浙江人民出版社,1989:19.

② 张康之.在后工业化进程中构想合作治理[J].哈尔滨工业大学学报(社会科学版),2013(1):51-60.

模式、价值等方面的协调、配合与互补,最终完成可操作性社会治理行为的过程。合作治理具有治理主体多元化、合作关系伙伴化、信任关系契约化、行动目标一致化等基本特征。

社会治理协商合作主体广泛,除了社会组织、公众、专家学者等公共参与主体之外,还包括政党、政府部门等政治力量。社会治理协商合作的本质,是社会治理主体之间形成的一种社会伙伴关系。在我国,社会伙伴关系强调在不改变社会主义国家性质和我国政治体制的前提下,协商合作各方就社会治理问题达成利益均衡,进而缓和社会矛盾、稳定社会秩序,营造社会治理的良好环境。社会伙伴关系的核心精神是相互合作与相互制衡。

社会治理协商合作的原则是协商合作过程的基本规范和方向指南,代表了协商合作主体需要共同遵守的底线共识和行为导向。社会治理协商合作原则主要包括四方面。第一,权利平等原则。权利平等不同于权力平等,前者更加强调协商合作过程的理性平等。第二,主体自律原则,主要强调协商合作主体的行为符合公共道德和理性规范。第三,过程规范原则,即协商合作的有序性、法治性、合理性。第四,结果共享原则,即协商合作成果应当是各方共同接受、共同受益、共建共享的。

三、公共参与和协商合作的社会治理功能

公共参与和协商合作是政府、社会组织和公民等多元主体共同参与社会治理的重要途径,可有效整合社会治理资源,提升社会治理水平。

一是推动社会治理民主范式不断升级。在公众参与和协商合作的推动下,我国社会治理民主范式经历了三个阶段的发展。第一是初级阶段,即社会治理的精英民主参与阶段。社会治理参与者多为官方或半官方的精英、政策专家等群体,他们主导社会治理参与话语权。这一阶段的公共参与是相对封闭的模式。第二是过渡阶段,即社会治理公共参与民主范式的转型期。精英民主参与开始解构,社会治理话语权拥有者范围扩大,在知识背景、社会地位、经验经历、观念意识、思维方式等方面占优势的非官方精英群体开始参与并影响社会治理。第三是高级阶段,即社会治理的大众民主阶段。该阶段中个人主义、平等观念等逐渐普及。当前社会主义初级阶段的基本国情决定了我国社会治理公

共参与范式仍处于精英民主向大众民主的过渡阶段。过渡性体现为社会治理公共参与发展模式的转变:第一,主导因素转变,即由权威主导到理性推动。社会议题界定和决策越来越倚重科学知识和证据,而不是单纯依靠权威倡导。第二,发展方式转变,即由政治推动到技术推动。尤其是在"互联网+"时代,网络作为有力的技术工具推动了社会问题治理权力去中心化,开启了社会治理公共参与之窗。第三,公众观念转变,即由全盘接受到理性表达。民意表达是大众民主的基础,政治现代化和网络平台塑造了民意新出口,大众开始批判地看待社会问题和政府决策,试图通过意见表达影响社会治理。在社会治理公共参与的过渡阶段,我们须怀有追求更高层次民主的理想,但不能脱离基本国情。社会治理现代化进程中真正的民主,强调民主发展速度与现阶段国情的协同性,不是简单的众意相加或多数人同意,而是以大众意志为基础的科学理性的公意表达和治理参与。社会治理现代化要求高质量的公共民主参与,但民主的推进不能是激进式的,必须依照国情,循序渐进。党的二十大提出的全过程人民民主就是符合当下中国国情的社会治理公共参与模式。

二是推动社会治理走向现代化。社会治理现代化的标准之一是参与。社会治理中的决策是通过公开讨论达成的,所有参与者能平等地发表意见,决策者理性地听取、考虑和采纳不同意见,就是协商性质的民主参与。[①] 社会治理的公众参与和协商合作是对各方观点与利益的考虑、协调和统合,更注重决策质量。信息传播是社会治理公众参与和协商合作的重要内容。从信息传播角度切入,社会治理的协商合作存在三种不同层次的操作方式。第一,普通公众间的协商合作,即公众合作建构政策问题并进行信息传播,这种方式是多维度、开放性、散点式的"信息扩散"。第二,普通公众与知识精英之间的协商合作。知识精英从公众那里获得信息并对其问题做出回答,公众多为被动地接受信息,这种传播方式是弱双向性、半开放、直线式的"信息传播"。第三,知识精英间的协商合作。这种方式体现出基于合作需求的人际传播特征:知识资本转化为资源,形成以知识为基础的人际关系和社会网络,并孕育出政策议题的"知识库",成为最重要的资源。这种方式是双向性、封闭式、全面的"信息互换"。我国社

---

① 毛里西奥·帕瑟林·登特里维斯.作为公共协商的民主:新的视角[M].王英津,等,译.北京:中央编译出版社,2006:139.

会治理走向现代化是一个渐进的过程,需要公众参与和多层次协商合作的逐步建构、完善和升级。

第二节 社会治理公共参与和协商合作的运行机制

一、我国社会治理公共参与的运行机制

我国社会治理公共参与包括常态化公共参与和非常态化公共参与,涵盖政府渠道和非政府渠道。

(一)我国社会治理公共参与形态

社会治理公共参与形态,是社会治理公共参与的各种途径、形式、方法和手段的总称。社会治理公共参与形态从性质上来看,可以分为两类:常态化公共参与和非常态化公共参与。常态化公共参与形态是实现政治参与民主的常规手段,包括直接参与、显性参与、主动参与、合法参与,具有直接性、公开性、主动性、合法性等特征;与之对应的非常态化公共参与形态是指常态化参与手段失灵、失效之时,对公共参与的补充,包括间接参与、隐性参与、被动参与、非法参与,具有非直接性、隐蔽性、被动性、非合法性等特征。当今我国社会治理公共参与中,常态化参与形态发挥着主流影响,但是非常态化参与形态也正随着互联网等便利工具的兴起而发挥越来越重要的作用。

(二)我国社会治理公共参与渠道

我国社会治理公共参与渠道按照性质可以分为政府性渠道和非政府性渠道两类。政府性渠道是社会治理公共参与的主要渠道,指我国政治行政体制设定的制度化机制,比如信访机制、行政听证机制、政府调研机制、重大决策公示机制、专家咨询机制等;非政府性渠道是指现有政府性渠道之外,公共参与主体参与社会治理的方式,其中最重要的就是舆论机制。

政府性渠道主要包括如下渠道。第一,信访渠道。信访是指公民、社会组织等社会治理公共参与主体,通过书信、邮件、电话、上访等渠道,向与社会治理事务相关的组织及其管理者反映情况、请求处理的一种渠道。信访的内容既包括对社会治理中个体或组织利益受损的申诉,也包括对社会治理问题提出意

见、建议等促进公共利益的内容。第二,听证渠道。听证渠道是指作为社会治理主导力量的政府部门,在做出与社会治理事务相关的决策之前,听取与该事务存在利益关系的其他社会成员、专家学者的意见,以促进社会治理科学化、规范化和程序化。公众通过行政听证渠道参与社会治理的核心流程,是在听证过程中与政府部门展开质证、辩论和充分的交流沟通,最终实现相互了解和意见融合。第三,政府调研渠道。社会治理公共参与的政府调研渠道,是指政府在社会事务治理和决策过程中,深入基层、问题发生地等进行调查了解、数据分析和统计研判,进而了解社会治理决策方向和成效的一种方式,公众等参与主体可以通过此渠道进行意见和问题反馈。第四,重大决策公示渠道。政府在做出与社会多数人利益相关的重大社会治理决策之时,向社会公开说明,允许社会成员参与讨论、表达意见,并听取他们意见的渠道。第五,专家咨询渠道。在当今社会治理过程中,专家学者发挥的作用越来越突出,专家咨询渠道是政府在进行社会治理决策时,听取专家学者意见、建议以促进决策科学化的过程。另外,社会治理公共参与的政府性渠道还有协商座谈会、问政会等。

非政府性渠道主要是公共舆论渠道,即社会治理公共参与主体对某一社会问题形成了共同倾向、看法,并将其通过电视、广播、报纸、互联网等媒介展示和表达出来,以影响社会治理的渠道。社会治理公共参与的公共舆论渠道可以依据媒体性质分为传统舆论渠道和新媒体舆论渠道。传统舆论渠道是通过报纸、图书、广播、电视等传统意义上的媒体,向政府表达诉求和建议的渠道。传统舆论渠道虽然时效性等不如网络新媒体,但是其信息发布更具权威性和影响力。新媒体舆论渠道是社会治理参与主体通过网站、微博、微信等新媒体平台表达意见、建议来影响社会治理的方式。互联网具有的公开性、包容性、及时性等优势,使其成为公众日渐倚重的社会治理参与渠道,但是非理性言论、虚假信息等负面因素也影响了新媒体舆论渠道的有效性。

二、我国社会治理协商合作的运行机制

(一)社会治理协商合作的动力与逻辑

社会治理协商合作的动力源自民主发展的双向运动。现代社会发展是受双向运动支配的,社会就是在扩张和反扩张的博弈中获得发展的,社会治理协

商合作也遵循双向运动逻辑。市场经济开启了广泛的社会动员,催生了不断脱嵌的个体和公共领域。改革开放以来,我国社会治理过度注重经济而忽视了社会治理,导致放任的市场扩张一定程度上损害了社会公共利益,其背后是个人主义的无序扩张,这不仅带来了议程超载、社会治理失序等问题,也使得在解决社会问题上无法实现有效合作。随着现代社会的发展,社会公共领域逐渐受到重视,协商合作开始成为社会治理的重要工具。通过强化公共理念对个人主义进行反向制约,社会治理协商合作便在这种博弈过程中逐渐成长起来。

社会治理协商合作的逻辑是精英主义和多元主义基于中国国情的融合。阿普特指出,政治现代化是从极权模式、精英主义向多元主义和自由模式依次演进的过程①(见图10-1),但福山认为这种演进也是情境化的,需要根据不同国家的实际情况进行判定。社会治理协商合作实际就是多元主义和精英主义基于中国的政治体制和现实国情,进行情境化融合的产物。

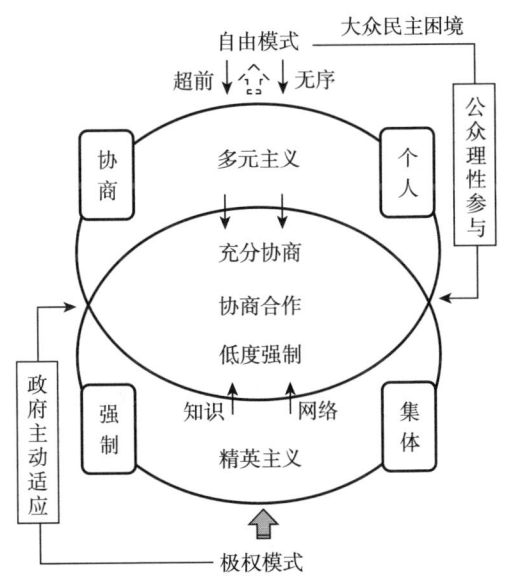

图 10-1　社会治理协商合作的逻辑

---

① 极权模式强调个人是集体的衍生物,通过权威和强制方式解决问题;自由模式包含代议制政府运作的假设,如大众参与、个人主义等。精英主义和多元主义是二者的次模式;精英主义剔除了极权主义的专制性,吸收了自由模式价值观,但仍然保留了基于集体价值观的强制色彩;多元主义具备自由模式的基本价值理念,倡导协商和博弈,同时允许权威和精英基于集体和公共价值理念开展活动。

我国的社会治理协商合作,以"政府主动适应"和"公民理性参与"的双向驱动为逻辑主线。一方面,我国是单一制国家,执政党和决策者等政治权威和精英群体在社会治理中具有主导性话语权和决定作用。互联网和知识社会推动了精英主义向前发展;作为社会治理决策和执行机构的政府主动适应民主参与的现代化趋势,成为社会治理协商合作的重要驱动力。另一方面,超前和无序扩张的公共参与触发了民主自我保护机制,大众民主需要适度"刹车"以避免脱离民主的真正意义,公民只有适度理性地参与,避免不当言论和极端行为,才能让公共参与摆脱无序化的困境,保证社会治理协商合作的科学有效。

(二)社会治理协商合作的实现可能性与价值

多元主义和精英主义的互补及融合,决定了社会治理协商合作的可能性和价值。多元主义基于大众民主的基本价值观,强调通过公众影响社会治理,但面临着政治系统超载、不恰当问责和社会失序等风险。莫斯卡、帕累托、奥尔特加等人认为精英政治能克服大众民主的弊端,韦伯和熊彼特认为精英主义才符合民主国家的本质,但精英政治过度专注于集体行动、政党竞争和媒体竞争,带有强制色彩,存在偏离大众意志的可能性。多元主义与精英主义的融合也具有积极价值,多元主义的民主协商可以化解精英主义弊端,精英主义的相对集权能纾解议程超载等多元主义的困境。在社会治理决策者的主动适应和公众参与日趋理性的态势下,多元主义和精英主义产生碰撞,个人与集体、协商与强制不断调和,衍生出了充分协商和低度强制的社会治理协商合作模式,并成为现代社会治理比较理想的协作模式。同时,不管是精英主义、多元主义还是协商合作,平等、民主等内在价值都以某种形式或明显或隐蔽地存在着。

(三)社会治理协商合作的实现方式

实现社会治理协商合作需要基于知识理性,着力解决协商合作中的信息不对称问题,以实现公意对众意的超越,进而开展多层次协商合作。

第一,以知识为引导。在当今知识社会背景下,社会治理协商合作是知识引导下的协商与合作,是在政府主动适应和公民理性参与的前提下,知识精英群体基于大众意见和自身学识、思想、经验、地位、智力、能力等形成一定影响力,通过正式和非正式途径,影响和引导公众推动社会治理的过程。区别于无序参与,知识引导下的协商合作体现出真正的民主性,能找出增进公共利益的方案并推动其进入政府议程,有利于推动理性参与和塑造真正的社会治理民主。

知识在社会治理协商合作中的作用越来越大,与当今世界从工业社会转向知识社会这一剧烈而深刻的变革背景相关。最早提出知识社会概念的是莱恩,他认为知识社会是社会成员的思想和行为由真理客观标准所引导的社会①;贝尔强调知识是后工业社会的基本战略资源②;斯特尔认为知识是社会主要驱动力③;德鲁克、托夫勒等认为知识是力量最民主的源泉,未来的政治将越来越成为围绕"知识分配和获得知识机会"而展开的斗争……随着工业社会向知识社会的转型,知识逐渐成为塑造社会治理协商合作形态的核心资源之一。

知识精英是推动社会治理协商合作的重要力量。米尔斯较早提出了知识精英的说法,戴伊认为知识精英群体包括新闻制造者、大律师、基金负责人、思想库负责人、名校校董等;帕累托认为知识精英是开创了新知识或者掌握了既存顶尖知识的人群。④ 以上狭义的"知识"概念多局限于自然或社会学识,但在包罗万象的网络时代,知识精英群体涵盖范围更广,既包括上述人群,也泛指学识背景、社会地位、经验经历、观念意识、思维方式等比普通大众占优的群体。互联网时代知识精英达成共识或协作的过程相对顺利,其影响力也很大。

第二,解决协商合作中的信息不对称问题。信息不对称是社会治理协商合作的重要阻碍,实现社会治理协商合作必须解决信息不对称问题。媒体在一定程度上推动了信息不对称问题的解决,但李普曼却认为其作用是有缺陷的:媒体最上乘的表现就是成为制度的仆人和卫士,最差则会沦为少数人达到自身目的的手段。当制度运转失灵时,有些媒体人就会浑水摸鱼。⑤ 在我国社会转型时期信息制度不够完善、解决信息不对称问题仍要依赖媒体的前提下,公众应当保持传播理性,鉴别信息的真伪。知识引导下的协商合作带给社会治理的,不仅是信息传播模式的转变,也是权力分配与获取模式的转变,知识将逐渐超

---

① 吴永忠.知识社会的概念考辨与理论梳理[J].自然辩证法通讯,2008(3):38-42.
② 堺屋太一.知识价值革命[M].金泰相,译.沈阳:沈阳出版社,1999:4-6.
③ 尼科·斯特尔.知识社会[M].殷晓蓉,译.上海:上海译文出版社,1998:9.
④ 转引自杜鹏.精英结构视角下的村治逻辑与类型[J].探索,2016(5):181-190.
⑤ 沃尔特·李普曼.公众舆论[M].阎克文,江红,译.上海:上海人民出版社,2006:259.

越财富和暴力成为获取社会治理话语权的主要资源。①

第三,实现公意对众意的超越。社会治理协商合作的实现必须坚持公意导向。卢梭将公民政治意志分为公意和众意,并将表达质量作为区分二者的标准。"公意着眼于公共利益,而众意着眼于私人利益,众意只是个别意志的总和"②,二者的区别主要有三点。其一,公意中存在意见的互动交流,任何一种意见都有机会得到有效回应;众意倾向于接受信息和意见,容易受特定力量控制。其二,公意诉诸合理的表达途径;众意表达所依赖的信息掌握在特定群体手中,信息壁垒和渠道不畅经常导致人们盲目泄愤。其三,公意形成的基础是知识和智力,相对客观,权威可渗透度低;众意依赖特定群体的信息传播,更容易被渗透和控制,独立性差。公意在实现科学有效互动、理性表达、客观独立思考等方面更契合民主的本质与协商合作的趋势。社会治理协商合作是基于知识和理性的对社会问题的高质量讨论,不是简单迎合众意,它代表了公意挑战并逐渐超越众意的态势。

第三节 公共参与和协商合作的实践运用与发展趋势

一、公共参与和协商合作的实践运用

公共参与和协商合作不仅是在社会治理的理论层面进行的探索,它更具有现实延展性,对社会治理现代化实践具有启示价值。

(一)公共参与和协商合作的价值

公共参与和协商合作是社会治理现代化链条上的一环,是对我国政治体制和现实国情的回应,尤其是在社会治理日趋复杂的现实状况下,能避免社会治理成为复杂、充满矛盾、孕育危险因素的过程。③ 公共参与和协商合作纾解了社会治理无序参与的困境,使社会治理由参与数量导向转向质量导向、由感情支配转向知识引导、由盲目跟随转向理性参与,治理过程由闭门造车转向开放吸

---

① 谢金林.网络空间草根政治运动及其公共治理[J].公共管理学报,2011(1):35-43.
② 卢梭.社会契约论[M].何兆武,译.北京:商务印书馆,2003:35.
③ 郭为桂.公共空间与公民参与:大众民主的困境及其出路[J].重庆社会科学,2005(9):92-97.

纳、由少数人主导转向多元化参与,对决策科学化和民主化起到了重要作用。

公共参与和协商合作对社会治理的价值主要体现在三方面。第一,政治价值。公共参与和协商合作能更好地保护社会治理中的个体,对维护民主本质和政治文明发展有着积极的意义。第二,政策价值。公共参与和协商合作提升了社会治理决策的质量。知识引导下的公共参与和协商合作能为科学的社会治理决策提供高水平的智力支持。社会治理决策过程中知识精英群体不仅有能力运用互联网工具把握即时情境,也具备影响某种社会文化的知识积淀,更容易影响并引导公众推动科学的社会治理决策的产生。第三,社会价值。社会治理参与存在分层现象,不同层级的参与者之间相互影响、博弈,当某个层级的诉求渠道被其他层级侵犯时,就会产生不稳定的状况。知识引导下的公共参与和协商合作调和了各层级关系,使知识成为不同层级沟通的纽带和共享的资源,有利于社会稳定和发展。

(二) 在法治框架下推行社会治理的分层民主

政治现代化是国家治理现代化的核心和显著特征,民主参与是政治现代化的基本前提。社会治理公共参与和协商合作本质上是趋向现代化的民主,应当是实质民主和程序民主的统一,程序民主只有服务于实质民主才能彰显其价值。如何发展实质民主成为社会治理现代化的重点。面对当下社会治理中公共参与比较被动的现状,政府要把握和利用好知识精英的力量,提高公共参与和协商合作的质量。另外,民主的兴起和法治在历史上关系密切,法治是社会治理民主的基础保障。应当在法治的保障和约束下,建立分层的社会治理公共参与和协商合作机制,实现真正的社会治理民主参与。

具体而言,在法治框架下推行社会治理公共参与和协商合作的分层民主,要根据社会治理事务的性质区分政治民主和政策民主[①],对不同层次的民主参与主体分别进行规范。社会治理中与政治民主相关的事务的意识形态色彩较浓,多涉及立法、行政和司法等领域的基本规则和共识,因此应更重视参与的广泛性,不断完善公共参与的法律和制度保障,并通过优化制度规则,减少资本、权力和利益集团等对民意的束缚,实现最广泛的民主参与。社会治理中与政策

---

① 黄伯平.分层视野中的政策民主[J].中国行政管理,2013(10):113-118.

民主相关的事务多是具体的社会公共事务,背后是复杂的社会机制和实践形式,具体决策需要更加审慎,重视科学性和理性的互动,因此,要重视意见领袖在社会治理决策中的参与,优化意见领袖的组织建设和表达机制,发挥其知识和理性优势,进而帮助提高决策质量。法治是确保社会治理公共参与和协商合作合法、稳定、持久、有序运行的根本途径[1],可以通过制定法律法规、加强司法监管、提高意见领袖群体政治素养等措施实现。

(三)建立社会治理公共参与和协商合作主体之间的期望

社会治理公共参与和协商合作的基础是各主体之间的相互信任,而期望是建立信任的前提,因此要建立社会治理主体之间的相互期望和共同期望。一是建立社会治理参与者的相互期望。社会组织和公众要提高参与素质,以满足政府对公众理性参与的期望;更重要的是,决策者要约束权力欲望,满足社会公众的诉求和对民主决策的期望。比如,社会治理中专家学者、公众等参与主体拥有实际经验、独到见解或特定期望,决策者应当约束自己对决策话语权的占有欲,赋予上述群体真正的参与权,倾听他们的建议和期望,而不是一味地用行政权力推动问题解决。二是建立社会治理参与者的共同期望。公平、正义、相互信任的社会环境是社会治理参与者的共同期望。社会治理共同期望的建立主要通过文化宣传手段实现,具体可以通过传播社会主义核心价值观、树立典型、表彰先进、弘扬诚信事迹等方式实现。

(四)预防社会治理公共参与失序

要形成我国社会治理公共参与和协商合作的良好格局,还应当预防公共参与失序及其带来的潜在问题。改革开放带来了市场经济、社会结构和价值观念的巨大变革,网络社会进一步推动权力去中心化,社会治理议题构建权散布于网络可及的任意角落,这些都使社会治理公共参与更加便捷高效,开启了社会治理公共参与之窗。然而,网络社会对大众民主的盲目热衷和过度推崇,催生了超前的民主意识和相对滞后的民主基础之间的矛盾,使我国社会治理民主参与可能陷入无序扩张的悖论,产生过度参与、无序参与等问题。基于近些年典

---

[1] 杨中艳.基层协商民主法治化的建设路径探析[J].云南社会科学,2016(2):120-124.

型的社会治理失序事件,可以将我国社会治理公共参与和协商合作失序困境分为五类,即网络暴力、舆论审判、议程超载、破坏决策、群体事件。社会治理公共参与失序给社会有效治理甚至社会稳定带来不良影响。首先,非理性言行不仅无助于社会问题进入决策视野,反而容易激化社会矛盾;其次,大众对某些社会问题缺乏科学的认知和理性的态度,容易做出盲目行为;最后,就影响而言,盲目参与会导致社会对公共参与的质疑。

我国当前社会治理公共参与困境,主要源于公众群体属性的局限性和我国当下民主建设的不完善。第一,大众认知的局限性。群体中大多数成员可以掌握或达到的认知水平,最终会演变成群体的共同特征,并导致部分个体智力水平和个性的削弱。网络社会瞬息万变,现代化的社会治理需要较强的逻辑判断力和明辨是非的能力,而这正是大众认知的不足之处。第二,大众参与的非理性。韦伯认为感情因素在大众政治参与中起首要作用,大众总是处于现实的、纯粹感情的和非理性的影响之下。①"群体只知道简单而极端的感情,他们对各种意见或全盘接受,或一概拒绝,将其视为绝对真理或绝对谬误。"②尤其是在互联网公共空间中,大众容易被情境感染,丧失理性的逻辑推理和实际判断能力。第三,大众自我意识不稳定。便捷的网络社会很容易将大众带入兴奋状态,感情和暗示通过传染很可能向与预期相反的方向转化。③ 被传染的情绪所代表的不一定是真正的个人意志,而且人们很容易将线上线下相结合,然后将暗示付诸实践,引发不良后果。第四,理论导向误区和现实制度缺位。激进民主主义推崇直接民主和广泛动员,但极端平民化容易演变为民粹主义;民主至善论认为大众永远正确,这容易导致众意超越法律边界带来民主暴政。另外,目前我国大众民主的引导、规范和保障制度还不够完善,民主发展容易滞后或超前,影响社会治理有效性和科学化,甚至带来社会不稳定。因此,预防我国社会治理公共参与和协商合作失序困境,应当从提高公众认知水平、增强公共参与理性、管理公众参与情绪、加强理论引导和制度规范等方面入手。

---

① 马克斯·韦伯.经济与社会:下卷[M].林荣远,译.北京:商务印书馆,1997:810.
② 古斯塔夫·勒庞.乌合之众:群体时代的大众心理[M].杨献军,译.北京:台海出版社,2018:55.
③ 同上书:38-39.

二、社会治理公共参与的新趋势

当前,社会治理公共参与的新趋势体现在知识引导公众舆论、理性规约公共参与、少数群体影响大众、积极结果取代负面结果四个方面。

(一) 知识引导公众舆论

知识引导公众舆论表现为具备知识的个体、组织和平台,在社会治理中的引导力和影响力日益增强。比如专家学者、在特定领域具有专长的知识型新媒体正在成为社会治理舆论的重要触发机制、发力点和平台,影响力日趋增强。

以知识型新媒体为例,其与门户网站、微博、微信、贴吧、论坛等相比有明显不同,成为微博、微信、贴吧之后,特立独行的舆论引导"第四极"。知识型新媒体的舆论引导力主要基于三个方面。(1)注册用户精英化。学历和收入较高的群体聚集,比如知乎通过"邀请+认证"制度汇集了各行业的精英群体,筛选出的用户多是某领域专家,他们是高权重用户,为高质量社会治理议题的产生和深化奠定了基础。(2)信息内容质量高。高质量的用户保证了信息生产水平。用户在持续生产高质量话题的同时,对话题的讨论也是专业的,形成了良性循环。(3)信息传播影响力强。首先,注册用户影响力大。知识型新媒体的意见领袖主要有两类:一是线下已经积累了知名度的用户,其多是某领域专家或名人,通过名人效应吸引追随者;二是生产和分享高质量信息的草根群体,其凭借认真的态度、高质量的分享和专业知识积累了较高人气。随着精品问答被转载到其他媒介,这些意见领袖也积累了社区外的高人气。其次,一级信息①聚集,具有强大的信息吸引力。在诸多社会治理议题中,重要信息的披露和关键性评论往往由知识型新媒体用户完成,然后再通过其他传统媒介或微信、微博、贴吧等网络媒体进行二次传播。由此可见,知识型新媒体具备了信息传播的高位优势。

(二) 理性规约公共参与

理性主义认为理性养成需要客观独立、符合逻辑的思考,事实证据或实践经验,专业知识以及对非理性的排斥等。理性对社会治理公共参与的引导、规

---

① 一级信息是来自信息源的未经处理的事实,被认为是最重要的信息。

范和约束至关重要。第一,理性的公共参与依赖公正的判断,而做出公正判断的前提就是拥有独立的思考能力。第二,作为理性来源的事实证据和实践经验是对公共参与最好的规范。理性的公共参与者要么掌握最真实的信息,要么亲身经历过相关事件,抑或具有专业知识背景,这些都使其参与更具影响力。第三,良好的专业素养是理性的公共参与者获取一级信息和进行正确判断的重要资源。第四,对非理性的排斥是理性参与的保障。知识型新媒体会谴责该平台上非理性的言论,彰显正义和理性的力量,实现自我净化,减少非理性干扰,保证其参与行为符合理性规范。

（三）少数群体影响大众

精英主义、知识社会等理论中的精英都是小众概念,始终是与大众相对的少数群体。社会治理中,在专业知识、思想、经验、地位、能力等方面占优势的也是少数人。我国社会治理公共参与呈现出少数知识精英群体影响普通大众的特征。比如,社会治理过程中关键节点的推动者往往都是少数知识精英群体；事件深化过程中,具备知识、经验和亲身经历的少数群体,更有能力深化、引申和推广议题；社会治理议题进入决策议程后,如果有权威人士、专家学者等少数群体参与讨论,更容易产生重要影响。

（四）积极结果取代负面结果

以社会治理公共参与的舆论渠道为例,在追求个人主义、人人平等的大众民主范式下,搜索引擎、微博、微信、贴吧、论坛等是主要参与媒介,但这些媒介各有其弊端,比如:搜索引擎多局限于对事实的阐述,无法进行深入探究;微信、微博上的垃圾信息多,资本化和营销现象严重;论坛和贴吧经常被刷屏、吵架等无用信息充斥,信息质量不高……这些公共参与途径隐藏了很多非理性和不稳定因素,经常导致网络群体性暴力事件等负面结果。在社会治理公共参与中越来越重要的知识型新媒体,在民意过滤和升华过程中扮演着重要角色,它既有公意基础,又剥离了传统公共参与途径中的非理性因素,因而更加有效、科学、理性,社会治理的结果也更为正面。

三、社会治理协商合作的新趋势

社会治理协商合作的新趋势主要体现在跨部门协商合作治理和网络治理

两个方面。

(一)跨部门协商合作治理

跨部门协商合作治理是为应对社会治理日趋复杂的状况而产生的治理模式。弗雷尔等学者认为,跨部门协商合作是两个或两个以上的部门自愿进行的组织活动,包括信息、资源、活动、能力、风险和政策制定等方面的共享,并以达成一致的公共产出为目标,而这种产出在单一组织行动中是很难或不可能实现的。[①]

根据弗雷尔等人的定义,社会治理的跨部门协商合作主要有以下特征。第一,社会治理的跨部门协商合作包括但不限于政府部门之间的协商合作。政府部门间的协商合作十分重要,因为政府部门是社会治理的主导力量,但跨部门协商合作不仅存在于政府部门之间,还存在于公私部门之间。第二,社会治理的跨部门合作讲求自愿,被强迫的合作并不是真正意义上的协商合作。第三,除了涉及交付公共物品或服务的相关企业组织之外,其他企业组织不包含在跨部门合作范畴之内,因为其首要目标是私人利益,而非社会公共利益。

社会治理参与主体众多,而跨部门协商合作的主体主要指组织,包括公共部门、私人部门和非营利部门。第一,公共部门。公共部门主要指政府公共财政支持和监管的主体,比如国家和地方政府机构,学校、医院等事业单位,政府资助的团体、协会等组织。公共部门在参与社会治理过程中地位特殊,在参与社会治理过程中受到的约束也比较多。第二,私人部门。私人部门是以营利为目标而提供产品或服务的个体或组织,私人部门的目的虽然是获取利益,但在参与跨部门协商合作的社会治理过程中,它们也可以为公共利益做出贡献。第三,非营利部门。非营利部门是出于理性而非利益建立起来的非官方机构,比如各类协会。非营利部门在跨部门协商合作中扮演着十分重要的角色,因为在很多社会治理活动中,政府都更倾向于同非营利部门进行合作。

社会治理的跨部门协商合作具有多种实现形式,比如政府直接供给、签约外包、合作伙伴、网络、独立的非政府供给、特别协作等,其特征如表10-1。

[①] 约翰·弗雷尔,詹姆斯·埃德温·凯,埃里克·波伊尔.跨部门合作治理:跨部门合作中必备的四种关键领导技能[M].甄杰,译.北京:化学工业出版社,2018:13.

表 10-1 不同形式跨部门协商合作的特征

实现形式	政府供给	签约外包	合作伙伴	网络	独立的非政府供给
实现方法	政府雇员直接供给	政府雇用私人部门或非营利组织	共同生产,通常有明确的协议书	根据个体优势,由网络成员共同参与和推动	由具有重要裁量权的组织进行生产
与政府的关系	政府提供资金、界定流程,并雇用人员	政府提出明确要求并签订合同	政府是"合作伙伴",发挥投资、监控甚至合作生产的作用	政府可能是网络管理者或中心协调者,只提供资金,或只扮演补充角色	没有关系,或政府充当次要角色。政府可能只是投资者之一
与公众的关系	政府直接联系和供给	承包商直接联系和供给	合作者依赖一方或双方与公众交流	来自合伙者分散的多种联系	由独立的公共服务提供者提供
对相互信任的要求	低:传统制衡	低:合同监管	中等:在协议设定的法律条款下,合作者频繁互动	高:多点联系并共同工作;有限的政府监管	高:没有政府监管,进行多点联系并共同工作
关键要素	效率、能力	合同设计和监控	公众利益与合作伙伴利益的博弈	多种利益和成果聚合	影响成果和保护公共利益的能力

资料来源:约翰·弗雷尔,詹姆斯·埃德温·凯,埃里克·波伊尔.跨部门合作治理:跨部门合作中必备的四种关键领导技能[M].甄杰,译.北京:化学工业出版社,2018:21.

(二)网络治理

网络治理是我国社会协商合作治理新的发展趋势。根据米尔沃德、普罗文等学者的研究,网络治理是协作的而非官僚的。自治组织的网络结构既需要积极回应非政府利益相关者的诉求,也要与政府展开合作。社会网络治理的关键是要认识到治理参与者是相互独立又相互协作的关系。社会网络治理实际上是一种松散的联盟关系,成员加入网络一起采取治理行动,分享共同利益。

社会网络治理应当处理的核心问题包括以下四个方面。第一,决策过程中的效率问题。大量的社会成员会参与网络治理的决策过程,这样就容易导致决策效率低下。决策过程主要通过讨价还价的方式推进,而讨价还价并不必然带来科学决策①,需要引入超越各方利益的其他方式进行监督。第二,有效参与的实现问题。网络治理能够最大限度地吸纳社会成员参与,但是这种吸纳也需要社会成员的配合,即社会成员需要提升自身的组织能力和说服技巧。第三,协调组织的建构问题。在网络治理中,越来越多的社会自治组织参与决策,并且这些自治组织的领导者被赋予更多决策权力,这就需要更多的协调机构、制度和策略作为网络治理的保障。第四,行政问责机制问题。公共决策强调责任承担问题,所以公众参与的网络治理要通过行政问责机制,进行科学的职权划分,明晰责任承担主体。

总之,公共参与和协商合作作为实现中国特色社会主义民主、推动有效社会治理的重要工具,能在一定程度上纾解当下我国社会治理困境,对社会治理和民主政治发展具有积极意义。社会治理现代化依赖公共参与和协商合作,科学的公共参与和协商合作是对知识和理性的推崇。知识精英引导下的公共参与和协商合作具备在实践中延续和发展的基础,应积极倡导并不断优化。从工业社会向知识社会的转变是一个不可逆的历史过程,而互联网增加了这一过程的不确定性,比如:知识和互联网可能带来社会非群体化,降低人际交往的真实性;知识资源很可能成为划分社会阶层的新标准,导致新的社会分化;知识社会自我毁灭的风险很大,公共参与和协商民主在政治输入和集体行动等方面也存在局限性。不过,即使存在以上风险和问题,公共参与和协商合作仍然是适合中国特色社会主义社会治理实际情况的重要工具,如何克服以上弊端以更好地实现社会治理现代化,也是需要继续深思的问题。

章节习题

1. 请简述什么是社会治理公共参与和协商合作。
2. 我国社会治理公共参与的渠道有哪些?请举例说明。

---

① Fritz Scharpf. The Joint Decision Trap: Lessons from European Union Integration and German Federalism [J]. Public Administration, 1998(2): 239.

3. 怎样理解协商合作的四项原则？
4. 我国社会治理协商合作的实现方式有哪些？
5. 如何理解跨部门协商合作治理的内涵？
6. 结合自己的理解，说明为什么社会治理离不开公共参与和协商合作。

案例材料

中山市：全民参与社会治理"五字"模式

中山市地处珠江三角洲腹地，产业的发展吸引了大量的外来人员到中山工作和生活。据统计，到2014年年底，中山市常住人口达到319万，其中外来人口163万，常住人口尤其是外来人口的不断增长，使社会管理的难度随之加大。为解决上述治理难题，2015年年初中山市委、市政府在总结经验的基础上，提出积极转变政府职能，将参与式治理精髓融入社会治理实践，以满足群众需求和化解问题源头为导向，探索出具有中山特色的全民参与社会治理模式。

1. 问题导向，促全民"齐"参与。坚持从问题入手，以问题为导向，以解决问题为目的，调动群众了解问题、参与解决问题的热情。针对"富了口袋后如何富脑袋""即使破案也难补群众伤害""毒品不绝，长期危害社会""医闹事件多发，医生护士人人自危，医院不能正常运转""三小场所火灾隐患多，影响他人安全"等重大社会现实问题，通过媒体网络讨论、设置"城市论坛"对话、上门解释交流等多种形式展开宣传动员。

2. 激发活力，促全民"愿"参与。从群众的切身利益入手，打好"民生牌"和"民心牌"，以此推广共建共治共享的理念，提高公众参与的主动性和积极性。2014年中山市民生相关财政支出178.5亿元，占公共财政预算支出的比重达68.3%，高于全省0.7个百分点。"十件民生实事"全部由市民"票选"确定，环境优美的绿道网络、随处可见的健身广场等一批民生工程的实现和推进，让群众真切感受到发展带来的实惠，激发了大家的参与热情。

3. 畅通渠道，促全民"能"参与。畅通全民通过社会组织参与的渠道，出台社会组织"1+9"政策体系，设立总额900万元的社会组织培育发展专项资金。深化行政审批制度改革，在审批事项由原来的1404项减少到285项的同时，出台政府职能转移目录和具备资质条件承接政府职能转移的社会组织目录，加大政府委托授权或购买服务力度。充分发挥工青妇、工商联等人民团体对社会组织的引领作用,启动枢纽型组织认定工作,初步形成了"枢纽组织"带动"中小组织"的发展局面。

4. 强化保障,促全民"真"参与。用坦诚的互动促全民"真"参与。在全民除"三害"行动中,公开征集热心网友参与执法活动,当面"抓阄"确定明察暗访的场所。对群众的举报实行线索必核、属实必查、异地查处、顶格处理,全市文化娱乐场所基本实现无"三害"。发动全民禁毒"大收戒"活动,涌现出父亲举报儿子吸毒、妻子协助民警收戒丈夫等故事。

5. 健全机制,促全民"常"参与。中山市在全国地级市中率先出台了中长期社会建设规划纲要,其中围绕如何加强全民参与,明确了指导思想、基本目标、基本原则和保障措施。全民修身、全民治安等行动都制定了相应的三年、五年或十年规划,明确了具体工作目标、进度。

点评:全民参与增强了群众的决策参与感与实践能力,使得推动社会治理体制改革成为一种共识性改革。中山市的全民参与社会治理"五字"模式为其他城市创新提供了经验,为全省乃至全国创新社会治理、推进社会治理现代化做出了有益探索。具体来说,有如下四个方面的创新意义:一是促进了参与主体的多元化,推动社会治理走向合作治理;二是促进了参与渠道的法治化,推动社会治理走向依法治理;三是促进了参与方式的组织化,推动社会治理走向高效治理;四是促进了参与路径的科学化,推动社会治理走向系统治理。

思考:请结合上述案例说明社会治理中公共参与和协商合作应如何发展。

第十一章　正式制度与非正式制度

内容提要

本章从交易成本理论、制度路径依赖理论等制度经济学的基础理论出发，阐述了制度在经济社会发展中的重要作用以及对提高社会治理绩效的关键意义。进一步地，本章从正式制度、非正式制度两个基本的制度类型着手，一方面分析了我国社会治理领域正式制度的演变过程、主要类型、存在的问题等内容，并以陕西省西安市为例，分析了正式制度在社会治理领域发挥的作用，另一方面，分析了社会治理领域的非正式制度的正向作用机制和负向作用机制，并以陕西省关中地区为例，分析了非正式制度在社会治理领域发挥的作用。

随着治理理论的发展，现代治理理念逐渐由"一元"治理向"多元"治理演变，社会治理主体格局也随之由一元向多元转变，这就不可避免地影响到正式制度与非正式制度之间的边界。2024年，党的二十届三中全会审议通过《关于进一步全面深化改革　推进中国式现代化的决定》（以下简称《决定》），要求健全社会治理体系，坚持和发展新时代"枫桥经验"，健全党组织领导的自治、法治、德治相结合的城乡基层治理体系，完善共建共治共享的社会治理制度。《决定》同时提出，构建中华传统美德传承体系，健全社会公德、职业道德、家庭美德、个人品德建设体制机制。这为正式制度与非正式制度形成良性互动、共同作用于社会治理绩效的改进提供了顶层谋划与改革思路。

第一节 制度经济学

在现代经济学体系中,微观经济学和宏观经济学始终占据主流。尽管如此,制度经济学还是获得了发展空间。以凡勃伦、康芒斯、米切尔等为代表的美国经济学家初创了制度经济学派,该学派重视制度在经济社会发展中的作用,研究制度等非市场因素发挥作用的机制。与主流经济学重点从供求均衡角度剖析经济现象不同,制度经济学主张运用制度范式研究社会;主流经济学关注资本、劳动、土地等"物",制度经济学关注"人",尤其是人与人之间的关系。这为后来的组织行为学、激励理论等学科和理论的发展提供了重要的研究基础。对于各项体制改革进入攻坚阶段的中国,制度经济学也有着重要的理论意义和实践意义。

制度经济学是一门研究人们如何选择制度,制度及其变迁如何影响人们的行为,进而如何影响资源配置和经济增长的学科。① 制度是制度经济学中的一个基本概念,制度经济学派的代表人物诺思对此做出了界定,即"制度是一个社会的游戏规则,或更正式地说是人类设计的、构成人们互相行为的约束条件。它们由正式规则(成文法、普通法、规章)、非正式制度(习俗、行为准则和自我约束的行为规范),以及两者执行的特征组成"②。社会学家吉登斯也对制度进行了界定,认为"制度可以被看作是实践在时空当中的深度沉积。也就是说,它们是一些在'横向'意义上具有持久性和包容性的实践,在共同体或者社会成员中具有广泛的散播"③。

一、制度经济学的一般理论

制度经济学的一般理论包括交易成本理论和制度路径依赖理论。

交易成本理论。该理论由科斯提出,主要讨论交易费用与产权制度安排之

---

① 黄少安.制度经济学由来与现状解构[J].改革,2017(1):132-144.
② 道格拉斯·G.诺思.制度、变迁与经济绩效[M].杭行,译.上海:格致出版社,上海人民出版社,2014:2-5.
③ 安东尼·吉登斯.社会理论的核心问题:社会分析中的行动、结构与矛盾[M].郭忠华,徐法寅,译.上海:上海译文出版社,2015:88.

间的关系。市场机制的运行、制度的设计与实施、制度的变迁等都存在交易费用。如果交易费用为零,那么不管产权制度如何设计,都可以通过当事人之间的谈判使稀缺资源的配置达到最优;一旦交易费用不为零,不同的制度设计可能会导致不同的资源配置效率。在满足某些条件的情况下,经济领域的外部性可以通过当事人之间的谈判得到矫正,从而达到社会效益最大化,也就是说,市场这只"无形的手"能够化解负外部性,从而提供通过市场机制解决外部性问题的新思路和新方法。①

制度路径依赖理论。诺思对制度的路径依赖理论做出了首创贡献。"制度路径依赖"类似于物理学领域的"惯性"概念,用来指代制度的形成与变迁通常会受到历史因素的影响,一旦形成某种制度伦理或者总体安排思路,即使制度是低效率或者无效率的,也往往会一直按照初始状态延续下去,隐含着制度变革的困难。青木昌彦对制度路径依赖理论进行了完善,他指出,制度路径依赖是指制度重建时,旧制度往往会以新的形式继续实施,这主要取决于制度重建者的认知。制度路径依赖理论对无效和低效制度的存在做出了理论解释。

现代社会治理理论与实践的变迁,伴随着治理主体的变迁过程;传统的以政府为单一主体的管理模式逐渐发生变化,但是多元治理主体的参与模式并未真正形成。受制度路径依赖的影响,我国社会治理转型的过程中,政府、社会、市场、公民等不同主体之间的合作模式仍然存在行政化倾向,不同主体之间作用失衡、社会自治能力较弱、社会组织发展缓慢、公民参与能力有限、政社之间的关系被"锁定"在政府主导的模式中等,使不同主体之间合作的交易成本不断增加,社会治理绩效也不尽如人意。

二、制度经济学的基本演变

一般把制度经济学分为早期制度经济学与新制度经济学两个发展阶段。早期制度经济学的代表性人物是索尔斯坦·凡勃伦(Thorstein B. Veblen)、约翰·罗杰斯·康芒斯(John Rogers Commons)和约翰·肯尼斯·加尔布雷斯(John Kenneth Galbraith)等人。凡勃伦的《有闲阶级论:关于制度的经济研究》

---

① 臧建文."五险一金"征缴的制度困境研究:基于交易成本理论视角[D].天津:天津财经大学,2017.

(1899),被认为是制度经济学的奠基之作,重点讨论了制度与不同经济现象之间的关系,并将制度界定为"是个人或社会对有关的某些关系或某些作用的一般思想习惯"[①]。凡勃伦对"有闲阶级"的产生与演变过程及其相应的消费行为变迁过程进行的分析,正是对制度演化过程的分析。也正是在分析有闲阶级消费行为的过程中,凡勃伦认为是制度重塑和影响了个体的行为、习惯和偏好,也就是说个体偏好被制度重构。凡勃伦对制度经济学的研究始于对"制度"的批评,他认为资本主义经济制度和自由市场经济制度已经不能适应当时的社会环境,必须进行制度改革。

二战后,制度经济学发展缓慢,直到20世纪70年代以后,制度经济学研究进入了新的发展阶段,新制度经济学被广泛关注并获得了长远的发展。新制度经济学质疑新古典经济学"交易成本为零"的假设,提出"交易成本大于零"的观点,因此学界通常认为新制度经济学侧重于交易成本的经济学分析。"交易成本"的系统论述始于科斯的《企业性质》(1937)。科斯强调,如果要对经济现象、经济行为和经济关系等经济学核心问题进行科学合理的解释,就必须首先研究哪些制度安排对这些经济现象产生了影响或产生了支配、约束作用,以及如何施加这些影响和体现这些作用。正是从科斯之后,制度分析方法正式被系统地应用于经济学的分析框架中。科斯指出,稀缺资源的配置效率通常会受到交易费用的影响,如果制度不能有效地降低交易成本,那么就会降低资源配置效率,进而影响整体经济效率。这就为制度变迁和制度创新提供了有力的依据。科斯认为,产权制度、法律制度、管理制度等制度体系在人类社会经济增长和社会发展进程中发挥着决定性作用。

诺思作为新制度经济学的另一位代表人物,在制度变迁的研究方面做出了重要的贡献。诺思认为制度具有公共物品属性,为了避免制度供给不足,国家往往是基本制度的提供者,并且会基于交易成本和平衡各利益相关方利益的考虑,做出实施新的制度或者对旧的制度进行变革的决策,因此制度变迁的过程具有典型的边际特征,尤其是存在制度路径依赖的情况。在制度变迁的过程中,要实现制度变迁收益的最大化,就需要降低制度变迁成本,而非正式规则会

---

① 凡勃伦.有闲阶级论[M].蔡受百,译.北京:商务印书馆,1964:138-139.

发挥这一作用。可以说,诺思的一个重要观点就是正式规则在很大程度上是对非正式规则的认可和规范,而非正式规则是对正式规则的延伸、补充和修正。[①]也就是说,正式制度的良性运行需要有非正式制度的支持。

科斯(1991)、诺思(2003)、威廉姆森(2009)、奥利弗·哈特(2016)等诺贝尔经济学奖获得者的主要贡献都与制度研究密切相关,这也使得制度经济学受到了持续关注,在不同领域和不同学科都得到了广泛的发展。目前,新制度经济学在治理领域得到了广泛的应用,如共享单车治理[②]、社区治理[③]、农村集体经济组织治理[④]、教育治理[⑤]、政社合作[⑥]等领域。相关研究主要从治理领域面临的制度困境入手,既讨论正式制度在治理事务中的变迁与模式选择,也关注非正式制度对治理绩效的作用,进而从制度创新中寻求治理的优化路径。

第二节 正式制度

一、正式制度的内涵

正式制度,也称正式约束,是以某种明确的形式被确定下来,并且由行为人所在的组织进行监督和用强制力保证实施的行为规范,如各种成文的法律、法规、政策、规章、契约等。[⑦]

在社会治理中,正式制度作为一种成文的组织方式,对社会治理主体、社会治理目标、社会治理对象、社会治理行为方式、社会治理执行手段等进行全面规

[①] Douglass C. North. Institutions, Institutional Change and Economic Performance [M]. Cambridge: Cambridge University Press, 1990.

[②] 吴杭韦,郑伟浩,朱迪.新制度经济学视角下的共享单车探析:优势、问题与治理[J].生产力研究,2019(6):37-46.

[③] 孟祥林.我国社区治理的三个向度:制度创新、社会资本建构与社区共同体塑造[J].新疆财经,2019(4):47-60.

[④] 王留鑫,何炼成.农村集体经济组织的制度困境与治理之道——基于制度经济学分析视角[J].西北民族大学学报(哲学社会科学版),2017(3):59-63,82.

[⑤] 毛杰.新制度经济学视角下的第三方教育评估制度环境研究[J].中国大学教学,2016(7):73-79.

[⑥] 庄士成,刘平平.政社合作的路径依赖困局与路径创造:基于新制度经济学的分析视角[J].经济问题探索,2016(1):54-59.

[⑦] 贾兆帅.基于新公共服务理论的政府非正式制度变迁研究[D].成都:西南交通大学,2007.

范,并对治理过程中所需的人、财、物等各类资源的配置方式进行规定,进而形成行为人的执行准则,并且具有行政强制力,从而使治理的绩效得以保障。如《中华人民共和国社会保险法》(以下简称《社会保险法》)对参与主体、实施目标、实施对象、各主体的行为方式等进行了全面的规定。

第一,社会保险的治理主体,即哪些主体是社会保险事务的参与主体。《社会保险法》规定,用人单位、劳动者个人、县级以上人民政府、社会保险行政部门、社会保险经办机构、工会等都参与其中。

第二,社会保险的治理目标,即实施社会保险要解决的问题是什么。《社会保险法》是为了规范社会保险关系,维护公民参加社会保险和享受社会保险待遇的合法权益,使公民共享发展成果,促进社会和谐稳定而颁布的正式制度,以保障公民在年老、疾病、工伤、失业、生育等情况下依法从国家和社会获得物质帮助的权利。

第三,社会保险的治理对象,即要对哪些社会保险进行顶层设计和规范。《社会保险法》规定,我国社会保险主要由基本养老保险、基本医疗保险、工伤保险、失业保险、生育保险等构成。

第四,社会保险中各行为主体的行为方式,即各个主体在参与社会保险的过程中应该如何做。如《社会保险法》规定,用人单位和个人要依法缴纳社会保险费,同时有权查询缴费记录、个人权益记录,并要求社会保险经办机构提供社会保险咨询等相关服务。

总体来说,社会治理的正式制度为各个参与主体提供了行为准则和基本依据,使各个主体能够在规则范围内行事,进而使社会有序运转,让社会治理绩效最大化。

二、我国社会治理领域正式制度的变迁

(一) 古代社会(秦汉时期至明清时期):自上而下的社会控制

自上而下的社会控制模式是中国古代社会始终遵守并维系的准则。从根本上说,中国传统社会管理模式始终是集权与分权交替并以集权为主,而宗法制是集权的最佳代表,并在各个朝代都有所体现。

第一,秦汉时期。公元前221年,秦始皇建立了中国历史上第一个中央集

权制的国家,始设"皇帝",立百官之职。他把专制主义的决策方式和中央集权的政治制度有机地结合在一起,正式建立了专制主义中央集权的政治制度——三公九卿制度。在地方行政制度方面,设立了郡县制,以实现对社会的管理。各级政权的设立以维护皇权为首要任务,以维护统治阶级利益为目标,因此其对社会的治理多从"治安"的角度考虑。汉承秦制,两代制度基本相同。

第二,隋唐时期。隋唐是中国封建社会发展的繁荣时期,三省六部制确立于隋朝,仍然是皇帝下设三省,即中书省、门下省、尚书省。其中,中书省负责起草皇帝诏书;门下省负责审核奏章并兼顾谏言之责;尚书省则贯彻执行皇帝之令,下设吏部、户部、礼部、兵部、刑部、工部六部,用以分割尚书省的权力。吏部掌管官员选拔、考核、封爵晋级等;户部掌管财政、户籍、土地等;礼部负责祭祀、典礼等;兵部专管军事;刑部担任司法、审计之责;工部主管工程建设。六部下又各设四司。隋唐时期的三省六部提高了行政管理效率,各部门之间互相牵制,极大地加强了皇权。而真正与民生息息相关的社会管理则没有在中央一级机构设置上有所表现,这也从另一个侧面表明传统管理模式的特点。

第三,两宋时期。北宋建立后,宋太祖赵匡胤吸取唐末五代以来藩镇割据的教训,采取"杯酒释兵权"等举措,收回朝中大将和节度使兵权,将地方的行政、军事、财政权力收归中央,防止地方割据局面的出现,加强了中央集权,但也造成了一些不良后果,如北宋形成了庞大的官僚机构和军队,导致了后来严重的社会危机。宋代为加强对内控制,让掌管政务的中书门下(东府)和掌管军事的枢密院(西府)共同行使行政领导权,并称为二府。同时又置三司,三司使分管盐铁、度支和户部,分取宰相财政大权。[①]

第四,元朝和明初。元朝统一之前采用一省六部制,即由尚书省总领全国行政,下设六部。元朝则在中央设中书省,领吏、户、礼、兵、刑、工六部,总理全国行政事务。明初仍然沿用了元朝的这一制度。此外,在地方设行中书省,掌管钱粮、兵甲、屯种、漕运及其他军国重事。这一制度奠定了中国省区的规模。元朝的基层机构基本仍沿袭宋金,另外设立"社",五十家为一社。"社"用来加强对民众的管理,既是治理农村的机构,也是征调赋役的工具,又是防范和压制

---

① 吕克勤等.中国古代史[M].上海:华东师范大学出版社,2007:322.

人民的手段。①

第五,明清时期。明朝开始,朱元璋为恢复封建秩序,缓和社会矛盾,采取了一系列措施加强君主专制,包括:实行内阁六部制,中央废丞相,权分六部;地方废行省,设三司;设立特务机构;实行八股取士;建立僧官制度和驻藏大臣制度。清朝沿用明制,增设军机处,大兴文字狱,专制主义中央集权制度达到了顶峰。

(二)现当代社会(新中国成立后至今)

1. 新中国成立至改革开放前:自上而下的社会管控

我国当代社会治理模式主要以管控为主,并集中体现在城乡二元管理制度上。新中国成立之初,我国面临着政治解体与社会解组相结合的"总体性危机"。尽快恢复社会秩序,使中国经济政治发展步入正常轨道,成为中国共产党执政的首要任务。面对如何将广大人民群众组织起来进行社会主义建设的问题,中国共产党借鉴了战争年代实行的供给制经验,在城市逐步建立了以"单位制为主、街居制为辅"的管理体制。② 身份制(阶级身份、户籍身份、职级身份)作为改革开放前重要的社会管理制度之一,有着很强的先赋性,并限制着每个社会成员获取社会资源的数量和机会。每个人一出生即根据其出生地获得一定的户籍身份,城市户口与农村户口及其蕴含的市民待遇与农民待遇是最基本的差别。③ 以1958年颁布的《中华人民共和国户口登记条例》为标志,我国以严格限制农村人口向城市流动为核心的户口迁移制度形成,也奠定了我国二元户籍制度的基础。出于遏制城镇人口过度膨胀、保持城镇社会稳定以及快速恢复和发展国民经济的需要,我国最终形成了以将农民禁锢在土地之上、保证农业生产稳定、控制农村人口过快流入城镇为主要目的的户籍制度④,与此相伴相生的是几十年来城乡居民在教育、医疗、就业、住房、社会保障等方面的不平等。

---

① 陈智勇.中国古代社会治安管理史[M].郑州:郑州大学出版社,2003:215-216.
② 鞠正江.我国社会管理体制的历史变迁与改革[J].攀登,2009(1):27-32.
③ 郑杭生.中国社会发展研究报告[M].北京:中国人民大学出版社,2010:188-189.
④ 杜睿云,段伟宇.城镇化背景下的户籍制度改革:方向、重心与路径选择[J].当代经济管理,2011(3):30-33.

2. 改革开放后至 2012 年:自上而下的社会管理

1998 年,《国务院机构改革方案》出台,对政府的职能进行了全面梳理,首次提出了"社会管理"的概念,并且将"宏观调控、社会管理和公共服务"作为政府基本职能,这是从顶层设计和正式制度的视角对社会管理功能的界定。经过长期的探索实践,我国逐步从传统的社会管控模式转向了社会管理模式,并构建了相对完善的社会管理正式制度体系,形成了相对完善的社会管理体制机制。

在这一过程中,各项制度体系不断优化,政府职能不断转变,以促进社会和谐稳定为出发点、以保障和改善民生为重点、以强化社会服务为依托,初步形成了"党委领导、政府负责、社会协同、公众参与、法治保障的社会管理体制"①。

3. 新常态时期(2013 年至今):共建共治共享的社会治理

2013 年党的十八届三中全会审议并通过的《中共中央关于全面深化改革若干重大问题的决定》中首次提出了"社会治理"的概念,并将推进"国家治理体系和治理能力现代化"作为全面深化改革的总目标之一。这是党的正式文件中第一次提出"社会治理"的概念,标志着执政理念的新变化。

2017 年党的十九大报告指出,要"加强社会治理制度建设,完善党委领导、政府负责、社会协同、公众参与、法治保障的社会治理体制""保证全体人民在共建共享发展中有更多获得感""打造共建共治共享的社会治理格局",党的二十大报告进一步提出,要"健全共建共治共享的社会治理制度,提升社会治理效能","依法严惩群众反映强烈的各类违法犯罪活动"。这些都为当前我国社会治理提供了最重要的指导原则和创新方向,是各级政府进行社会治理创新的未来目标和行动指南。

三、我国社会治理领域存在的问题

正式制度供给不足以及正式制度效率低下,是我国当前社会治理绩效总体仍然不高的重要原因之一。我国的社会治理模式仍然没有从传统管理模式中完全解脱出来。尽管自 1982 年以来,我国已经进行了八次政府机构改革,但是

---

① 高斌.共建共治共享的社会治理格局:演进轨迹、困境分析与路径选择[J].理论研究,2018(6):67-74.

服务意识欠缺、职能定位尚不明确、管理体制尚不完善、科学化程度有待提高等问题仍然存在。

第一,中央政府出台的社会治理正式制度不足。目前在社会治理领域,国家层面的立法存在明显的"缺位"。地方政府社会治理行为的各种乱象,很大程度上是由于缺乏相应的法律规范。截至目前,我国还没有制定统一的"社会治理法"及与之配套的系列法律法规。地方政府主要依据中央下发的文件履行其社会治理职能。[①]

第二,具体社会治理领域的正式制度不足。一方面,有关我国社会治理的供给制度不足。社会治理绩效与公众社会需求的满足密切相关,而公众社会需求的满足与制度供给密切相关。我国社会保障制度仍然不健全、城乡社会保障制度差异显著,是导致城乡公共需求满足程度存在差异,农村人口的养老需求、医疗需求、教育需求等满足程度明显较低的重要原因。另一方面,有关我国社会治理的需求评估制度不足。供给是否能够与需求精准匹配,与是否具备科学准确的需求评估与识别制度密切相关。但是目前,我国在社会治理层面仍然侧重于供给方的制度设计与改革,对需求的评估较少,导致供需结构性失衡。

第三,社会治理体制改革进展较慢。当前以政府为主导、注重管控规制、治理手段单一、侧重事后处置的社会治理方式,导致对社会需求的识别不足、法治对需求满足的保障能力有限、合作治理秩序建立缓慢、治标不治本的对策与实际问题的解决存在差距,这都表明公民对于高效社会治理方式的需求未能真正满足。

四、基于正式制度形成的社会治理代表模式——西安市家庭病床服务模式

有效的正式制度能够推动社会治理绩效的总体提升和更好地满足公众公共服务需求。陕西省西安市的相关做法就是典型的正式制度发挥关键作用的案例。包括家庭病床在内的上门医疗服务模式是人口老龄化进程中满足老年人健康需求的重要方式。

---

① 范逢春.地方政府社会治理:正式制度与非正式制度[J].甘肃社会科学,2015(3):178-181.

西安市的家庭病床服务模式值得关注。为深入推进老年健康体系建设和医养结合发展,进一步增加老年人居家医疗服务供给,精准对接老年人群多样化、差异化的迫切医疗服务需求,2021年2月,西安市卫健委、西安市医保局联合印发了《西安市家庭病床服务管理试点指导办法》,将西安市莲湖区作为陕西省首个家庭病床服务管理试点区县,先行探索家庭病床服务。2021年3月,西安市莲湖区卫健局、医保局制定出台了《西安市莲湖区家庭病床服务规范(试行)》,开始推行家庭病床试点服务。2022年,西安市在城六区启动试点工作。2023年,为规范家庭病床服务,西安市卫健委会同市医保局出台了《西安市家庭病床服务清单》,进一步促进家庭病床服务工作深入发展。自2024年1月1日起,西安市在全市全面开展家庭病床服务工作。截至2024年7月,西安市全市16个区县、开发区累计建立家庭病床9464张。[1]

"家庭病床"服务模式是对有建"床"需求并符合建"床"标准的患者,按"一人一档"的原则设立家庭病床。简单来说,"家庭病床"就是让行动不便的人不出门享受"住院"治疗,包括长年不能间断治疗的慢性重症患者,因疾病需要长期卧床或身体衰弱、生活不能自理,且诊断明确、病情稳定、符合住院条件的患者。其中很大一部分是老年人。

就家庭病床服务内容而言,根据《西安市家庭病床服务管理实施细则》和《西安市家庭病床服务清单》,在家庭病床服务中,医护人员根据患者病情,在采取严格的安全防范措施的前提下,可以开展肌肉注射、皮下注射(皮试针剂除外)、换药、褥疮及外伤护理、PICC置管护理、导尿、吸氧、康复指导、护理指导,还可以提供血常规、血脂、心电图等常规检验检查和中医药服务。

另外,还需要明确医保报销要求。享受家庭病床基本医疗保险待遇的人员须为参加西安市城镇职工基本医疗保险或城乡居民基本医疗保险的人员(离休人员除外)。家庭病床患者发生的符合基本医疗保险支付范围的医疗费用,起付线以上费用由统筹基金和个人按比例分担,年度设置最高限额。其中,城镇职工家庭病床的起付标准为每一自然年度内第一次建床为200元,以后每次建

---

[1] 西安市人民政府办公厅.西安市人民政府办公厅关于省政协十三届二次会议第702号提案的复函[EB/OL].(2024-08-29)[2025-04-07].https://www.xa.gov.cn/gk/jyta/zxwytabl/1876887882153140226.html.

床为100元;建床期间发生的起付标准以上的符合基本医疗保险支付范围的医疗费用,由统筹基金支付95%,个人负担5%,每一自然年度内统筹基金最高支付限额为1.5万元;城乡居民家庭病床的起付标准为每一自然年度内第一次建床为150元,以后每次建床为100元;建床期间发生的起付标准以上的符合基本医疗保险支付范围的医疗费用,由统筹基金支付80%,个人负担20%,每一自然年度内统筹基金最高支付限额为1.2万元。

第三节 非正式制度

一、非正式制度的内涵

非正式制度,又称非正式约束,是指人们在长期社会交往中无意识形成的或在社会生活过程中约定俗成、共同恪守的行为准则。非正式制度具有持久的生命力,在不断演化中构成代代相传的文化的一部分,主要包括价值观念、伦理规范、道德观念、风俗习惯、意识形态等。其中,意识形态和风俗习惯是核心构成要素,影响最为深远。[1] 著名制度经济学家诺思认为,正式制度只决定了人类行为选择总体约束的小部分,大部分人类行为的选择空间是由非正式制度来约束的。[2]

在正式制度出现之前,非正式制度就已经存在了。一般认为,成文正式制度的出现是在国家产生之后。而在国家产生以前,人类社会秩序的维持主要依靠的是非正式约束,这类非正式约束往往以宗教教义、氏族伦理、风俗习惯等形式存在并发挥作用。即使在正式成文制度出现以后,非正式制度也仍然是约束人类生活的重要准则。

正式制度与非正式制度之间存在着相互联系、相互制约、相辅相成的关系。在正式制度的形成和变迁过程中,非正式制度也会相伴而生。正式制度与非正式制度的价值观、社会共识、社会文化等基本一致,或至少在二者之间不发生冲

---

[1] 道格拉斯·C.诺思.制度、制度变迁与经济绩效[M].杭行,译.上海:格致出版社,上海三联书店,2008.

[2] 道格拉斯·C.诺思.经济史中的结构与变迁[M].陈郁,罗华平,等,译.上海:上海三联书店,上海人民出版社,1994:94.

突的情况下,正式制度才可能实现预期的目标。著名社会学家马克斯·韦伯也指出,一项新的社会制度或者新的经济制度,必然有一种与之相契合的文化精神、文化价值观。他在著作《新教伦理与资本主义精神》中也重点论述了伴随资本主义制度产生和形成的文化精神。与正式制度相比,非正式制度的形成与演进过程通常是自发的,不具有强制性,也就是说不具有法律意义上的惩罚功能。但是非正式制度往往具有广泛性,一旦形成,通常在适用时间上具有持续性,并且会形成道德惩罚机制,以此约束人们的行为。

因此,新政策或者新制度在出台之前,往往要经过漫长的研究和试运行过程,以判断其是否能够与非正式制度相容。

二、社会治理领域非正式制度的作用机制

在社会治理领域,非正式制度产生作用的机制有两类:一是正向作用机制,即通过促进合作共识的达成,推动社会治理绩效的提升。也就是说,有效的社会治理与非正式制度发挥积极作用密切相关。二是负向作用机制,即通过对社会信任的弱化,降低社会治理的总体绩效。低效的社会治理,往往与非正式约束的负面效应密不可分。

(一)非正式制度的正向作用机制

正如诺思指出的,在正式制度的变迁过程中,传统规范、习俗惯例等非正式制度的作用非常重要,它们既是对成文规范、法律条文等正式规则的延伸、补充和修正,又是其重要来源。凡勃伦也认为社会制度是由"为大多数人所普遍接受的固定的思想习惯"构成的,社会制度通过习惯和一般认可而变得具有公共理性和不可或缺。[1] 在社会治理领域,社会自发形成的村规民约、优秀传统价值观等行为规范,在长期的代际传递和去糙取精的过程中,逐渐成为公民自发遵守的行为准则。尽管它不具有强制性,但是能够以软约束和软惩罚的方式,促进合作共识的达成,从而将公民纳入社会治理的合作秩序,降低社会治理成本。

我国近年来推行的文化治理,其重要内涵就是充分发挥文化育人的基本功

---

[1] 丰雷,江丽,郑文博.认知、非正式约束与制度变迁:基于演化博弈视角[J].经济体制改革,2019(2):165-177.

能,通过先进文化对公民进行教化和规约,并且与正式制度"表里"融嵌共构,以"刚柔并济"的方式,实现对国家和社会的高效治理。尤其是在新时代背景下,着力推进乡村振兴,就是要对城市文明与农村文明交汇过程中形成的多元价值进行合理引导,重构公民的社会认同感和共同体意识,逐渐将脱离优秀传统文化约束的行为重新嵌入非正式制度的约束。如浙江德清县的农村自发设立了"孝敬父母奖""残疾学子励志奖""诚信市民奖"等民间道德奖,在"德行接力"的文化氛围中,公民的主人翁意识和群体间道德感染逐渐增强。①

(二) 非正式制度的负向作用机制

非正式制度对正式制度的变迁进程也可能产生制约作用。如果非正式制度比较滞后,那么落后的价值观或者过于关注私利的价值观就会抑制正式制度的变迁进程。② 这种负向作用主要通过弱化合作共识等方式抑制社会治理的发展进程。大部分研究者在分析正式制度与非正式制度之间的关系时都指出,体制、机制改革过程中,不能忽略民间存在的非正式制度的作用。

公地悲剧就是一个典型的非正式制度负向作用机制的例子。经济学理论中的"公地悲剧"指出,在信奉公地即公共资源可以自由使用的社会里,每一个个体都试图增加自身可利用的资源,而资源总量有限会导致资源过度消耗,最终损害所有人的利益。如果公共资源的使用规则在社会中并未形成共识,就会增加社会治理成本。在公地悲剧中,缺乏使用共识即非正式约束的规范,是其形成的重要原因。正是因为每个个体都从追逐自身利益最大化的角度出发,而不是从长期利益和总体利益的最大化出发,所以无法将个体行为限定在有限利用的范围内。对于公地的管理主体来说,要化解这一困境,要么制定成文的使用制度并增加管理人员以确保制度得以实施,要么私有化。但是无论哪种方式,都表明非正式制度是无效的,并且增加了社会治理的成本。

此外,随着城镇化的推进,农村社会治理面临非正式制度约束逐渐式微的困境,农村优秀传统文化逐渐被消解,道德观、农村共同体观、互助共助观等非正式约束在与城市文明交汇的过程中被冲击,但是新的先进文明范式在农村并

---

① 陈春燕,于雯君.透视专家的影响力:农村基层文化治理中体制内治理精英的行动逻辑研究[J].青海社会科学,2019(4):70-77.
② 贾兆帅.基于新公共服务理论的政府非正式制度变迁研究[D].成都:西南交通大学,2007.

未形成。这在很大程度上能够解释我国农村部分地区当前存在的道德伦理滑坡问题,同时也是基层社会治理面临的巨大挑战。

三、基于非正式制度形成的社会治理代表模式——以陕西省关中地区家风文化建设为例

家风文化治理是非正式制度充分发挥社会治理功能的代表方式,它能够促进居民将家风文化作为共同的价值观,并以此为基础在社会治理进程中共建和谐社会。

十八大以来,习近平总书记多次强调"要重视家庭建设,注重家庭、注意家教、注重家风"。陕西省关中地区作为传统家庭文化的践行者之一,积极尝试解决新型城镇化进程中存在的农村优秀传统文明逐渐消解的困境。以西安、咸阳、渭南等地为代表的陕西关中农村地区,在新型城镇化与乡村振兴的总体战略下,大力推进家风文化建设,推动村史馆、乡愁馆、雕塑馆等的建设,积极编撰文化志、口述史、图像集等,促进传统乡土文化和现代城市文明深度融合,把历史文脉与不同村庄的发展变迁历程、城镇化给农村带来的变化与影响结合起来,教育引导农村居民传承并弘扬优良民俗家风,推进乡风文明建设,以形成富有新时代关中特色的家风文化新形态,从而为农村社区治理提供重要的非正式制度基础。

2019年3月,《西安市乡村文化风貌塑造工程实施方案》正式印发,提出要在全市的涉农区县、西咸新区和涉农开发区实施"乡村文化风貌塑造工程",开展新时代乡村文明传习、加快乡村文化设施建设、推进乡村优秀传统文化传承、创新文化惠民供给方式、启动大美乡村文化推广等活动,努力打造乡村文化振兴的"西安样板"。该方案为进一步推进关中地区的家风建设提供了重要支持。

(一) 西安市蓝田县

我国最早的一部成文乡约即《吕氏乡约》,由北宋时期的吕氏四兄弟创制,吕氏四兄弟正是西安市蓝田县人。《吕氏乡约》总计字数超过两千字,其中包括"德业相劝""过失相规""礼俗相交""患难相恤"等四个方面,正是我国传统儒家思想的精髓,主张坚守正义、和睦相处、修身内省、遵守礼教等,以此教化众人。2015年,蓝田县以社会主义核心价值观为主线制定了《蓝田新乡约》,主要

内容涉及仁、义、礼、智、信等各个层面,既对不良的社会风气进行规范,也对优良社会风气进行大力倡导,将自我约束与自我治理的理念融入了乡村治理的各个环节。同时,为了更好地传播和践行这些倡导与倡议,蓝田县还开展了《蓝田县新乡约普及读本》进学校、进机关、进村组等活动。

(二)渭南市潼关县

2016年,潼关也启动了"万条家训进万家"的活动,通过"议家训、立家训、晒家训、比家训"等方式,推进农村家庭建设。2018年4月,潼关县筹办了"弘扬优秀家风,助力乡村振兴"文化论坛,深入探讨和挖掘潼关优秀家风代表人物杨震的清白家风所蕴含的思想观念、人文精神,借此弘扬主旋律和社会正气,以达到提高乡村文明程度、促进社会和谐进步的目标。

总体来说,在传统社会,家风家训文化的功利倾向明显,主要发挥的是稳定社会秩序的作用,进而稳固统治者的统治秩序。但是在当今社会,家风家训文化的功利性作用逐步弱化,其作用更多体现在构建公民之间的合作秩序上。重新建构新时代背景下的家风家训文化,可以使传统文化在城市文明与农村文明的融合中,重新焕发活力,引导和激发农村居民互帮互助,共建幸福美好生活。此外,农村居民以不同身份和角色积极参与家风文化构建,是"社区感""社会共同体"形成的重要过程,也是参与社会治理的基本方式与途径。在这个过程中,他们真正发挥了社会治理主体的作用,构成农村社会治理的基本力量。

章节习题

1. 思考非正式制度在社会矛盾化解方面能发挥哪些作用。
2. 梳理我国社会治理某个具体领域的正式制度发展历程。

案例材料

互助养老中的正式制度与非正式制度

近年来,在我国人口老龄化程度不断加深、老龄化速度不断加快的背景下,互助养老模式成为农村养老服务供给的重要途径,其使有自理能力的独居老人也能互助抱团养老,相互交流,互相关爱。

从正式制度来看,2024年民政部印发《关于加快发展农村养老服务的指导意见》,明确提出:支持村民委员会在村党组织的领导下参与做好分散供养特困老年人基本生活保障和照料服务,组织开展互助养老;鼓励成立以低龄健康老年人、农村留守妇女为主体的农村养老互助服务队;培育扶持以农村养老服务为主的基层公益性、服务性、互助性社会组织。2024年12月中共中央、国务院印发《关于深化养老服务改革发展的意见》,要求大力推进互助性养老服务,健全农村留守、高龄、失能、残疾等老年人探访关爱和应急救援服务机制。

从非正式制度来看,受传统儒家孝道伦理规范的影响,互助养老始终发挥着重要作用。近年来,围绕"敬老月"活动主题,全国各地每年都在积极开展宣传活动,传承和弘扬中华民族敬老孝老的传统美德。一些地方依托新时代文明实践站、老年活动中心等阵地资源,开展孝道文化讲座,演绎新时代孝老敬老爱老的经典故事,助力互助养老服务发展。

思考: 互助养老服务中体现了正式制度和非正式制度在社会治理中的哪些作用?

第十二章 资源依赖与交换

■ **内容提要**

本章首先对资源依赖与资源交换的基本内涵进行了界定,指出资源依赖理论的核心假设,以及影响资源依赖与交换关系的关键因素。在对资源依赖与交换关系分析的基础上,明晰其作为一类治理工具在社会治理中的应用功能。其次,根据"资源依赖性—组织自主性"的分析框架,将组织资源依赖与交换关系划分为寄生关系模式、共栖关系模式、非对称性共生关系模式与对称性互惠共生关系模式等四种模式。最后,针对当前我国政府与社会组织资源依赖与交换关系实践中存在的问题,指出新时代我国政府与社会组织资源依赖与交换关系的优化路径与发展趋势。

第一节 资源依赖与交换的内涵、关系与功能

"相互依赖是组织所具有的开放性系统性质的产物,事实上组织为了获得维持生存的必要的资源,就必须与环境中的其他因素进行交易。"[1]社会治理中涉及诸多主体要素之间的互动,其中政府和社会组织是最重要的治理主体。

---

[1] 杰弗里·菲佛,杰勒尔德·R.萨兰基克.组织的外部控制:对组织资源依赖的分析[M].闫蕊,译.北京:东方出版社,2006:47.

第十二章　资源依赖与交换

一、资源依赖与交换的内涵

(一) 资源依赖的内涵

资源依赖理论是组织理论的一个重要分支,起源于20世纪30年代,但直到20世纪70年代,组织分析的重点才明确地转向组织间关系。美国著名学者杰弗里·菲佛和杰勒尔德·R.萨兰基克是资源依赖理论的集大成者。他们提出了资源依赖理论的四个重要核心假设:一是组织发展的基础是生存。为了生存,组织需要资源,而组织自身无法生产或满足生存所需要的全部资源。二是为了生存,组织必须与它所依赖的环境中的因素互动,而这些因素通常包含其他组织。三是组织依赖它的环境中的因素来获得资源,即组织为了生存,必须不断地与同处某一生存环境中的其他组织进行交换或者是互动,从而获取自身生存所需要的资源。四是组织生存建立在其控制自身与其他组织关系的能力基础之上,即任何组织生存能力的核心都在于该组织如何改变、控制与其他组织之间的关系。组织能力影响着组织的生存和发展。[1]

资源依赖理论认为,组织是一个开放的系统,需要与外界进行能量与资源交换以维持其基本生存与发展,没有任何一个组织可以远离外部环境而独立生存,仅靠自给自足供给自身生存和发展的资源。组织虽然处于外部环境的影响中,但大部分组织不会被动服从环境,而是会通过自身积极的行动策略来进行资源互动,不断调整组织对环境的依赖程度,避免被动地受到外部资源的控制。

作为研究组织行为和组织关系的重要理论基础,资源依赖理论认为组织之间存在着资源相互依赖的关系。菲佛和萨兰基克认为在决定一个组织对其他组织的依赖性时,有三个因素比较关键。[2]

第一,资源的重要性,即组织运转和生存对其依赖的程度,也就是该项资源对组织生存所起到的作用。一个组织对组织外部环境的依赖程度在一定程度上取决于组织为了运转而依赖特定类型资源的程度。这种对特定类型资源的依赖程度是通过资源交换的重要性表现出来的。一方面是资源交换的相对数

---

[1] 马迎贤.资源依赖理论的发展和贡献评析[J].甘肃社会科学,2005(1):116-119,130.
[2] 杰弗里·菲佛,杰勒尔德·R.萨兰基克.组织的外部控制:对组织资源依赖的分析[M].闫蕊,译.北京:东方出版社,2006:51-57.

量,这是资源重要性的一个决定性因素,可以通过投入的比例或者由这一交换带来的成果在总产出中所占的比例进行衡量。生产单一产品或者提供单一服务的组织对顾客的依赖性要比产品多元化和市场渠道多样化的组织对顾客的依赖性更强。另一方面是资源的关键程度。关键性是衡量组织在缺乏这一资源的情况下继续发挥作用的能力,即使某种资源在总投入中只占较小的一部分,也有可能对组织非常关键。资源对组织的关键性可以随着环境和条件的变化而发生改变。

第二,资源的控制权,即相关利益主体对资源的分配和使用的决定权,也就是组织能够获取到该资源的可能性或者是能够使用该资源的程度。资源的控制权表现为组织决定资源分配和使用的能力,资源越是稀缺这种权力就越重要。所有权是控制资源的基础之一,是对资源施加影响的基础,但它并不是纯粹的,而是取决于社会系统中其他参与者的态度。资源的使用权是控制的另一个基础。在没有资源所有权的情况下,某些主体也可以控制资源的使用权。影响资源分配的任何方法都在一定程度上对资源进行着控制。资源的使用者可以不是资源的拥有者。对于一些利益集团来说,控制资源使用的能力是它们影响力的主要来源。

第三,资源的可替代性,即替代资源存在的情况,也就是该项资源是否存在可替代资源,以及替代资源是否能够获取。一个组织对另外一个组织的依赖还取决于资源控制的集中程度。资源控制的集中是指一个组织是否掌握资源使用权的其他来源,也就是是否存在替代品。换言之,资源控制的集中直接反映一个组织用其他资源替代原有资源的能力。可利用的替代品的相对数量和这些替代品的规模或者重要性,对组织行为受到限制的范围和程度产生影响。

资源的重要性、对资源的控制权以及资源的可替代性共同决定了一个组织对任何特定的其他群体或者组织的依赖程度。不管对某种资源的集中控制程度如何,对组织来说,不重要的资源是不能够导致依赖产生的。同样,不管这一资源有多么重要,除非被相对较少的组织所控制,否则一个组织一般也不会对其他组织产生依赖。依赖性可以衡量某一组织所处环境中的外部组织或者群体力量的强弱。正是组织的这种资源依赖性质,导致了外部环境对组织行为的控制和限制无法避免,组织之间也不可避免地产生对资源的依赖和交换行为。

尽管这一理论最开始被用于解释市场经济中企业之间竞争的态势和策略，但在社会网络化连结特征日益明显的今天，资源依赖理论的理论假设、理论基点、解释力和影响超出了企业类组织领域，拓展到政府组织、非政府组织等更加广泛的社会治理场域中。①

（二）资源交换的内涵

组织间的资源交换，是指组织在无法生产出自己需要的资源时，就需要通过外部其他组织去获得所需资源，而这个组织就和提供其所需资源的组织有了资源上的交换关系。由于组织对资源控制程度不同，资源的交换也会表现出不对等性，表现为一个组织对另一个组织较强的外部控制，或者一个组织对另一个组织所掌握资源的过度依赖，接受资源输入的一方则在实践中表现出组织行为缺乏独立性和自主性。

资源交换理论可以追溯到以古典政治经济学家亚当·斯密为代表的功利主义学派，在他们看来，交换是人类一切历史阶段的一切社会中普遍存在的现象。交换理论是二战后在西方社会学界逐渐兴起的一种社会学理论。1958年，霍曼斯在批判功能主义的基础上创立了现代社会交换理论。霍曼斯把经济学中"经济人"的概念引入交换理论，认为交换过程是为了获得最大利益，把追求报酬的交换看作人类生活中最基本的动机和社会得以形成的基础。另外一位著名的社会交换理论学家布劳认为，霍曼斯的交换理论主要是个人层面上的，没能认识到社会结构的整体性效应，只能解释非制度化的社会行为。布劳的交换理论的研究重点在于社会结构，考察基本交换过程对形成和发展社会结构的影响以及业已形成的社会结构对交换过程的制约。② 布劳的社会交换理论为我们分析组织之间的资源交换关系提供了理论基础。

本书所讨论的资源交换，是指作为政府与社会组织资源依赖关系形成的重要途径的资源交换行为，是指组织在充分权衡自身的资源和对方的资源拥有情况后，进行平等选择、实现资源互换的过程。在组织与外部环境或其他组织的相互交往活动中，只要参与者不能够完全控制实现某一行动和从行动中获取所

---

① 乔运鸿,龚志文.资源依赖理论与乡村草根组织的健康发展：以山西永济蒲韩乡村社区实践为例[J].理论探索,2017(1):99-104.

② 戴丹.从功利主义到现代社会交换理论[J].兰州学刊,2005(2):197-199,114.

需资源的所有必要条件,组织间就必然存在着资源交换行为。组织不是完全独立和自给自足的,必须依靠外部环境或其他组织为其生存和发展提供资源支持。在资源交换过程中,由于交换资源的重要性、可替代性和组织对资源控制程度的不同,如果组织对外部环境或其他组织所掌握的资源形成高度依赖,则该组织的行为必然会受到来自组织外部的不同程度的控制或限制,依赖程度越高,在资源交换过程中则越缺乏独立性和自主性。

影响资源交换行为的因素主要包括资源重要程度、可替代性、迫使对方提供资源的能力以及拥有者偏好等方面。资源拥有者的偏好对资源的获得产生很大的影响,资源拥有者的意识和偏好都会影响组织的资源能否获取成功或获取的难易程度。[1]

二、资源依赖与交换的关系

资源依赖和资源交换是两个密切相关的概念。没有资源交换的资源依赖关系是资源单向性流动的依附关系或者寄生性的依赖关系,并不能反映社会治理中组织之间的现实互动关系。实践中,政府与社会组织之间的资源依赖关系应以资源交换为前提,只不过由于组织的独立性不同,表现出的资源依赖关系程度有所差异。因此,组织的资源依赖与资源交换是两个在内涵和外延上均相互重叠交叉的概念:资源交换是实现资源依赖的重要路径,也是资源依赖关系形成的基础;资源依赖则是资源交换的动力机制。

一个组织相对于另一个组织的依赖程度主要取决于组织双方拥有资源的差异程度,特别是对方所需关键性资源的差异程度,这种资源拥有的差异性是实现组织间资源交换的必要条件,但也有可能造成组织间资源依赖关系的不对称。在组织间掌握的资源不对称的情况下,当组织为了满足自身生存和发展的需要时,就得通过资源交换行为从其他组织获取相关的资源,这个时候组织间的资源依赖和交换关系就形成了。但是在相互依赖与交换关系中,一个组织随着自身资源的扩张而形成对另一个组织的资源优势,并且会趋向于进一步扩大这一优势,进而使得组织之间的相互依赖关系更多地呈现出一种非对称的资源

---

[1] 李婕.基于资源交换理论的社会救助协作机制探究[J].中国市场,2015(3):15-17,19.

依赖关系。在资源交换过程中,组织在获取外部资源时产生了相互依赖关系,而拥有资源的外部组织则会对需要资源的组织提出符合它们自身利益的要求,也因此对需要资源的组织产生了外部控制①,组织间的权力关系呈现出不平等状态。

在实际活动中,一个组织完全"单向依赖"另一个组织的现象比较少,这种现象类似于一方完全依附另一方的寄生性关系,与当前我国政府与社会组织关系的定位不相符。在社会治理中,政府与社会组织的关系更多时候呈现出"互动性依赖"的状态,资源交换是实现二者"互动性依赖"的途径。通过资源交换,社会组织承担了更多政府转移的公共服务职能,与此同时,社会组织获得了政府更多的资源输入,二者在资源交换中形成互惠共生关系。

三、资源依赖与交换的功能

在社会治理日渐多元化和复杂化的趋势下,资源依赖与交换作为重要的分析工具,不仅能够优化资源配置、增强治理合力,更能提升社会治理的韧性与风险应对能力。通过对资源依赖与交换功能的深入探讨,可以更全面地理解其在复杂社会治理中的多维作用,为治理实践提供理论支持和应用指导。

(一)优化资源配置与提高治理效率

资源依赖与交换的关键就在于通过互换不同类型的资源,使政府与社会组织都能够获得对方所需的资源,从而实现更合理的资源配置。但是,并非所有的资源都会被组织所需要,被组织需要的资源要满足以下四点:(1)该资源是有价值的;(2)该资源是稀缺的;(3)该资源是不易被模仿的;(4)该资源是不易被其他资源所替代的。② 在现代社会治理中,资源往往分散于不同组织中,单一组织难以独立完成复杂的治理任务。资源依赖与交换作为社会治理的有力工具,能够帮助政府与社会组织在复杂、多变的环境中,合理配置与整合资源,促进资源的有效利用,实现整体治理效能的提升。不同的公共组织通过交换已有的技术、人力等资源,可以减少或避免重复投资和资源浪费,进而在降低治理成本的

---

① 罗丹.非对称资源依赖视角下政府与民间环保组织的关系研究:以清镇市政府购买第三方环境监督为例[J].贵阳市委党校学报,2017(2):23-27.
② 周茵.营销渠道治理策略选择与应用研究[M].西安:西安交通大学出版社,2016:23.

同时增加社会效益。如,在社会组织已经发展成熟的领域,政府部门可以避免在同一领域进行重复支出或项目建设,从而节省财政资金。通过资源依赖与交换,政府和社会组织还可以不断地获取新的知识、技术和方法,共同开发新技术或者出台新政策,促进创新和变革,从而提高创新能力与治理效率。

(二)增强治理合力与促进价值共创

在现代社会,单一组织往往难以独自应对复杂的社会治理问题,需要多部门、多组织的协同合作。组织间的资源依赖与交换为跨组织合作提供了重要基础,它打破了组织间的固有壁垒,推动政府与社会组织之间建立基于共同利益的合作伙伴关系。这种特殊的组织间关系不仅构建了稳定的信任机制,更形成了具有多重功能的社会联结网络。以社会福利领域为例,地方政府与社会组织通过资源互补的合作模式,能够充分发挥各自优势,将行政资源与社会资源有机整合,从而为公众提供更优质、更高效的公共服务。这种通过资源依赖与交换而建立的长期合作关系,有利于政府与社会组织之间建立起更为稳定的协作网络,进而增强治理合力,达到价值共创的目的。有学者认为,价值创造可能来自知识、技术、社会资本或其他复杂的自生资源,也可能来自资源的处置、合并等资源合作过程。[①] 在复杂的社会治理中,单一组织往往很难单独创造出足够的公共价值,资源依赖与交换为政府与社会组织提供了一个相互合作的舞台,也为价值的形成提供了重要的前提条件,使双方能够最大化地利用可用资源,创造超越单个组织能力的公共价值,共同应对社会问题,从而实现更高层次的公共价值共创。

(三)提升治理韧性与风险应对能力

社会治理面临多种风险和不确定性,资源依赖与交换可以在危急时刻帮助不同主体调配资源,增强社会治理的韧性与风险应对能力。政府作为社会治理的重要主体,与社会组织进行着物质、能力、信息等资源的交换,实质上涉及资源的配置与分配问题。在外部资源的配置与分配中,来自政府的政策法律法规既是一种广义的资源,也是一种强制的约束力量[②]。资源依赖意味着政府与社

[①] 涂剑波.虚拟社区共创价值构成及其影响因素[M].北京:知识产权出版社,2016:13.
[②] 何伟强,王静.社会转型期企业社会责任运行机制研究[M].广州:广东人民出版社,2011:187.

会组织在面对资源稀缺或不对称时,需要依赖对方提供的关键资源来维持运作。资源交换为政府与社会组织的相互依赖提供了重要保障,使得资源能够在不同主体之间合理流动。通过资源依赖与交换,社会治理具备了更强的适应性和韧性。当外部环境突变或出现风险时,各治理主体能够通过资源网络和互换机制,迅速调动和整合资源,从而增强社会治理系统的韧性。如在面对突发的公共卫生事件和自然灾害时,通过资源依赖与交换,公共组织可以迅速建立应急资源网络,在公共危机发生时能够快速响应并调动各种必要的资源。此外,政府和社会组织可以在资源有限的情况下,共担风险和成本。特别是在项目规模大、复杂性高的情况下,组织之间更可以通过资源互换,降低管理成本和运作风险,为社会治理提供长期的韧性保障。

第二节 资源依赖与交换关系的运行模式

没有组织是自给自足的,组织都在与环境进行交换,并由此获得生存与发展。[①] 组织在面对外界环境的不确定性时,会通过交换建立起相互之间的依赖关系,而这种依赖关系又推动政府与社会组织之间的资源交换与合作,最终形成一种相互依存和动态调整的运行模式。

一、资源依赖与交换关系模式的分析框架

"共生"是生物学的基本概念,是指两种不同生物之间所形成的紧密互利关系。经过百余年的发展,"共生"概念的使用已经逐步延伸到社会、经济等领域,"共生"也成为结成共同体关系的重要形式。一般而言,共生不是简单的融合,而是协同进化和发展。共生关系的本质在于物种间、组织间的资源依赖与交换。共生理论同样适用于分析政府与社会组织间的资源依赖与交换关系。

政府是国家的重要代表,一定意义上说,政府与社会组织的关系是国家与社会关系的一个缩影。杰弗里·菲佛和杰勒尔德·R. 萨兰基克认为,当组织之间都需要相同的生存资源时,竞争性关系就会存在。在共生关系中,组织使用

---

① 邱泽奇,由人文.差异化需求、信息传递结构与资源依赖中的组织间合作[J].开放时代,2020(2):180-192.

的是各自拥有的不同的资源。相互依赖关系并不必然是均衡的和平衡的,它们可以是不对称的。此外,两个组织之间的相互依赖关系并不一定是竞争性的,也不一定是共生性的,有可能同时包含两种形式的相互依赖关系。随着组织独立性的增强,它们之间的相互依赖就会减少。①

要确定政府与社会组织在资源依赖与交换中的共生关系模式,就必须把握资源依赖和资源交换两个维度要素。通过前面的分析可知,资源交换是形成资源依赖关系的必要途径。根据美国著名学者菲佛和萨兰基克关于组织间资源依赖关系形成的三要素论,资源的重要性、不可替代性和对资源的控制权决定了组织间对彼此所掌握的稀缺资源的依赖程度,因此对彼此资源的依赖程度可以构成衡量组织间共生关系的一个维度。同时,从资源交换的过程来看,组织的自主性程度决定了该组织在资源交换中的地位对等程度,实际上决定了资源的流向是单向流动还是双向流动。在现实中,政府与社会组织间的资源流向不存在绝对的单向。如果这种绝对的单向流动存在,那么该种类型的社会组织在功能上已经与政府组织几无差异,在组织关系上也已经形成了对政府的绝对依附。如果资源是双向流动的,则说明组织有较强的自主性,掌握了各自所需要的稀缺资源。资源越稀缺,则组织间的资源依赖性就越强。基于以上分析,可以认为组织的自主性构成了衡量组织间共生关系的另一个维度。②

据此,基于共生理论和组织间共生关系的维度分析,可以构建政府与社会组织资源依赖与交换关系的"资源依赖性—组织自主性"分析框架。(参见图 12-1)

根据"资源依赖性—组织自主性"分析框架,可以将政府与社会组织的资源依赖与交换关系划分为寄生、共栖、非对称性共生和对称性互惠共生四种共生关系模式。③ 其中,寄生关系模式下,社会组织的自主性和资源依赖性均很低,是非对称性共生关系的极端形式。共栖关系模式主要呈现出组织自主性高与资源依赖性低的特征。在非对称性共生关系中,政府与社会组织间存在双向的

---

① 杰弗里·菲佛,杰勒尔德·R.萨兰基克.组织的外部控制:对组织资源依赖的分析[M].闫蕊,译.北京:东方出版社,2006:45-47.
② 刘志辉.政府与社会组织对称性互惠共生关系构建:基于国家治理能力现代化视角的分析[J].天津行政学院学报,2017(3):16-23.
③ 同上.

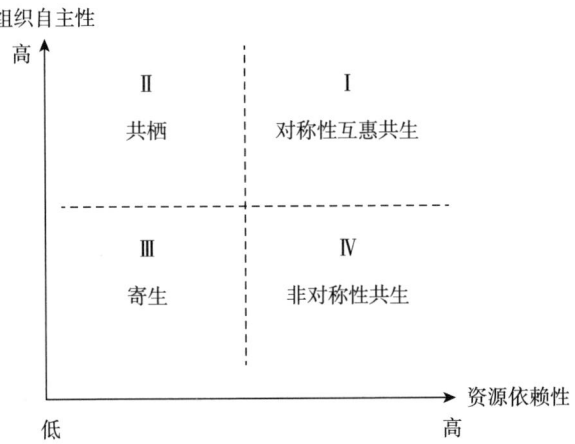

图 12-1 "资源依赖性—组织自主性"分析框架

资源交换,形成相互依存程度较高的依赖关系,但这种资源依赖关系并不是完全对等的关系,而是存在依赖程度的差异。对称性互惠共生关系模式是一种共生主体之间以彼此的生存和发展互为前提和基础的关系模式。简而言之,也就是政府与社会组织在资源交换中的自主性较强,并且二者的资源相互依赖程度高。

二、资源依赖与交换关系的基本模式

依据"资源依赖性—组织自主性"分析框架,政府与社会组织之间的资源依赖与交换关系可划分为寄生、共栖、非对称性共生和对称性互惠共生四种共生关系模式。通过深入探讨这些共生关系模式,能够揭示政府与社会组织在资源获取、权力分配和治理策略中的选择逻辑,从而为提升社会治理效能提供重要的理论参考。

(一)寄生关系模式

寄生关系模式是一种特殊状态,指双方的合作不产生新的能量,只存在能量的单向流动,对一方有害而对另一方有利。① 在政府与社会组织的关系中,寄

---

① 朱有明,王文婧.中国高技术产业集群与 KIBS 共生演化机制的研究[M].武汉:华中科技大学出版社,2012:98.

生关系多表现为社会组织依赖政府,即社会组织通过政府提供的资金、政策支持等资源来获得生存和发展的能量,但社会组织却无法为政府提供足够的回报,甚至在某些情况下对政府的资源造成一定的浪费或成为政府的负担。寄生关系模式具有单向依赖、不对称的资源流动、短期获益和长期损害等特征。在这种模式下,资源的流动是从政府向社会组织的单向流动,社会组织的生存与发展是建立在对政府资源的索取基础之上的。我们所讨论的资源依赖关系不是单向性的依赖关系,而是以资源交换为前提的互惠共生的资源依赖关系。如果不同主体之间不存在资源交换的必要,则失去了讨论的价值。如果组织之间缺乏资源交换的必要性和动力,那么也失去了分析其资源依赖关系的现实意义。

现实中的政府和社会组织之间的关系基于双向资源交换和互惠合作,双方都能从合作中获得收益,因此不存在绝对的单向资源流动,也就不会存在严格意义上的寄生关系模式。此外,政府与社会组织的关系并非固定不变,而是随着社会需求、政策变化以及组织能力的提升而动态调整。随着时间的推移,社会组织可能会通过自身发展逐渐减少对政府的依赖,调整与政府的关系,这种动态性使得任何单向和长期的寄生关系都难以维持。值得注意的是,寄生关系并非总是有害的,只有寄生者一直作为消费者时才是有害的,即对寄主有害。[①]虽然寄生关系在短期之内可能有利于寄生者的生存和发展,但从长期来看,这种关系会造成政府的负担。

(二)共栖关系模式

共栖关系模式下的组织虽然各自掌握资源,也可能是稀缺资源,但并不是对方所需要的关键性资源,二者在资源交换关系中存在可替代性,因此资源交换的必要性不强。在具有共栖关系的组织之间,双方的资源交换不是核心动力,或者说资源交换的需求和动机并不强烈,相互依赖程度较低。组织相互之间是独立的、自主的,不同的组织有着各自的结构、功能、价值、宗旨使命等[②],各

---

① 谭春辉,王仪雯,郭洋.基于共生理论的虚拟学术社区科研合作稳定性研究[J].现代情报,2021(3):15-28.
② 刘志辉.政府与社会组织对称性互惠共生关系构建:基于国家治理能力现代化视角的分析[J].天津行政学院学报,2017(3):16-23.

个组织只是共享共生环境,并未有常态化的资源流动,且彼此之间的依赖程度相对较低。这就意味着,在这种模式下的政府和社会组织并没有真正地实现资源互补或互惠。就资源依赖程度而言,共栖关系模式下的政社互动呈现出典型的弱依赖特征。但需要强调的是,这种弱依赖状态并不意味着政社之间完全隔绝,二者仍保持着一定程度的沟通联系。事实上,政府与民间社会组织之间的依赖程度本质上取决于双方资源需求的匹配度,当存在资源互补性时,弱依赖关系可能向强依赖关系转化。

从组织自主性维度来看,我国社会组织则呈现出明显的二元分化特征,即体制内社会组织普遍存在自主性弱化的现象,而体制外民间社会组织则表现出较强的自主性。在中国社会治理实践中,民间社会组织与政府之间若保持完全独立的关系,则是理论上的"共栖关系"模式。然而,现实情况表明,能够完全不依赖政府资源而实现良性发展的民间社会组织在我国尚属少数。这种完全脱离资源互动的共栖模式,实际上难以准确反映当前我国政府与社会组织之间普遍存在的资源依赖与交换关系。从实践来看,大多数社会组织的发展都不同程度地需要与政府建立资源互补的合作关系,这使得纯粹的共栖关系模式在解释中国现实时存在明显的局限性。

(三)非对称性共生关系模式

非对称性是资源依赖与交换关系的一种常见特征。所谓政府与社会组织之间的非对称性共生关系模式,是指政府与社会组织之间虽然都拥有对方所需要的资源,但由于资源的稀缺性、不确定性以及不可替代性等本质属性的存在,组织双方在资源的交换过程中变得不平等,进而产生了非对称性的依赖与交换关系。具体来说,一方面,政府与社会组织之间存在相互依赖的情况,各自拥有对方所需的资源,具备了资源交换的必要基础;另一方面,政府与社会组织之间的资源依赖也存在着一方过度依赖另一方的现象,资源交换存在着不平等性。简而言之,当社会组织对政府的依赖大于政府对社会组织的依赖或者政府对社会组织的依赖大于社会组织对政府的依赖时,权力就变得不平等了,就形成了非对称性依赖与交换关系。

政府与社会组织的非对称性依赖与交换关系有两种:一是社会组织过度依赖政府,这是当前国内社会组织与政府关系的最基本模式。在这种情况下,资源流动存在不均衡性,社会组织缺乏独立性和自主性,在资源依赖关系中依附政府,其中一种极端的形式就是社会组织与政府之间的资源交换呈现出单向性流动特征,即社会组织寄生于政府,完全受控于政府,基本失去了独立性和自主性。但随着改革开放的深入,国家对社会组织建设日益重视,社会组织自身的发展越来越规范化,特别是党的十八大以来,在国家治理体系和治理能力现代化建设的推进中,社会组织的功能角色越来越明确,已经上升为社会治理体系建设的重要主体之一,所以寄生性的极端依附现象也越来越少。二是政府过度依赖社会组织。这种情况在当前我国政府与社会组织之间的资源依赖与交换关系中还比较少见。[①] 在当前我国政府与社会组织的资源依赖关系中,政府对社会组织的资源依赖较弱,社会组织对政府的资源依赖则较强,在资源交换中政府明显处于优势地位。可以说,在非对称性共生关系中,如果一个组织相对于另一组织的资源依赖性更强,则依赖性较强的组织在资源交换中的自主性必然受到依赖性弱的组织的限制,也就是说,资源依赖性弱的组织对资源依赖性强的组织将表现出控制倾向。组织自主性受限制的程度和一个组织对另一个组织控制倾向的强弱,主要取决于组织间资源优势的差距。

(四) 对称性互惠共生关系模式

与非对称性共生关系模式相对应的是对称性互惠共生关系模式。这里所说的对称性互惠共生关系模式,不是完全对等的绝对对称性关系,而是指政府与社会组织能在比较平等的基础上进行协商与合作,以从对方手中获取自身生存和发展所必需的关键性资源。这种资源一定是对方所掌握的优势资源,也是自身无法完全控制的不可代替性资源,只有通过交换二者才能最大限度地实现各自的功能。该模式具有如下特点:一是共生主体的自主性较强。对称性首先体现在共生主体的自主性上,具有较强的自主性是对称性互惠共生的前提和基础。共生主体的自主性强,各共生主体之间的地位平等,双方或多方就能根据自己的组织功能优势在共生过程中确立自己的地位。二是资源依赖的依存性较强。共生关系不只局限于二维的共生系统,还可以是多维共生关系。在多维

---

① 刘志辉.政府与社会组织关系:从非对称性共生到对称性互惠共生[J].湖北社会科学,2015(9):23-30.

共生关系中,共生主体之间存在资源的多边交流,且资源相互依赖的程度较高,通过彼此间资源的交流与整合,共生主体均将从中获益,而且在一定程度上这种受益是对等的。另外,对称性还体现在共生主体功能发挥的充分性上。共生关系的形成使得共生主体的整体功能远远超越单个个体的功能,也就是共生的结果会形成共赢的局面,而不是一方或部分主体受益。

对称性互惠共生是共生关系演化的高级形态。政府与社会组织的非对称性依赖与交换关系虽然有其现实必然性,但并不是一种理想的状态,因为在这种状态下,政府与社会组织都不能有效地发挥作用。政府与社会组织之间的对称性互惠共生关系模式是指政府与社会组织的地位是平等的,资源依赖是相互的、基本对等的,即不存在社会组织过度依赖政府或政府过度依赖社会组织的情况,政府和社会组织各自掌握了对方所需要的资源,资源交换使二者的作用得以有效发挥。因此,在对称性互惠共生关系模式下,政府与社会组织之间的资源交换是二者形成相互依赖关系的重要基础。

政府与社会组织间对称性互惠共生关系模式下的资源依赖与交换关系表现出两个方面的特征:一是政府和社会组织间的关系是平等关系,一方并不依附另一方而获取生存的关键资源,各自在资源交换中保持着较强的自主性和独立性;二是通过平等的资源交换,相互之间可以获取对方所掌握的稀缺资源,并且通过资源交换获得的稀缺资源对组织双方的生存和发展来说都起着关键作用,组织间资源交换的不可替代性较强。

在政府与社会组织对称性互惠共生关系模式下,社会组织在与政府进行资源交换的过程中享有充分的自主性,不仅拥有参与社会治理的独立身份地位,并且拥有参与社会治理的权力和能力。政府与社会组织之间的对称性互惠共生关系模式的构建,不仅有助于社会组织功能优势的发挥,而且有助于政府社会治理能力的提升,与国家治理体系和治理能力现代化具有内在的一致性。[①]从以上分析来看,很显然,对称性互惠共生关系模式代表着未来政府与社会组织资源依赖与交换关系发展的理想方向。

由此看来,对称性互惠共生关系模式体现的主要是组织间资源的双边双向

---

① 刘志辉.政府与社会组织对称性互惠共生关系构建:基于国家治理能力现代化视角的分析[J].天津行政学院学报,2017(3):16-23.

交换关系。和非对称性共生关系不同,在对称性互惠共生关系模式下组织间的资源交换关系是建立在自主性的基础之上的,不存在一方受控于另一方的情况。对称性互惠共生关系强调的是政府与社会组织之间的合作互动,通过合作与互动实现各自所掌握的资源效用最大化。可以说,通过有效的资源交换,政府与社会组织之间建立了互惠共赢的依赖关系。因此,对称性互惠共生关系是组织间关系的理想状态。就目前我国社会治理的现实来看,有效发挥社会组织在社会治理中的重要作用,实现政府与社会组织在社会治理中的合理分工、相互协作,不仅是社会治理体系建设的重要内容,也是提升政府治理能力、推进国家治理能力现代化的重要路径。

第三节 新时代资源依赖与交换关系的优化路径与发展趋势

政府与社会组织之间的资源依赖与交换关系直接反映了二者在社会治理中角色关系的本质。党的十八大以后,我国社会经济形势和社会治理格局也发生了深刻变化,新时代的到来给社会治理提出了更高的目标定位。社会治理能力现代化是国家治理能力现代化的重要组成部分。政府和社会组织是社会治理体系建设的两大重要责任主体,如何理顺和优化二者在社会治理中的角色定位直接关系到社会治理能力现代化目标的顺利实现。产生于生物学的组织共生理论为有效解决社会治理中政府与社会组织之间资源依赖与交换关系的非对称性问题提供了路径。

一、当前社会治理中资源依赖与交换关系存在的问题分析

由于政府与社会组织之间各自掌握着某些为对方所需要的重要资源,在理论上它们之间的资源依赖是相互的,资源交换也是必要的。社会组织对政府的资源依赖主要体现在合法性、制度和资金等方面,政府对社会组织的资源依赖则主要表现为对社会组织公共服务职能的依赖。[①] 政府与社会组织各自所掌握的优势资源的差异性也是二者资源交换关系形成的前提。但当前我国政府与

---

① 刘志辉.政府与社会组织关系:从非对称性共生到对称性互惠共生[J].湖北社会科学,2015(9):23-30.

社会组织资源依赖与交换关系的非对称性在实践中则直接带来了社会组织的地位不平等、自主性不足,以及行政化趋向等问题。

(一) 地位不平等

我国社会组织的地位不平等表现在两个方面。一是相对于政府的地位不平等,这在社会组织与政府的资源依赖与交换关系中表现为社会组织对政府的过度依赖,社会组织的独立性和自主性不足。二是因与政府关系的不同而表现出社会组织间地位的不平等。一些与政府关系密切的体制内社会组织(或称官办社会组织),在与政府的资源交换关系中对政府的资源依赖性较强,行政化比较明显,而另一些独立于政府的体制外社会组织(或称民间社会组织)的独立性和自主性比较强,但在资金和政策扶持以及向政府获取资源的能力方面明显弱于体制内社会组织。

社会组织与政府之间关系的不同使得社会组织与政府之间的资源依赖与交换行为也存在差异。体制内社会组织对政府有较强的资源依赖性,政府对这些社会组织的控制较强,社会组织与政府之间的资源交换情况主要取决于政府的单方面意志。体制外的社会组织虽然自主性较强,但由于与政府缺乏紧密的联系,向政府获取资源的能力较弱,在与体制内社会组织的竞争中往往处于劣势;而不公平的资源竞争状态,也使得体制外社会组织的发展得到政府支持的力度相对较小。社会组织之间地位的不平等,一方面影响了社会组织在承接政府公共服务项目中的公平竞争,受到不平等待遇的体制外社会组织将会产生对政府的不信任,进而影响政府的权威性和公信力;另一方面,竞争地位不平等导致的内生动力差异,使得体制内社会组织往往在提高公共服务质量方面缺乏内在动力,进而也间接影响了政府的社会公信力。此外,社会组织间的不平等地位和不公平竞争还有可能造成社会本身某种程度的分裂。

(二) 自主性不足

体制内的社会组织一般不存在合法性和资源不足的问题,它们往往能够凭借与政府的依附关系获得政府更多的资源输入。在获得政府资源的同时,它们也能够承接政府的部分社会服务功能。这样,政府与社会组织在一定程度上实现了资源交换,进而形成了非对称性的资源依赖与交换关系。

从我国当前社会组织的发展现状来看,体制内社会组织或者与政府关系密切的社会组织在资金和服务能力等方面均具有相对优势,但因为隶属于政府或者较多地受控于政府,所以为了获取合法性地位和政府资金等方面的资源支持,它们的服务重心在于满足政府的需求,而忽视了其自身建设和其作为公益性组织所应具有的独立性和代表性。除了体制内的社会组织以及一些通过合法程序注册成立的社会组织外,在现实中还有大量未登记注册的草根社会组织。这些社会组织看似拥有自主性,不直接受到外部行政力量的干预,但处于监管的灰色地带也使得这些社会组织在发展中受到诸多限制。缺乏合法性的社会组织不仅难以享受政府各种政策的扶持(如免税、购买服务等),还因为害怕被取缔而陷入一种强烈的自我约束[①],实际上也在实践中表现为发展的自主性不足。因此,从本质上来看,政府与社会组织在资源依赖与交换关系中存在的诸多不规范问题,究其根源还是在于政府没有准确定位和把控好与社会组织间的职能分工和"权责利"关系。

近年来,政府的公共服务职能进一步增强,政府购买服务的力度也空前加大,这些新的变化为社会组织承接政府公共服务和获取政府资源支持提供了越来越多的机会。但就目前社会组织获取资源的渠道来看,很大程度上仍然依赖社会组织与相关政府主管部门的关系紧密程度,这种资源获取现状必然使得社会组织更进一步趋向于依附相关部门,其自主性也会进一步受到限制。因此,必须创建公平竞争的资源获取渠道,这样才能在制度上规避政府对社会组织自主性的约束。

(三)行政化困局

当政府与社会组织的资源依赖与交换关系处于非对称性关系模式下,政府拥有对资源控制的优势,这使得社会组织为了获取生存资源而对政府过度依赖,甚至是依附,让社会组织本应承担的对社会的公共责任异化为对政府的责任,如此,行政化趋势也就不可避免。

我国的社会组织在成立之初就具有较强的官方色彩,时至今日很多社会组织仍然与政府保持着隶属关系或很强的业务指导关系,某些社会组织的发起人或负责人本身就是现任或曾任政府官员,这就使得这部分社会组织与政府的关

---

① 李朔严,曹渝.策略式发展:中国社会组织与政府的共生关系[J].文化纵横,2018(6):96-103.

系更加紧密,行政化趋向比较明显,在获得政府资源的时候也更具优势,进而形成了对政府较强的资源依赖关系,甚至是严重非对称性的资源依附关系。这种资源依附关系的形成,从短期来看,一定程度上解决了社会组织在自身发展中面临的资源不足问题,但长期来看使得社会组织忽视自身建设,不仅独立性和自主性弱化,而且功能发生了偏离。随着市场经济模式下政府与社会组织关系的重构,忽视自身建设的社会组织必然面临生存危机。同时,社会组织的行政化也使政府职能转变缺乏承载主体,社会治理能力受限。要激活这些社会组织潜在的社会服务功能,发挥其在社会治理中的作用,就必须彻底剥离这些官方社会组织与政府之间的"联姻关系",加快其去行政化改革,推进其按照市场经济模式下社会组织的内在运作规律转型发展,不断提升其积极参与社会治理的能力。[①]

二、新时代社会治理资源依赖与交换关系的优化路径

对称性互惠共生关系模式是新时代社会治理资源依赖与交换关系的基本模式。那么如何实现由当前的非对称性共生关系模式向对称性互惠共生关系模式转变呢?这就需要对模式转变的实现路径进行有效设计。新时代社会治理必须充分调动各方面主体的积极性。政府与社会组织是社会治理的两大关键主体,新时代社会治理路径设计的目的,就是要优化政府与社会组织资源依赖与交换关系,充分发挥政府负责和社会组织协同的功能作用,特别是避免社会组织陷入对政府单方面资源依赖的困境,提升社会组织参与社会治理的能力。联系当前我国政府与社会组织资源依赖与交换关系的现状和面临的突出问题,政府与社会组织资源依赖与交换关系的优化路径必须从以下几方面着手。

(一)从观念上转变资源获取意识,增强资源交换意识

第一,转变社会组织资源获取意识。资源依赖必须以资源交换为前提,无法实现资源交换的资源依赖,往往会让依赖主体对客体缺乏独立性。只有当依

---

① 刘志辉.政府与社会组织关系:从非对称性共生到对称性互惠共生[J].湖北社会科学,2015(9):23-30.

赖双方均掌握对方所需要的资源,能够实现互利交换时,政府与社会组织之间的资源依赖与交换关系才能实现正常化和可持续发展。而当前我国社会组织对于政府资源的单向依赖使得二者之间的依赖关系处于不平衡状态,社会组织在与政府互动过程中表现出行政化、公共责任和主体地位"缺失"等一系列问题。我国政府与社会组织间长期以来形成的非对称性的资源依赖关系,使得体制内的社会组织形成"等、靠、要"的资源索取思维,不仅没有资源交换的意识,也忽视了自身能力建设,从而在新型社会治理结构下表现出明显的能力不足。因此,必须转变社会组织传统的资源索取意识。

第二,增强社会组织资源交换意识。在现有的资源依赖与交换关系中,传统的资源依赖惯性使得社会组织的资源索取意愿较强,而忽视了自身专业化能力建设,导致其对外提供公共产品和服务的意愿和能力的双重不足。即使社会组织与政府之间存在着资源交换行为,也会表现为社会组织对政府资源的短期利益追逐,而没有把资源交换行为建立在组织间互惠共赢的长期合作发展的目标追求上。因此,优化政府与社会组织之间的资源依赖与交换关系,必须强化社会组织资源获取的市场交换意识,转变社会组织对政府的资源路径依赖,剥离社会组织对政府的依附关系,增加其提供社会公共服务的意愿和能力,在社会服务中寻求自身发展。[①]

(二)优化社会组织的资源依赖与交换体制机制

第一,进一步推进社会组织管理体制改革。长期以来,我国社会组织采用双重管理体制,即社会组织的成立和运行必须接受业务主管单位和登记管理机关的双重领导。在双重管理体制下,不仅社会组织的准入门槛过高,而且业务主管单位对社会组织拥有广泛的管理权,对社会组织的行政干预程度较深。近年来,国家对社会组织的改革体现出了分类管理和分步调整双重管理体制的思路。目前,国家已选取部分社会组织作为双重管理体制改革试点,探索直接登记制,但这与国际上社会组织登记注册普遍采用的"一元模式"还有一定的差距。因此,应该进一步拓展社会组织管理体制改革的内容。一方面,可以进一步降低社会组织登记注册的条件门槛。如对在城乡社区开展为民服务,养老

---

① 朱喆.科技社团资源依赖行为与治理研究[M].北京:知识产权出版社,2020:190.

照护,公益慈善,促进和谐、文体娱乐和农村生产技术发展的服务等活动的社区社会组织,采取降低准入门槛的办法,支持、鼓励其发展。另一方面,不应以登记注册作为社会组织获得合法性的唯一途径,应该根据社会组织性质的差异,实行包括备案、登记、公益认定在内的多层次的登记管理制度和分级分类监管制度,并在条件成熟的情况下,在社会组织领域引入竞争机制,打破社会组织垄断。[①]

第二,建立平等互惠的资源依赖与交换机制。平等关系的建立是政府与社会组织在社会治理中协同合作的重要前提,也是社会组织自主性和独立性的基础。通过平等的资源交换,双方互相获取对方掌握的稀缺资源,进而建立起稳定的资源依赖与交换关系。政府与社会组织间平等互惠的资源依赖与交换机制的建立,必须厘清政府与社会组织的目标定位和职能分工关系,推动具有政府背景的社会组织面向市场进行转型,提升社会组织参与市场竞争和独立自主发展的意识和能力,剥离社会组织对政府资源的单向依赖,营造各种类型社会组织公平竞争的环境。同时,政府还应发挥好社会元治理主体作用,对社会组织在资源依赖与交换过程中所产生的行为偏离和行为异化现象进行动态监控和实时矫正,共同推进以"资源互补、利益共享"为核心的平等互惠的资源依赖与交换机制的建立。

(三)完善社会组织资源依赖与交换行为的法律政策保障

第一,为社会组织的资源依赖与交换行为提供法律支持。为了有效规范社会组织的资源依赖和交换行为,必须以法律形式明确政府与社会组织之间的职能分工,划定各自的职能领域,营造平等协商、公平竞争的资源分配与交换环境,使二者所掌握的稀缺资源在组织间得到有效配置,进而实现二者功能优势的有效发挥。对社会组织资源获取的原则、范围、对象以及边界进行规范,促使社会组织资源依赖与交换行为依法运行。政府在扶持社会组织发展的同时,必须加强对社会组织资源依赖行为的过程监管,加强其资源获取过程的合法性和规范性,规范其资源依赖行为。社会组织合法的资源依赖与交换行为必须得到

---

① 刘志辉.政府与社会组织对称性互惠共生关系构建:基于国家治理能力现代化视角的分析[J].天津行政学院学报,2017(3):16-23.

法律支持,处于"灰色地带"的资源依赖与交换行为也必须予以取缔和查处,确保社会组织的资源获取行为在市场竞争条件下"阳光运行"。

第二,完善社会组织资源扶持政策。长期以来,由于体制因素的影响,我国社会组织的独立自主发展程度不高,加之社会组织自身能力建设受到资金和人才等瓶颈因素的制约,社会组织承担公共产品与公共服务供给的能力不足。为了充分发挥社会组织的功能作用和在提供公共产品与服务中的优势,政府应该加强对社会组织的资源扶持。一是在政策设计上必须转变对社会组织的传统扶持方式。政府及相关部门应积极推进与政府密切相关的社会组织的市场化转型,进一步减少对社会组织的直接性资源扶持政策,优化政府及其他社会主体对于社会组织资源扶持的方式,推动社会组织参与市场化竞争,获取生存发展资源,激发社会组织的资源获取行为由"被动获取"转向"主动竞争",从而提升社会组织的组织活力,改变社会组织的制度性依赖,降低社会组织对政府资源的依赖惯性。二是在政策执行中,要对具有独立生存意愿和社会服务能力较强的社会组织给予政策倾斜,包括给予财政资助和税收政策优惠,允许其在市场竞争中优先获得资源,从而帮助这些社会组织独立自主发展,并通过这些社会组织的示范效应,带动更多的社会组织走上独立自主发展之路,在市场竞争中逐步形成与政府对称性互惠共生的资源依赖与交换关系。

由此可见,政府与社会组织资源依赖与交换关系向对称性互惠共生关系模式转变的优化路径设计必须从观念转变、体制机制优化和法律法规保障三个方面入手,其中观念的转变是先导,体制机制的优化是关键,法律法规和政策的完善是保障。

三、新时代社会治理资源依赖与交换关系的发展趋势

随着全球化、信息化和社会多元化的发展,社会治理资源依赖与交换关系在新时期呈现出明显的变化。这种变化不仅体现在政府与社会组织之间互动关系和模式的变化上,也反映了治理主体多元化与技术发展对资源交换效率与结构的影响。在社会治理体系与治理能力现代化的时代背景下,资源依赖与交换关系逐渐呈现出以下几方面的发展趋势。

(一)资源依赖与交换的多元化、网络化与扁平化

传统上,社会组织在资源获取上主要依赖政府的单一支持,但这一治理格

局正在逐渐向多元化、网络化与扁平化转变。首先,社会组织的资源日益多样化。在组织建设初期和实践运行中,大部分组织往往很难做出正确的战略性资源依赖与交换设计,可能影响组织的生存。而在发展后期则更多关注组织的行动策略,注重加强组织的能动性,强调要不断改变自身的战略,对非对称性依赖状态进行优化,从而增强资源获得的多样性和稳定性。[①] 其次,资源依赖与交换的网络化趋向日益明显。随着信息化和智能化的发展,资源的获取和交换可能更多通过互联网平台和社交媒体等网络化的方式进行,这有助于资源的高效流动。最后,新时代社会治理资源依赖与交换关系逐渐从传统的垂直控制模式向更加扁平化的依赖结构转变。这一趋势体现为政府与社会组织之间的关系从控制与被控制逐渐转向协调与合作。

(二)技术赋能下的资源依赖与交换效能提升

伴随互联网、大数据、5G、人工智能等数字技术的兴起与发展,各行各业加快向数字化转型已经成为时代趋势。特别是大数据和人工智能的广泛应用,使得社会治理中资源依赖与交换的效能显著提升。以互联网为核心的通信技术为组织之间共享资源提供了有效的工具。[②] 首先,数字化推动了资源分配的精准化。大数据等智能化手段能够帮助政府和社会组织更好地识别所需资源,并合理配置资源,从而提高资源使用的效率。其次,技术手段增强了资源依赖与交换过程的透明性,未来的监督和反馈机制也将更加完善。社会组织可以通过在线平台追踪政府资金的使用情况,提高资源分配的透明度和监督力度,增强政府与社会组织之间的信任,促进资源依赖与交换的良性循环。最后,技术的应用不仅可以促进资源流动的透明化,还使得政府与社会组织之间的资源依赖与交换关系变得更加灵活高效。

(三)公共价值导向下的资源共享与合作

新时代资源依赖与交换关系正在逐渐受到公共价值的影响和推动。而较

[①] 朱喆.科技社团资源依赖行为与治理研究[M].北京:知识产权出版社,2020:33.
[②] 周昊天,黄奇,袁勤俭.资源依赖理论及其在信息系统研究中的应用与展望[J].现代情报,2018(10):167-172.

高的资源共享水平和契约管理水平可以实现组织间更多的价值创造。[①] 首先,资源依赖与交换不再仅仅是满足单个组织需求的手段,而是通过平等对话和协商,更多地服务于整个社会的利益和公共价值的实现。其次,政府与社会组织在进行资源交换时,更多的还是考虑如何通过资源共享来实现共同的社会目标。例如,社区治理、环境保护等领域的合作往往带有较强的公共价值取向,各方通过资源共享实现整体社会福利的提升和生态环境的改善。最后,随着社会治理的透明化,政府资源的开放性逐渐增强。政府不仅通过政策支持社会组织的发展,还通过开放公共数据、提供政策咨询等多样化的方式和渠道,将公共资源向全社会开放,从而形成政府与社会组织之间资源互通与优势互补的良好格局。

章节习题

1. 如何理解资源依赖理论与资源交换理论的内涵?
2. 影响社会治理中组织间资源依赖与交换关系的因素有哪些?
3. 请说明社会治理中应该如何定位政府与社会组织的关系。
4. 谈谈你对新时代社会治理资源依赖与交换关系模式的设想,并说明理由。

案例材料

资源依赖视角下居家养老社工机构发展现状

Y居家养老服务社工机构是T市首家注册的该类机构,在该市知名度较高,规模较大。Y社工机构的成立依托T市民政局,在政府的支持下,该机构有着较高的公信力,获得了较多社会支持和认可。在该机构进入社区时,社区居民委员会给予很大支持,使其在推广时更加便利,对政府和居委会比较信赖的老人对其接受度较高。该机构的资金来源主要有政府支持及政府购买服务、社会个人及团体捐赠、企业赞助和部分项目服务收费。政府购买服务和政策性资

[①] 杨震宁,潘丽君.双重逻辑下联盟价值创造路径研究——基于模糊集的定性比较分析[J].南开管理评论,2024(8):197-208.

金是维持Y机构运行和发展最重要的资金来源。该机构的部分服务也收取一定的费用,但整体来看,社会资助、公益筹款、企业捐赠、有偿服务都不过是对政府资金的补充,起到的作用微乎其微。

该机构的服务对象主要是T市几个社区内缺乏自理能力或者子女难以照料的老年人。机构依托社区开展服务,经社区居委会获得社区内老人的基本信息,通过筛选为相应老人提供无偿或低价服务,如政府支持的"让老人不再跌倒"居家改造项目;同时,在社区内开展有针对性的宣传,使社区内其他有需求的老人获知机构与相关服务。但整体来看,主动求助的老人较少,信息资源的获取极大地依赖社区居委会和政府的支持,获取渠道过于狭窄。

该机构现有工作人员6名,在两个固定工作站开展工作,同时承担机构的财务、人事等职责。工作人员中,有社工专业毕业人员1人。除去固定的工作人员,该机构人员力量的另一个主要支撑是社会志愿者、义工。该机构和政府公开向社会招募志愿者,搭建志愿者线上线下互动平台,在对志愿者进行必要的培训后,将其有效地、合理地分配到需要的项目或活动中。同时,Y机构与高校合作签订实习和实践基地,每年吸收高校相关专业学生进机构。但是不论专职社工、志愿者还是实习学生都面临着数量偏少、稳定性较差、服务水平难以保证的问题。

案例来源:韩廷梁.资源依赖视角下居家养老社工机构发展现状:以唐山Y社区居家养老社工机构为例[J].现代营销,2019(4):195.

思考:

1. 试运用资源依赖与交换理论分析该市Y社工机构发展面临的问题。

2. 从与政府的资源依赖与交换关系来看,该市Y社工机构发展属于何种类型的运行模式?为什么?

3. 对于该市Y社工机构的发展,你有什么对策和建议?

第十三章 大数据和人工智能

■ **内容提要**

本章重点关注大数据和人工智能发展背景下的社会治理。互联网与社会治理创新一节分析了互联网技术对于社会治理产生影响的过程,在介绍互联网特性的基础上,分析了互联网治理的必要性。大数据与社会治理创新一节阐明了大数据的背景与内涵,梳理了大数据给社会治理场域与情境、社会治理主体及行为、社会治理对象、社会治理过程、社会治理依据、社会治理成效及评价、社会治理思路与能力带来的影响。人工智能与社会治理创新一节介绍了人工智能的概念,阐述了人工智能所引发的社会治理创新机遇及风险挑战,最后介绍了人工智能环境下社会治理创新的路径。

第一节 互联网与社会治理创新

一、源于互联网的治理变革

互联网自 20 世纪 90 年代在全球范围内大规模应用以来,已经成为驱动社会各个领域创新的重要引擎。互联网也改变了传统公共行政方式,成为推动社会治理现代化的重要因素。从社会治理的角度,有两种对互联网作用的理解:一种是将互联网视为工具,强调其信息化取向和信息技术的作用,用以改造传统政务流程;一种是将互联网视为虚拟场域,强调其社会性取向,可以作为现实社会的补充。①

关于互联网作用的第一种理解重视工具理性,但主要停留在工程技术层面,缺少人文思想的指引。② 早期的电子政务就是在这种"将互联网视为工具"的思想指导下开展的。电子政务可以被视为互联网信息技术作用于公共行政与社会治理的先声。电子政务是紧随互联网发展而兴起的,其在发展初期的主要思路就是政府利用现代信息技术为社会公众、企业和其他部门提供服务③,政府网站作为连接政府和社会的虚拟接口,是实现电子政务最重要的工具之一,也是电子政务绩效评估的核心内容。④

在这种发展思路的影响下,一些政府部门乃至社会大众在电子政务推广初期,简单地将电子政务理解为"政府上网""政府在线"或单纯"将政府服务搬到网上"。但是这种思路低估了互联网作为一种"高维媒介"所具有的潜力⑤,同时也忽视了网络环境下的具体场景与用户需求,仅仅将互联网作为一种辅助性的工具。⑥ 这种由政府主导的单一电子政务服务模式也忽视了网络环境下社会服务多元供给主体的存在,让在线政务成为政府部门的"独角戏",社会公众及其他社会主体只能作为服务的被动接受者⑦,进而抑制了多元主体参与社会服务的创新动机与能量潜力。

因此,早期一些电子政务项目发展情况并不理想,主要表现为很多政府网站(包括后期的政务 App 等)利用率不高,或是长期停留在"有形无实""信息孤岛""数据烟囱"或停止更新的状态。

---

① 曾润喜,蒋欣欣.虚拟社会风险、网络治理制度变革与虚拟社会善治[J].电子政务,2016(6):16-18.
② 黄璜.互联网+、国家治理与公共政策[J].电子政务,2015(7):54-65.
③ Shailendra C. Jain Paliva, Sushil S. Sharma. E-Government and E-Governance: Definitions/Domain Framework and Status around the World[C]. International Conference on E-Governance, 2017.
④ NDESA. United Nations E-government Survey 2014: E-government for the Future We Want[R/OL]. (2015-06-15)[2019-04-15]. http://www.unpan.org/e-government.
⑤ 保罗·莱文森.数字麦克卢汉:信息化新纪元指南[M].何道宽,译.北京:社会科学文献出版社,2001.
⑥ 田先红,张庆贺.新时代的互联网与基层社区治理:机遇、挑战与超越[J].湖北社会科学,2018(1):36-44.
⑦ 陈涛,董艳哲,马亮,等.专题报告互联网+政务服务:推进"互联网+政务服务"提升政府服务与社会治理能力——以平台化思维推进"互联网+政务服务"建设[J].电子政务,2016(8):2-22.

进入 21 世纪以来,随着互联网的进一步发展以及电子政务理论与实践的同步推进,人们意识到电子政务(及其背后起到支撑作用的互联网信息技术)不仅是对于政府传统职能从"线下"到"线上"的简单"复制"或"放大",而且是对政府工作的结构重组和流程再造①,同时这种重组与再造不仅发生在政府内部,也发生在更广泛的社会范围内。

电子政务的发展历程体现了上述这种转变:早期的电子政务主要表现为政府通过互联网平台提供和发布权威信息,公众只能被动地单向度接收内容;而到第二代电子政务系统时,公众可以进行检索、查询、下载、反馈等操作,但是这种民众与政府之间的沟通与交互仍然不是同步的,具有时滞性;在第三代电子政务服务体系中,依托移动互联网技术应用,政府与民众之间的互动性大大增强。通过政务微博、微信、App 等社会化媒体工具,政府可以在第一时间全面、系统、精准地推送信息,同时公众也可以即时进行咨询、反馈和讨论。

这些新技术、新模式、新渠道实际上正在悄然改变着公共行政和社会治理方式。当前,在数字治理实践中,"政务"的内涵和意蕴已经得到了极大扩展,不仅涉及政府主体利用数字化技术手段开展行政工作,还包括多元主体数字化的参与、讨论、决策、服务、规制等活动,真正实现了推动政府从"善政"走向"善治"。有关活动的实施主体不仅是政府部门,而且纳入了企业等市场主体、公益组织等社会主体,乃至经过互联网"赋能"与"赋权"的每一个社会个体。

由此可见,互联网触发并加速了从单一维度的政府行政向多元参与的社会治理的转变。电子政务作为互联网在公共领域产生作用的典型产物,其发展过程实际也是人们对于互联网作用与价值的认识不断加深的过程。

当前人们对于互联网的认识已经从"一种工具"进化为"一种环境"。这种环境并非单纯的虚拟数字环境,而是与实体环境的深度互动、交织与交融,是实体世界的映射。如果把社会比喻为一个"大房间",每个人都安居其中,那么互联网的出现并不只是意味着为房间添置了新的家具,还意味着改变了房间的架构与配置本身,进一步完善了人们赖以生存的基础设施。人们对于互联网从"工具"到"环境"的认识转变,催生了从"管理"到"治理"的实践方式转变。如

---

① E. Fraga. Trends in E-Government: How to Plan, Design, and Measure E-Government[C]. Government Management Information Sciences(GMIS) Conference, 2012.

果说管理的目的是更加高效地配置和使用工具,那么治理的目的则是更好地协调网络时代多元的互联网利用者与受用者。

总之,这种"源于"互联网的治理变革包含以下层次:首先,它包含了对互联网工具、载体、内容、技术本身的管理,此时互联网仍被视为一种"媒介工具",可以称之为"对于"互联网的治理;其次,它还包含了在互联网技术深刻影响下对于各类社会活动的协调与安排,以及对互联网利用和管理活动中信息、组织、资源、人员等要素的配置,此时互联网已被视作一种"治理工具"①,可以称之为"基于"互联网的治理。

二、对于互联网的治理实践

(一) 互联网的特性

如上文所述,互联网带来的变革首先源于互联网本身的特性,及其与社会生态的紧密结合。互联网的显著特征包括开放性和平等性、虚拟化、泛在性。

开放性和平等性是互联网最大的特征。互联网法学家劳伦斯·莱斯格将互联网系统划分为三个层次:底层的"物理层",中间层的"代码层"以及最顶层的"内容层"。② 在互联网的设计初衷中,这三个层次都是充分开放的,其确保了所有用户普遍地接入互联网并能充分地享用互联网带宽,拥有开源环境开展创新活动,同时均等地获取互联网信息。区别于传统媒介,互联网的媒体价值还在于它让每一个社会个体都成为内容的生产者,在一定程度上消解了传统媒体环境下发声权、话语权的不平等。互联网的这种"开放性""去中心化"特质不仅解构了传统的社会信息交流与传播方式、舆论运行规律,而且对传统的自上而下的、单向的权力运行方式提出了挑战,并重塑了社会各个领域的生态。③

互联网的虚拟化特征在现阶段已不仅是指互联网内容呈现形式的数字化,还在于许多以往存在于实体世界的交流方式、生产方式、生活方式、交易方式等各类社会关系开始发生在(甚至主要依托)网络世界。其中一个典型的案例是

---

① 黄璜.互联网+、国家治理与公共政策[J].电子政务,2015(7):54-65.
② 劳伦斯·莱斯格.思想的未来:网络时代公共知识领域的警世喻言[M].李旭,译.北京:中信出版社,2004.
③ 陈潭,杨孟著."互联网+"与"大数据×"驱动下国家治理的权力嬗变[J].新疆师范大学学报(哲学社会科学版),2016(5):105-111,2.

互联网用户通过在线学习平台、数字图书馆、网络搜索引擎进行信息的获取,而不用再像以前为了查找重要资料必须进入大型图书馆的实体空间。另一个更加显著的案例就是电子购物、移动支付日渐成为主流,人们日常出门携带现金进行支付的行为越来越少。除此之外,理财、旅游、出行等很多日常行为都开始依托虚拟平台或互联网中介进行。因此,互联网的虚拟化态势已不再局限于网络内容资源本身,而是向社会生活的各个领域全面渗透。

互联网的泛在性特征在移动互联网技术的推动下得到强化。现今,智能手机几乎成为每一个现代人的标配。除此之外,平板电脑、笔记本电脑、智能手环等设备也在时时刻刻帮助我们接入互联网世界。在从 Web 2.0 到 Web 3.0 再到"物联网"(Internet of Thing,简称 IoT)乃至"万物联网"(Internet of Everything,简称 IoE)的演进过程中,不仅仅是人类社会中的你、我、他,万事万物都有可能成为平坦世界上的一个节点,并且实现互联互通。

(二)互联网的局限与隐忧

互联网的上述显著特征极大地颠覆了原有世界的既定秩序与规则,带来了革命性的影响,使得互联网在早期被认为是建立人类社会"理想新世界"的契机。但是随着近几十年来互联网的深入发展,人们发现互联网是一把双刃剑,既可以带来价值,也有可能产生各种问题和负效应,对于互联网的治理议题也由此产生。互联网治理议题源于人们对于互联网特性认识的加深,尤其是对互联网"神话"标签与"乌托邦"色彩的祛魅。[①] 从治理源头出发,之所以要进行互联网治理是因为存在以下几类矛盾。

第一,关于"去中心化"的矛盾。理想中的互联网世界是典型的网络组织形态,呈现出去中心化的态势,即不存在任何绝对性的支配力量。[②] 但在现实中,一些发达国家或商业势力凭借技术、标准、语言等方面的先发优势,在互联网世界的权力格局和话语体系中始终处于中心地位。互联网最早由西方发达国家发明和应用,并以西方国家为中心向全球辐射和扩张,发达国家具有互联网建设和发展的明显优势。截至目前,全球大部分互联网资源和关键基础设施都由

---

① 王铮.西北地区互联网治理:命题、理论与实践[J].图书馆论坛,2017(3):67-73.
② 鄞益奋.网络治理:公共管理的新框架[J].公共管理学报,2007(1):89-96,126.

美国等发达国家所掌控。① 这种现实世界资源配置的不平衡与网络世界的"去中心化"愿景形成了鲜明的对比。

第二,关于"边界"的矛盾。理想中的互联网世界中,人与人、地区与地区之间的有形距离被拉近,有形边界被溶解,国家间的领土疆界乃至主权认定被淡化。但在现实中,各个国家已经逐步意识到,网络空间也同样存在主权问题,围绕网络疆域同样存在着争夺、渗透与攻防。近年来网络跨国攻击愈演愈烈,各国纷纷组建网络战部队,并将网络防务上升到国防战略和国家安全的高度。这些都说明,互联网空间并不是消除了边界与隔阂的净土一方,而是遍布防火墙和隔离网,并不时闪现着来自网络黑客明枪暗箭的领域。

第三,关于"开放"的矛盾。理想中的互联网世界,从底层的网络通信标准,到中层的网络代码,再到上层的互联网内容,都应符合网络组织开放互联的要求,互联网应该是一种公共资源和中立平台。但是,诸多力量正通过法律和技术手段,将原本开放的公共资源割裂成一个个私有地。例如当用户通过互联网来使用开放源代码、开放数据、开放课件等开放内容时,经常受到传统的知识产权保护框架的制约。这种"开放"与"专有"之间的博弈还将长期在互联网世界持续下去。

第四,关于"鸿沟"的矛盾。理想中的互联网世界,正如托马斯·弗里德曼所描述的——"世界是平坦的"②。而且互联网本身就是"抹平"世界的重要因素之一。通过互联网,资金、知识、工具和人员能够在全球范围内自由流动和整合。但是在现实世界中,互联网在抹平世界旧有阻隔的同时,也制造了新的数字沟壑。由于网络技术和信息产业的差距,不同国家、地区和社群在信息获取、财富占有、技术能力和创新能力上产生了差异和分隔。③ 数字鸿沟的实质是不同国家和地区间在经济、科技、文化教育等方面存在的差距。④ "鸿沟"的矛盾还表现在多层次和复杂性上。人们发现仅仅解决互联网接入问题并不能彻底消

---

① 许开轶.网络边疆的治理:维护国家政治安全的新场域[J].马克思主义研究,2015(7):128-136,159.
② 托马斯·弗里德曼.世界是平的[M].何帆,肖莹莹,郝正非,译.长沙:湖南科学技术出版社,2006.
③ 何精华.网络空间的政府治理:电子治理前沿问题研究[M].上海:上海社会科学院出版社,2006;胡延平.跨越数字鸿沟:面对第二次现代化的危机与挑战[M].北京:社会科学文献出版社,2002.
④ 曹荣湘.解读数字鸿沟:技术殖民与社会分化[M].上海:上海三联书店,2003.

弭数字鸿沟,因为在"接入鸿沟"的背后,还有第二道"使用鸿沟"、第三道"知识鸿沟"……① 有学者综述了数字鸿沟的表现维度,归纳出接入鸿沟、素养鸿沟、心理鸿沟、使用鸿沟、不同人口特征层面的鸿沟等一系列鸿沟形态。② 在其实并不平坦的互联网世界,消除数字鸿沟的工作还任重道远。

第五,关于"公共领域"的悖论。理想中的互联网世界被视为新生的公共领域。③ 在哈贝马斯所提出的"公共领域"中,人们可以就公共问题进行自由讨论。但是在现实中,网络意见的过度分散、无序竞争和网络舆论质量控制机制的缺失使得网络语言暴力、网络不良信息等破坏性因素层出不穷。④ 理想中的网络公共领域在现实中成为网络犯罪、网络攻击、网络谣言、网络暴力的温床。由此可见,将互联网世界培育成为真正的有序公共领域还有待时日。

上述诸多互联网世界的矛盾催生了对于互联网的治理实践。基于这些治理活动的对象,可以将其划分为对于"互联网渠道"的治理和对于"互联网内容"的治理两大类。⑤ 由于当前互联网业态中互联网渠道商大多都在进行内容生产或运营工作,这两种治理对象正在日益融合。

为了区别于互联网信息内容,本书将互联网服务也视作一种渠道。例如,对于打车软件的治理就是典型的对互联网渠道的治理案例。打车软件如今是一种常见的移动互联网应用,由于渠道的安全性漏洞,在过往出现了网约车乘客或司机受到伤害的案例。因此,网约车治理的一项重要内容就是从技术和制度两个方面确保乘客与司机的安全。网约车渠道带来的另一矛盾就是网约车与其他交通服务渠道(如出租车行业)的市场竞争,这需要有关部门乃至乘客等不同主体共同参与协调,以确保社会公共利益的最大化,而这种治理早已超越了对互联网内容本身的治理,具有社会治理的性质。

对于互联网内容治理的典型事例涉及对于网络反动、歧视、诋毁、蔑视、攻

---

① 韦路,张明新.第三道数字鸿沟:互联网上的知识沟[J].新闻与传播研究,2006(4):43-53,95.
② 闫慧,孙立立.1989年以来国内外数字鸿沟研究回顾:内涵、表现维度及影响因素综述[J].中国图书馆学报,2012(5):82-94.
③ Dhavan V. Shah, Jaeho Cho, William P. Eveland, Nojin Kwak. Information and Expression in a Digital Age: Modeling Internet Effects on Civic Participation[J]. Communication Research, 2005(5): 531-565.
④ 曾润喜,徐晓林.社会变迁中的互联网治理研究[J].政治学研究,2010(4):75-82.
⑤ 黄璜.互联网+、国家治理与公共政策[J].电子政务,2015(7):54-65.

击、侮辱、涉黄、涉黑、谣言信息的治理,例如近年来有关部门对有关平台发布歪曲、丑化、亵渎、否定英雄烈士等事迹行为的整治,以及在新冠疫情等社会公共事件发生期间对网络谣言、虚假信息的治理。对于内容的治理离不开渠道的监管、介入和配合。当前,在渠道与内容融合的背景下,基于微博等社交媒体的网络舆情治理已经成为互联网治理的典型研究与实践领域。

按照目的划分,对于互联网的治理活动还可以分为面向安全的治理与面向发展的治理,二者相辅相成、互为保障。面向安全的治理实践主要采取约束和规制手段,国家将网络安全纳入总体国家安全观,严格制定网络安全标准,落实网络安全责任制,明确保护对象、保护层级和保护措施,而面向发展的治理实践主要采取引导手段。

第二节 大数据与社会治理创新

一、大数据的背景

人类进入信息社会以来,信息内容形态的每一次变迁、信息交流与传播方式的每一轮进步、信息技术的每一波升级、信息产品与服务的每一批更迭,都日益影响到社会生活的方方面面。而当前影响最大也最为深远的信息领域革命就是大数据的应用和推广。

大数据不仅改变了人类的思维观念、生活习惯、生产方式、管理实践,而且引发了社会各个领域的深刻变革[1],社会治理领域也不例外。2012 年以来,大数据所引领的全球性变革浪潮与我国社会发展转型期相互叠加,更加凸显了在大数据背景下创新社会治理的重大意义。

当前我国正处在推进全面深化改革和实现现代化的战略机遇期,也处在向后工业社会转型的关键时期。随着改革进入深水区,各种潜藏的社会矛盾冲突与不和谐因素不时显现。一段时期以来,"经济快速发展"与"社会培育相对滞后"之间的矛盾日益凸显。由于国内与国外主客观因素相互影响,结构性与周

---

[1] 宋立楠,王岳龙.大数据时代社会治理的路径:基于社会冲突视角[J].中国党政干部论坛,2016(8):62-65.

期性因素相互交织,我国面临的社会风险不断积聚,社会治理的压力和难度也持续增加。① 此外,从长远来看,随着我国区域协调发展战略推进、人口老龄化等趋势的综合作用,未来我国社会在人口年龄层次、教育文化程度、社会家庭结构、地域空间分布等方面都可能呈现新的面貌与图景,并由此产生新的治理挑战和议题。

面对社会发展的复杂局面,推进社会治理体系和治理能力现代化成为当务之急。大数据既是社会变革的产物、时代变迁的表征,又是在这一背景下推进社会治理创新的驱动因素与解决之道。大数据在社会治理中的重要作用已经得到了国家政策与发展战略层面的高度肯定。中共十九大会议提出要加强社会治理制度建设,提高社会治理社会化、法治化、智能化、专业化水平,打造共建共治共享的社会治理格局。其中,实现社会治理智能化离不开大数据的保障支撑。2015年国务院印发的《促进大数据发展行动纲要》中明确提出,通过大数据打造精准治理、多方协作的社会治理新模式。"用数据说话、用数据管理、用数据决策、用数据创新"可以作为大数据驱动社会治理创新的发展思路。

二、大数据的内涵

在大数据驱动的社会治理变革实践中,首先需要进一步明确大数据在当前环境中的内涵与引申意义。大数据是典型的"先有实,后有名"的概念,在大数据概念出现之前,已经存在着大数据的事实。② 2012年以来大数据概念被系统阐释和频繁解读,其内涵和外延至今仍在不断丰富和扩展。

早期对于大数据的典型描述来自麦肯锡全球研究院在2011年发布的研究报告《大数据:创新、竞争和生产力的下一个前沿》,它将大数据的价值上升到引发新一轮产业革命的高度,并与蒸汽机、电力、互联网相提并论。报告认为,大数据将成为未来竞争力的关键性基础,是生产力提升的重要支撑要素。③ 2012

---

① 王振兴,韩伊静,李云新.大数据背景下社会治理现代化:解读、困境与路径[J].电子政务,2019(4):84-92.
② 张海波.大数据驱动社会治理[J].经济社会体制比较,2017(3):64-73.
③ The McKinsey Global Institute. Big Data: The Next Frontier for Innovation [EB/OL]. (2011-05-01) [2025-04-10]. https://www.mckinsey.com/capabilities/mckinsey-digital/our-insights/big-data-the-next-frontier-for-innovation.

年美国政府发布《大数据研究与发展倡议》,其中指出大数据堪比"未来的石油",关系国家核心利益①,发展大数据成为美国国家战略。这被视为美国政府继20世纪90年代提出"信息高速公路计划"后,又一次通过国家投入占领科技发展制高点的战略。② 2013年由迈尔-舍恩伯格等人所著的《大数据时代:生活、工作与思维的大变革》成为当年的畅销图书,也被认为是大数据研究的先河之作。书中前瞻性地指出大数据正在重塑人类长期以来惯有的思维方式,即放弃对因果关系的渴求,转而关注相关关系;大数据对人类认知、交流方式、商业模式、管理实践都将产生革命性的影响。③

随着社会实践的发展,大数据的概念内涵、表现形态、作用范围不断拓展,大致经历了从传统IT领域向科研领域、商业领域、工农业领域、行政领域、社会生活领域的逐步扩散,并衍生出科学大数据、商业大数据、工业大数据、农业大数据、政务大数据、社会大数据等多种样式和模态。有学者将大数据概念划分成互相支撑的四个维度,如表13-1所示。④

表13-1 大数据的典型表现

维度	表现	说明
科技维度	大数据技术	收集、发现和分析多种类型的大规模数据,并从中提取价值的方法,包括数据存储、合并压缩、清洗过滤、格式转换、统计分析、知识发现、可视呈现、关联规则、分类聚类、序列路径、决策支持等
经济维度	大数据产业	与数据相关的服务器、存储器、联网设备、软件与服务。可分为数据存储服务、数据软件的开发工具平台服务、数据分析软件平台服务和提供数据分析解决方案的服务等
政治维度	大数据战略	政府对大数据的政治认知和政策规划
社会维度	大数据思维	大数据在社会生活各个领域的应用,及其对于人们认识和解释事物方式的影响

---

① Big Data Research and Development Initiative [EB/OL].(2012-03-29)[2021-09-11]. https://obamawhitehouse.archives.gov/blog/2012/03/29/big-data-big-deal.
② 孙涛."大数据"嵌入:社会治理现代化的重要引擎[J].求索,2018(3):61-69.
③ 维克托·迈尔-舍恩伯格、肯尼思·库克耶.大数据时代:生活、工作与思维的大变革[M].盛杨燕,周涛,译.杭州:浙江人民出版社,2013.
④ 张海波.大数据驱动社会治理[J].经济社会体制比较,2017(3):64-73;邬贺铨.大数据思维[J].科学与社会,2014(1):1-13.

大数据发展到当前已经成为一个涵盖多元的复杂概念,并且与云计算、人工智能、移动互联网、物联网等技术深度融合,其内涵和表现形态处在动态演进过程中。尽管迄今为止对于大数据的定义不下百余种,且不同细分领域或语境下对于大数据会有不同的解读,但是这些不同认识在一些层面上具有共识。这些层面可以依次归纳为"内容与对象层面""方法与技术层面""管理与配置层面""治理与制度层面"和"思维与观念层面"(如图13-1所示)。

这几个层面是依次递进且相互联系的。大数据最早来源于信息生产、组织、利用领域的内容形态的变化,与此相适应的内容处理技术与方法应运而生;而对于一系列方法技术的集成则形成了系统的管理配置模式;在接触、理解、管理和利用大数据的过程中,人们发现大数据不仅是技术问题,也不仅是单纯的对于内容的管理,而且涉及管理活动中组织、机构、个人的协调、激励、规制,由此产生了围绕大数据的一系列治理层面的制度建设与制度安排;最后,外在客观世界的一系列变化最终会影响到人们的主观世界,形成围绕大数据的一系列观念、思维、感知与体验。而主观层面对于大数据的认知又能够显著影响到以上各个层面,例如对大数据内容的识别、对大数据技术的采纳、对大数据制度的选择。

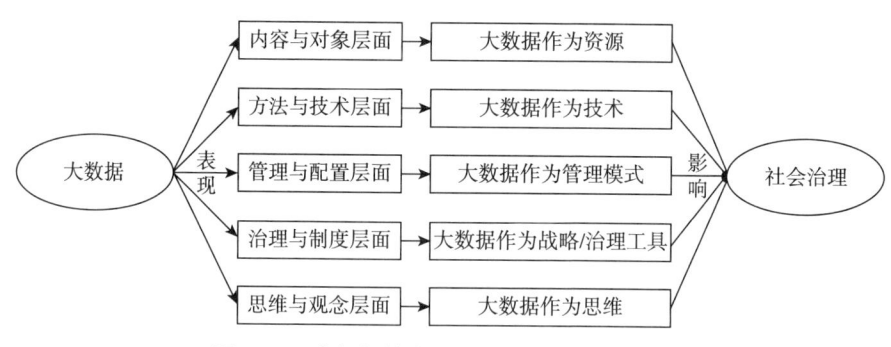

图 13-1 大数据的内涵及其对社会治理的影响

三、大数据影响下的社会治理变革

如上文所述,大数据的内涵早已不局限于作为一种内容资源。当涉及大数据与治理的相关议题时,大数据不仅仅是被治理的对象,它已经在内容与对象、方法与技术、管理与配置、治理与制度、思维与观念等诸多层面全方位地作用于社会治理实践。大数据影响下的社会治理变革可以总结归纳为以下几个方面。

(一) 治理场域与治理情境的变革

从全局视角看,大数据正在重新塑造治理的整体情境与整体格局,推动传统官僚科层制的治理结构向多元主体协同参与的新型社会治理结构转变。新型社会治理结构的重要特征就是"整体性"。"整体性"首先是针对过往的"碎片化"结构而言的。在传统治理结构和治理思维中,政府是相对单一的治理主体,具有垄断地位,同时在政府体系内部形成以官僚科层为主体结构的各个职能部门。而各个部门又因自身狭隘的视野、权力的封闭性、部门间的竞争,加之部门间缺乏协同合作,导致权力运行、信息流通处在"碎片化"的状态,决策"黑箱"随处可见。大数据提供了便捷的参与技术和多样的参与渠道,突破了实体场域的限制,拓展了虚拟空间的对话平台,增加了不同主体参与互动的可能性[1],也在一定程度上弥合了政府、市场、社会等之间的割裂,更加符合当前社会治理对"整体性"的要求。在"整体性"的社会治理场域中,各个参与主体(如政府、企业、社会组织)是身份平等、沟通对等、资源共享、互补配合的伙伴关系,各主体在权利分散的网状结构上相互开放、整合,共同解决社会问题。

"整体性"还表现在大数据环境下虚拟世界和现实世界的整合。网络世界是大数据内容资源的重要来源。随着网络技术的深入发展,当前线上与线下、镜像与实体、比特世界与原子世界的共振越来越频繁,交织越来越紧密。网络世界的一些微小苗头有时会引起现实世界的巨大动荡,这就要求社会治理的视野兼顾和整合虚拟与现实,即在"整体性"的治理情境中综合施用各类治理手段。

(二) 对于治理主体与治理行为的变革

如上文所述,在大数据重塑的社会治理场域之中,社会治理的参与者数量大大增加,参与主体的关系从各自为政走向协同治理,参与主体的职能边界也向彼此开放和渗透。作为社会治理场域中的传统主体,政府在社会治理中的角

---

[1] 戴香智,马俊达.大数据时代下的社会治理创新:概念、关系与路径[J].中国科技论坛,2016(10):39-44,52.

色从单纯"管控"走向"协调合作"①,其治理行为也从原先主要依靠行政命令转变为提供高质量的公共服务。有学者将这种治理行为转变归纳为三个阶段:第一阶段是"统治型"社会治理模式,与官僚制组织相对应。第二阶段是"管理型"社会治理模式。政府在一定程度上借鉴了企业管理方法,社会治理模式主要依赖预算规划、管理制度、市场竞争等措施。第三阶段是"服务型"社会治理模式。在多元参与的社会治理合作框架中,政府的功能是提供服务和进行引导。②

在大数据环境下,传统的"运动式""被动式""一刀切式"政府治理行为面对新的治理挑战表现出局限性。较之传统治理行为,大数据作用下的治理行为更加追求"精准化",体现为规范化、标准化、数字化、细节化、智能化,依靠数据做支撑③,注重事前预防、早期预警、全程监测、实时反馈。这对于政府治理能力也提出了更高的要求。

(三) 对于治理对象的变革

传统的社会治理对象主要存在于现实世界中,因此理论上是可以直接感知和体察的。但是在具体实践中,由于科层阻隔、职能分割、信息传播距离及其他碎片化因素的影响,治理主体(特别是处于科层等级体系中的政府行政主体)对于治理对象的把握有时候是抽象甚至是失真的。大数据拓展了治理对象的范围,也改变了我们认识治理对象的方式。大数据融合了物联网、云计算、移动互联网等技术应用,能够有效描摹和反映现实世界中各种真实的社会生存状态、社会交往方式,从而形成映射真实世界的镜像世界。因此,大数据在一定程度上能够把高度模糊的社会事实清晰化④,使我们获得对社会现象及其内在机理的"全局""全景""全境""全貌"性认识。

(四) 对于治理过程的变革

大数据对治理过程的变革可以从横向过程和纵向过程两个方向来理解。

---

① 宋立楠,王岳龙.大数据时代社会治理的路径——基于社会冲突视角[J].中国党政干部论坛,2016(8):62-65.
② 郑志来.基于大数据视角的社会治理模式创新[J].电子政务,2016(9):55-60.
③ 罗志强,李才平.大数据时代的社会治理创新:挑战与变革[J].理论月刊,2017(3):172-176.
④ 王振兴,韩伊静,李云新.大数据背景下社会治理现代化:解读、困境与路径[J].电子政务,2019(4):84-92.

从横向上看,传统的治理过程注重"事后处置",往往在矛盾和危机爆发后才进行管控和弥补,缺乏事前预判的意识与方法。这种"发生—解决"式的治理过程虽然在一定程度上缓解了显性的社会问题,但是却无法触及隐性的潜在风险与问题根源,更多的是被动应对和应激反应。当前时代,随着社会越来越具有复杂性、异质性、流动性、风险性、脆弱性,这种传统的处置过程表现出极大的局限性。而大数据有助于构建社会风险预警机制,在危机爆发之前,就基于数据分析预测冲突爆发的征兆与苗头,在事件爆发初期识别事件走向,进行实时预警、风险管控,将危机遏制在苗头状态。尤其是针对网络媒体和社交媒体内容,大数据技术可以进行有效的舆情识别,通过对海量网络信息的动态采集、分类检测、智能分析,掌握舆情热点和网民情感倾向,对可能发生的问题进行预警预防、早期干预和正面引导。这种大数据重塑下的治理过程不仅能够为危机事件处置争取更多时间和资源,还能形成常态化监控机制,有效化解矛盾冲突。

此外,从横向上看,传统治理过程主要是依靠政府主体自上而下的单向度管理,如下达行政命令,但是缺乏不同主体间及主体内部的有效信息传递与互动。而大数据塑造的社会治理场域健全了信息上传下达的信息回路,畅通了治理主体之间的信息通路,通过充分的信息共享与协作互动,让治理过程更具有灵活性。

(五) 对于治理依据的变革

在传统治理实践中,治理依据主要为理论、经验及决策者的价值取向。[①] 在决策前的调查研究也以定性研究为主,例如进行座谈、访谈、走访、问卷等,这一系列方法有助于深入了解和掌握特定环境和场景,具有重要的价值。但是,定性调研方法所取得的成果在一定程度上是孤立、离散、非结构化的[②],在进行大范围的迁移复制推广时可能面临一系列问题。例如,我国在长期的治理实践中所推行的"试点—推广"模式在相对稳定和相对简单的工业社会发展前期发挥过重要作用,但是在高度复杂与高度不确定的后工业社会则面临局限。[③] 即使

[①] 宋立楠,王岳龙.大数据时代社会治理的路径——基于社会冲突视角[J].中国党政干部论坛,2016(8):62-65.
[②] 鲍宗豪,宋贵伦.重视大数据时代的社会治理创新[J].红旗文稿,2014(11):30-32.
[③] 陈潭.大数据驱动社会治理的创新转向[J].行政论坛,2016(6):1-5.

是大数据时代之前的定量研究也仅仅是基于局部样本和片面数据,有可能忽视区域发展中的不平衡问题,忽视阶层、群体间的差异,以及忽视不同时空范围的情景化影响因素[①],从而造成实践中的偏差。而大数据为全体样本分析提供了可能:通过对不同地区、不同群体、不同类别数据的全方位采集,形成数据整体,进而通过全集计算、关联分析、精准预测,在一定程度上提升决策依据的准确性和可靠性。

(六)对于治理成效评价的变革

传统上对于治理效果的评价侧重于定性评价和事后评价,具有模糊性、主观性、静态性。但是当代社会发展的不确定性与风险性骤然增多,脆弱性加剧,许多新情况、新问题前所未有、难以预知;而且社会事务的发展是连续的,治理过程也是动态的,这也决定了治理结果的随机性、暂时性和变动性[②],以及治理结果的不稳定性。在这种情况下,传统的治理结果认定方式与评价标准已经无法有效衡量治理成效。通过大数据,我们能够有效实施数据化评价、实时评价,以及对治理成效进行实时检测与反馈,从而适应治理过程的连续性和动态性。

(七)对于治理思路与治理能力的变革

治理思路与治理能力的变革是大数据给社会治理带来的核心影响。围绕治理能力与治理思路的变革,制度设计、方法技术、资源配置、实施路径都会做出相应的调整。对于政府主体而言,大数据影响下的治理思路调整包括"从基于局部片段样本的分析走向基于全数据的分析""从管制走向服务""从刚性治理走向柔性治理""从静态治理走向动态治理"等。大数据对于政府治理能力也提出了新的要求,按照治理过程可以分为对于大数据的采集能力、对于大数据的融汇能力、对于大数据的组织能力、对于大数据的关联解读能力、基于大数据的分析预测能力,以及基于大数据分析结果的行动能力、响应能力、干预能力、风险防控能力等。党的二十大报告指出要完善网格化管理、精细化服务、信息化支撑的基层治理平台。而大数据则是网格化、精细化、信息化等要求的重要

---

① 戴香智,马俊达.大数据时代下的社会治理创新:概念、关系与路径[J].中国科技论坛,2016(10):39-44;潘华.大数据时代社会治理创新对策[J].宏观经济管理,2014(11):34-36.
② 王振兴,韩伊静,李云新.大数据背景下社会治理现代化:解读、困境与路径[J].电子政务,2019(4):84-92.

支撑手段,对于大数据的运用能力和驾驭能力是新时代社会治理能力的重要组成部分。

第三节 人工智能与社会治理创新

一、人工智能概述

(一) 人工智能的概念

人工智能(Artificial Intelligence,AI)是一门致力于开发能够模拟、延伸或扩展人类智能的理论、方法、技术和应用系统的新兴学科,主要目标是利用计算机系统实现感知、学习、推理、规划、决策以及自然语言处理等智能行为。人工智能的研究领域广泛,包括机器学习、深度学习、计算机视觉、自然语言处理、知识表示与推理、智能优化等。其发展依赖数学、统计学、计算机科学、认知科学等多学科的交叉融合,已成为新一轮科技革命和产业变革的重要驱动力量。[1]

(二) 人工智能的类别

人工智能作为一门交叉学科,其分类体系具有多维性和动态演化的特点。常见的分类方式主要从能力、学习范式、任务领域三个基本维度展开。[2]

根据计算机的能力,人工智能可分为弱人工智能(Weak AI)和强人工智能(Strong AI)。弱人工智能指计算机只能完成特定任务,但是不能理解人类智慧,例如语音识别和图像识别。强人工智能指计算机能够完成任何人类智慧所能完成的任务,并且能够理解人类智慧。这种人工智能涉及对意识、抽象思维和常识的模拟,目前尚未实现。

根据学习方式不同,人工智能可以分为监督学习(Supervised Learning)、无监督学习(Unsupervised Learning)、半监督学习(Semi-supervised Learning)。监督学习指通过预先提供训练数据来帮助计算机学习做出正确的决策。无监督学习则是不预先提供训练数据,由计算机自己发现数据的结构。半监督学习指通过预先提供部分训练数据,使计算机能够学习如何做出正确的决策。

---

[1] 蔡自兴等.人工智能及其应用[M].7版.北京:清华大学出版社.2024.
[2] 范煜.人工智能与ChatGPT[M].北京:清华大学出版社.2023.

根据任务不同,人工智能可分为机器学习、自然语言处理、计算机视觉、语音识别、机器人技术、智能控制等。机器学习指通过从数据中学习得到模型,并使用该模型进行预测或执行分类任务。自然语言处理指研究如何让计算机理解、生成和操纵人类语言。计算机视觉研究的是如何让计算机理解和处理图像与视频信息。语音识别则是研究如何让计算机识别和转换人类语音。机器人技术研究如何让机器人执行复杂的任务,例如进行导航和完成物理任务。智能控制研究如何让计算机自动控制复杂的系统,例如机器人、航空器和工业过程。除上述常见的分类方式以外,还有以技术逻辑、使用目标等为标准的分类方式,在此不作详细讨论。

二、人工智能影响下的社会治理变革

如上文所述,人工智能的内涵早已不局限于作为计算机领域的一门分支科学。当涉及治理相关议题时,人工智能不仅仅是被治理的对象,也是治理的工具与场域,甚至与治理主体互动交融,深刻影响着社会治理的全过程。总体来看,人工智能在社会治理领域的应用为政府、公共机构和社会组织提供了以下机遇。

(一)提供决策支持

在数据量持续增长与算法技术不断优化的背景下,人工智能在数据分析和辅助决策领域展现出很大的应用潜力。首先,人工智能能够高效处理和分析海量数据,为政府部门、公共机构及社会组织等治理主体提供实时、精准的决策支持。例如,通过整合与分析社会经济数据、环境监测数据、道路交通数据等多源信息,人工智能能够帮助相关政府部门优化政策制定与资源配置,从而提升治理效能。其次,通过对海量数据进行关联整合与深度分析,人工智能能够为政府部门应对复杂社会问题提供科学的治理思路与决策支持。例如,在跨区域环境治理、贫困治理等复杂场景中,人工智能可以通过数据挖掘与模型预测,生成多样化的治理方案和干预措施,帮助决策者从多个维度、多重视角评估政策效果,增强治理的科学性与精准性。此外,在突发事件应对领域,人工智能凭借其强大的机器学习能力,能够识别和预判潜在风险因素,为风险预警和应急处置提供智能化支持。例如,在自然灾害预测、公共卫生事件监测以及金融风险识别等领域,人工智能可以通过实时数据分析与模型推演,提前识别风险信号并

生成应对方案,从而帮助社会治理主体采取前瞻性措施,减少突发事件带来的社会与经济损失。

（二）优化公共服务

人工智能的快速发展为公共服务的优化与创新提供了重要契机。在政务服务领域,基于大语言模型的人工智能技术显著提升了数字化政务服务的便捷程度与效率。通过自然语言处理和智能对话系统,生成式人工智能(Generative AI)能够实现全天候的在线问答服务,有效简化公民与政府之间的互动流程,优化服务体验。例如,基于不同政务服务场景开发的智能客服系统,能够高效解答公民的常见问题,辅助事项办理,从而大幅提升政务服务的响应速度与处理效率。与此同时,随着用户数据的持续积累与分析程度的不断加深,公共服务主体能够借助人工智能技术提供更加精准化、个性化的服务供给。通过对用户行为数据的关联分析与智能推理,人工智能能够精准识别公民的个性化需求,并提供定制化的公共服务方案。例如,在教育领域,人工智能可以根据学生的学习习惯和知识水平,推荐适配的学习资源与课程；在医疗领域,人工智能能够基于患者的健康数据,提供个性化的诊疗方案与健康管理建议；在社会保障领域,人工智能可以根据公民的经济状况与需求,智能匹配并推荐适宜的福利政策与服务。这种基于数据驱动的个性化服务模式,不仅提升了公共服务的精准度与满意度,也为公共服务体系的智能化转型奠定了坚实基础。

（三）降低治理成本

人工智能在辅助降低治理成本方面,已展现出较大潜能。首先,人工智能有助于提高政府部门行政效率。对于政府日常工作中的常规任务,如公文写作、数据填报、数据整理、内容审核等,生成式人工智能已可以胜任。通过私有化部署并加载相关知识库后,工作人员只需提出明确要求,生成式人工智能就能够生成高质量文稿。尽管生成的文稿需要人工审核后才能使用,但是工作效率会大幅度提高,工作人员也不再需要在琐碎、重复性工作上花费大量时间和精力。① 其次,人工智能能够有效降低信息搜寻成本,缓解信息不对称问题。一

---

① 魏钰明,贾开,曾润喜,等.DeepSeek突破效应下的人工智能创新发展与治理变革[J/OL].电子政务,2025(3):2-39.

方面,政府部门可以利用人工智能技术对社会经济数据进行实时分析与深度挖掘,精准洞察社会需求的动态变化;另一方面,公众也可借助人工智能工具快速收集、筛选和提取所需信息,降低获取有效信息的成本,增强信息获取的便捷性与准确性。最后,人工智能通过其强大的预测与优化能力,助力政府实现资源的合理配置。例如,在财政预算分配、人力资源调度以及物资调配等领域,人工智能能够基于数据分析与模型推演,优化资源配置方案,减少资源浪费,提升资源使用效率。

（四）增进多元协同

人工智能的应用为增进多元主体的协同治理提供了新的路径与技术支持。首先,基于区块链与人工智能技术的深度融合,可以构建去中心化的治理模式,增强公众的直接参与能力,提升治理透明度。例如,在社区治理中,人工智能通过智能合约实现决策执行与监督的自动化与透明化,确保治理过程的公开性与可追溯性。其次,人工智能技术能够赋能公众参与平台的智能化建设。通过社交媒体分析和在线调查工具,人工智能可以高效收集与分析公众意见反馈,精准识别社会需求与问题焦点,为政府制定更具包容性与回应性的政策提供数据支持。最后,人工智能能够促进政府、企业和社会组织之间的数据共享与协作,推动多方参与的协同治理模式的形成。例如,在跨区域环境治理中,人工智能可以整合多方数据资源,构建统一的治理平台,协调各方行动,优化资源配置,从而提升社会治理的整体效能与可持续性。

三、人工智能环境下社会治理创新面临的挑战

人工智能带来的冲击和变革,能使社会治理突破原有模式的局限。但是由于技术层面的不确定性、观念层面的思维定式、体制层面的路径依赖等诸多因素,人工智能环境下的社会治理创新还面临诸多挑战和制约。与此同时,在肯定人工智能技术积极影响的同时,必须充分认识到其潜在的治理风险与社会伦理问题。

（一）技术层面

在技术层面,人工智能在社会治理中的应用面临多重挑战,这些挑战不仅影响系统的效能与可靠性,还可能带来潜在风险。首先,**数据质量与可用性**是

一个核心问题。人工智能系统的推理性能高度依赖数据的质量和数量,然而,在社会治理场景中,数据往往存在不完整、不准确或过时的情况,尤其当前的政务数据仍然存在数据不准确、不真实、不完整、不一致、不及时等问题。① 这种数据缺陷可能导致人工智能模型的预测和决策出现偏差,进而影响政策制定和资源分配。基于低质量数据的决策不仅可能导致政策失效,还可能造成资源浪费,甚至引发社会不满。其次,算法复杂性与透明度是另一个重要挑战。许多人工智能算法具有"黑箱"特性,其内部决策过程难以解释和追溯。这种不透明性不仅削弱了公众对人工智能系统的信任,还增加了政府部门监管和审计的难度,使得算法可能在不被察觉的情况下产生偏见或错误,影响社会公平。最后,人工智能的技术依赖性与脆弱性也不容忽视。随着社会治理对人工智能技术的依赖加深,系统在面对技术故障、网络攻击或数据泄露时的脆弱性也随之增强。一旦发生技术故障或恶意攻击,可能出现公共服务中断、社会秩序混乱,甚至更大范围的社会危机。

(二)社会层面

人工智能技术的广泛应用会给人类社会带来诸多冲击,并产生多重治理风险。一是数字鸿沟。尽管各类人工智能技术在不断降低用户的使用门槛,但技术储备、算力支撑、数据质量、人员能力等方面的差异,依然会导致人员之间、部门之间、地区之间的使用鸿沟。人工智能技术的开发和应用需要大量的资金和技术资源,这使得发达地区与欠发达地区之间的数字鸿沟进一步扩大,进而导致社会治理水平出现两极分化。数字素养较高的人群和发达地区能够凭借技术优势获得更多发展机会,而相关技能不足的人群和欠发达地区则可能被进一步边缘化,从而加剧社会不平等。二是算法偏见。人工智能系统在训练过程中可能继承数据中的既有偏见,导致其决策结果也可能存在不公平的情况。例如,在招聘、执法或福利分配等关键领域,算法可能对特定种族、性别或社会经济群体产生歧视性结果。这种不公平性不仅会加剧社会不平等,还可能引发公众不满和社会矛盾,削弱社会凝聚力。三是隐私泄露。人工智能系统的运行依

---

① 魏钰明,贾开,曾润喜,等.DeepSeek突破效应下的人工智能创新发展与治理变革[J/OL].电子政务,2025(3):2-39.

赖海量的个人数据,这在提升技术效能的同时也带来了隐私侵犯的风险。一旦数据泄露或被滥用,公民的个人隐私就面临严重威胁,这些数据甚至可能被用于监控或操纵公众行为,进而损害社会信任。四是就业冲击。人工智能技术的自动化能力对就业市场和社会结构可产生深远影响。随着人工智能逐步替代传统工作岗位,尤其是高重复性、低技能性岗位,失业率可能显著上升,社会结构面临深刻调整。这种变化可能引发社会不稳定,进而加剧社会分化和矛盾。

(三)法律层面

在法律层面,人工智能技术的快速迭代与全球化应用对现有法律体系构成了多维度的深层挑战,这些问题不仅涉及法律规范的适应性危机,更折射出技术治理与人类价值观之间的根本性张力。首先是法律滞后性带来的系统性风险。传统法律框架以稳定性为特征,而人工智能技术的指数级发展速度是立法速度远远跟不上的,这就导致监管空白与技术失控风险并存。例如,在生成式人工智能的内容版权归属、自动驾驶事故的责任认定等新兴场景中,法律真空使得技术应用游走于灰色地带。立法滞后不仅造成法律解释的模糊性,还可能被恶意利用,形成算法权力不受制约的技术霸权现象。其次,责任归属的范式重构成为司法实践中的颠覆性命题。当人工智能系统因自主决策造成实质性损害时,传统的"人类中心主义"责任体系面临解构危机——开发者、运营者、用户乃至算法本体之间的责任链条出现断裂。这种主体的模糊性不仅导致法律救济途径的失效,而且在更深层次上动摇了"行为—责任"的法学根基,可能引发公众对技术治理合法性的信任危机。尤为复杂的是跨国治理的协同困境,人工智能技术的无边界性与主权国家法律体系的属地性形成结构性矛盾。各国在数据主权、算法伦理、知识产权等领域的法律标准差异,不仅会阻碍技术创新的全球化流动,也可能演变为新型地缘政治的博弈工具。缺乏统一的国际治理框架,既可能导致"监管套利"现象(如技术公司向法律宽松地区转移),也可能加剧技术滥用引发的全球性危机(如深度伪造技术干预选举)。这些法律挑战实质上反映了工业文明法律范式与智能文明技术现实之间的深刻断裂,亟待通过动态立法机制、算法可问责框架以及跨国治理公约等制度创新,构建兼顾技术创新与权利保障的法治生态。

(四)伦理层面

人工智能技术在深度嵌入社会治理的进程中,其所引发的伦理挑战已超越传统技术伦理的范畴,开始向主体性重构、权力异化与价值颠覆等深层次哲学困境进发。这种伦理危机不仅涉及技术工具理性的边界问题,还触及人类文明秩序的重构挑战。一是伦理主体性的消解与重构。当人工智能系统具备自主决策能力时,传统伦理学中"人类作为唯一道德主体"的预设遭遇根本性挑战。算法通过数据训练形成的决策模式,实质上将人类社会的历史偏见与技术理性的计算逻辑进行了双重固化。这种"道德物化"现象导致责任主体出现真空:一方面,算法决策过程缺乏透明性,使道德判断沦为概率计算的附庸;另一方面,技术开发者常以"技术中立"为托词逃避伦理责任。这种主体性危机在数字身份建构、机器自动决策等场景中尤为显著,算法权力正悄然重塑社会正义的实现路径。二是人类自主权的技术殖民风险。社会治理的智能化转型正在重塑"国家—技术—公民"的权力关系。生物特征识别、情感计算等技术的应用,使得公民的隐私权、知情权乃至思想自由面临前所未有的被侵蚀风险。算法通过行为预测与个性化推送实现的"柔性控制",比传统治理手段更具渗透性。福柯所述的"规训社会"正在升级为"算法治理社会",技术系统通过数据画像构建的数字身份,可能成为决定个体社会权利的新型准入标准。这种技术权力对人性的物化,威胁着人类自主权的真实范畴。三是价值理性遭遇工具理性的挤压。人工智能治理系统追求效率最大化的技术理性,与人类社会的模糊性、矛盾性存在本质冲突。算法试图将复杂的社会关系量化为可计算变量,这种简化主义思维可能导致社会治理的"去人性化"。当教育评估被简化为学习行为数据分析,当医疗决策受限于算法诊断模型,人类特有的同理心、创造力与道德直觉遭到了技术理性的挤压。

四、人工智能环境下社会治理创新的路径

在人工智能技术迅猛发展的今天,社会治理需要充分利用人工智能技术带来的机遇,同时有效防范其潜在风险。

(一)增加人工智能时代发展机遇

治理主体应从以下几方面入手,推动人工智能技术赋能社会治理,增加社

会经济发展机遇:其一,进一步推动公共数据共享开放。通过完善政务数据治理体系,提升公共数据的可用性、可靠性和安全性,为人工智能产业发展注入良好的"源头活水"。建立数据分级分类开放制度,为人工智能产业发展提供高质量的数据资源支撑。其二,加强人工智能基础设施建设。提升互联网公共设施供给质量,合理布局高性能计算中心,为人工智能技术发展提供支撑。其三,推动人工智能与重点领域深度融合。进一步提升数字化公共服务供给水平,以人工智能技术赋能数字化公共服务的高质量发展,在应急管理、医疗卫生、环境保护等重点场景开展人工智能技术的示范性应用。其四,支持社会创新与中小企业发展。治理主体应通过政策引导、资金支持和平台建设,培育有利于人工智能创新创业的生态环境。具体措施包括:设立专项扶持基金、完善孵化器和加速器网络、深化产学研协同创新机制等。最后,发展适应人工智能时代的人才教育体系。治理主体应在高等教育和职业教育体系中系统性地融入人工智能课程,推进传统学科与人工智能的交叉融合,探索"人工智能+"复合型人才培养模式。同时,加强基础研究投入,提升原始创新能力,为人工智能技术的长远发展奠定人才基础。

(二) 以公共价值为导向应对治理风险

在人工智能深度嵌入社会运行的背景下,乌尔里希·贝克所警示的"风险社会"特征愈发凸显——技术创新加速度与风险后果的不可逆性形成结构性矛盾。为此,应秉持社会治理的公共价值导向,通过一系列制度创新与机制设计,实现技术发展与社会价值的动态平衡。一方面,可在人工智能技术框架中加入价值敏感设计,将伦理准则转化为技术参数,如要求算法系统价值排序不得包含种族、年龄等歧视性变量,对人工智能系统进行定期审查、检测和纠正算法偏见。另一方面,可建立负外部性补偿机制,为"AI弱势群体"提供支持措施,如设立人工智能技术社会影响基金,从企业利润中提取一定比例的资金用于补偿自动化导致的失业群体,进行再就业培训等。通过制度化的弹性调节装置,维系技术变革中的社会公平,守护社会发展的伦理底线。

(三) 构建兼具适应性与韧性的治理结构

在人工智能技术驱动下,社会系统复杂程度呈现指数级增长态势,而根植于工业革命范式的传统科层制治理体系,因其固有的刚性组织结构与线性决策机制,已难以有效应对这种非线性、动态化的新型治理挑战。在社会治理实践中,需借鉴适应性治理与韧性治理理论,建立具有反脆弱特征的治理架构。一方面,构建预测性治理机制,突破传统风险管理的时空局限。例如可借助"数字孪生"治理模式将风险防控从被动应对转向主动预判,使治理窗口期从事件发生后的危机处置前移至技术部署前的风险建模阶段。另一方面,提升多元主体在社会治理中的参与协作能力,通过扁平化、网络化的组织结构与动态灵活的制度调适,提升社会治理体系对复杂环境的动态适应能力。简而言之,应通过治理系统的技术强化与制度弹性化,在充满不确定性的技术环境中构建起具有学习进化和抗冲击能力的韧性结构。这种治理范式的转型不仅是应对 AI 挑战的重要方法,也是对工业文明治理逻辑的超越。

(四)推动"本土—全球"治理层级的双向重构

人工智能时代,数据和资本的跨境流动更为频繁,为"实体—虚拟"双重空间治理带来更为深刻的挑战。人工智能技术的空间穿透性要求社会治理的尺度更具张力。一方面,应逐步推进国际合作,增强人工智能治理的国际共识。例如研究制定跨境数据治理协议,缓解数据主权维护与数据流动需求的矛盾。另一方面,加强对高风险领域人工智能技术应用的监管,建立人工智能技术跨境风险防范措施与应急响应预案。例如,对医疗、金融等高敏感领域实施算法决策全周期审计,同时建立跨境数据流动风险预警联防机制,制定包含技术溯源、责任分担与损害救济的标准化危机协同处置框架。总体而言,人工智能治理需要进行"本土—全球"的双向反馈与适应性调整,才能更好地应对人工智能给人类社会带来的系统性挑战,从而推动人本价值与技术发展的协同演进。

章节习题

1. 如何理解"大数据"的内涵?
2. 人工智能背景下,社会治理创新有哪些新的机遇?
3. 如何理解人工智能给社会治理带来的挑战与风险?

案例材料

开放政府数据应用实例

食品安全在世界各国都是备受人们关注的公共问题。在美国,食品安全部门会对餐馆的卫生状况进行定期检查,并将历次检查结果在政府网站上公布,但是有多少人会在去餐馆前登录政府网站查询这些信息呢?在纽约的一次开放政府数据创新大赛上,有开发者设计了一款名为"别在这里吃"的手机应用程序,当用户走进一家存在不良卫生记录的餐厅时,系统就会自动向其发送短信提醒,这样既主动为民众选择餐厅提供了信息,又强化了政府的执法效果。这款应用程序使用的正是政府开放的餐馆卫生检查数据。

除了食品安全,政府开放数据在消防安全领域也有深入的应用。在美国,消防栓两侧15英尺之内的路沿是不允许停放车辆的,违规者会收到一张几百美元的罚单。纽约政府数据开放平台开放了全市所有消防栓停车罚款的数据。之后,一位名为本·威灵顿(Ben Willington)的教师对这些数据进行了分析。他发现每年纽约市民因在消防栓旁停车共收到了高达5500万美元的罚单。接着他又统计出了罚款额居于前十位的消防栓,发现其中最"火"的一个消防栓每年带来的罚款额保守估计为33 118美元。然而,经过实地考察后,威灵顿发现因为这个消防栓而被罚的车辆实际上是被误罚了,因为路面上并没有画出禁止停车的标识。发现这个现象之后,威灵顿在自己的博客上反映了这个问题,纽约市政府得知后立即对停车标识进行了修正。随后,纽约市警察局还对威灵顿表示了感谢,并表示警察局已采取行动对这类罚单数据进行监测分析,并将对警员进行相关培训以避免类似事件再次发生。

威灵顿随后在他的博客上表示:"这正是未来政府该有的样子和开放政府数据的意义所在,外界一般认为纽约市警察局对于增加透明度是反感的,但这却是他迄今为止从纽约政府部门收到过的最开放和最诚实的答复。期待这个城市的每一个政府部门都能欢迎这样的数据分析,而不是躲避或者遮盖问题。"

案例来源:郑磊. 开放的数林:政府数据开放的中国故事[M]. 上海:上海人民出版社,2018.

思考: 上述案例如何体现了公共数据在社会治理中的应用?

后 记

《社会治理概论》的修订再版,恰逢中国式现代化进程迈入系统性变革的关键阶段。全球秩序重构、技术革命迭代、文明形态转型的多重张力,既为社会治理研究提供了前所未有的实践沃土,也给理论创新提出了更为迫切的时代命题。此次修订,既是对初版框架的延续与突破,更是对新时代"中国之治"的学术致敬。本书的修订得益于学界同人的真知灼见、实务工作者的经验馈赠、专业学习者的意见反馈以及出版社编辑团队的专业支持。当然,面对社会治理这一动态演进的宏大主题,书中对数智治理等前沿议题的探讨仍显粗浅,亟待在未来的实践支撑与学理研究中深化完善。

本书是集体分工协作的成果,各章撰写人员如下:

第一章　陈泽鹏(长安大学)、雷晓康(西北大学)、刘冰(青岛大学);

第二章　马子博(西北大学);

第三章　程冠斌(西北大学)、雷晓康、廉姝洁(西北大学);

第四章　白龙(西安医学院)、任行(西北大学);

第五章　任都甜(西北大学);

第六章　封超(西北大学)、李尧远(西北大学);

第七章　李莉(西北大学);

第八章　梁炜(西北大学)、马娅琳(西北大学);

第九章　何君安(西北大学);

第十章　孙峰(东南大学);

第十一章　朱松梅[中共陕西省委党校(陕西行政学院)];

第十二章　司林波(西北大学)、裴索亚(西北大学);

第十三章　付熙雯(西北大学)。

此外,马子博负责了全书的章节设计与初校工作,雷晓康负责对全书的定稿进行把关,西北大学公共管理学院研究生马前、孔妍、宋明威等对全书进行了校对。

本书定位于为广大公共管理、社会管理等专业本科生、研究生以及实务工作者描绘一幅社会治理的理论和实践图景。虽力求做到前后逻辑统一、概念界定准确、资料完备充实、理论现实融合、语言简洁通俗,但囿于作者学识和经验,书中难免有疏漏和不妥之处。本书作者文责自负,恳请得到专家学者和广大读者的批评指正。最后,感谢书中所有参考和引用的文献的作者,他们的真知灼见让我们站在巨人的肩膀上获取社会治理之真谛。

雷晓康　马子博
2025 年 4 月于西北大学

教师反馈及教辅申请表

北京大学出版社本着"教材优先、学术为本"的出版宗旨，竭诚为广大高等院校师生服务。

本书配有教学课件，获取方法：

第一步，扫描右侧二维码，或直接微信搜索公众号"北大出版社社科图书"，进行关注；

第二步，点击菜单栏"教辅资源"—"在线申请"，填写相关信息后点击提交。

如果您不使用微信，请填写完整以下表格后拍照发到 ss@pup.cn。我们会在 1—2 个工作日内将相关资料发送到您的邮箱。

书名		书号	978-7-301-	作者	
您的姓名				职称、职务	
学校及院系					
您所讲授的课程名称					
授课学生类型(可多选)	□ 本科一、二年级　　□ 本科三、四年级 □ 高职、高专　　　　□ 研究生 □ 其他_____				
每学期学生人数	_____人			学时	
手机号码(必填)				QQ	
电子邮箱(必填)					
您对本书的建议：					

我们的联系方式：

北京大学出版社社会科学编辑室

通信地址：北京市海淀区成府路 205 号，100871

电子邮箱：ss@pup.cn

电话：010-62753121 / 62765016

微信公众号：北大出版社社科图书(ss_book)

新浪微博：@未名社科-北大图书

网址：http://www.pup.cn